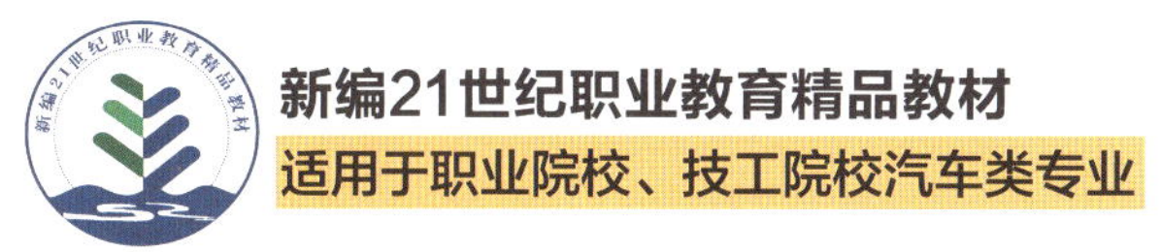

新能源汽车动力电池和充电系统检修

（微课版）

主　编◎谢伟钢　石也言
副主编◎唐金友　冯显钦　苏　彪　孙志国
参　编◎王建滨　郑炫材　蔡奋盛　陈东锋
李晓栋　唐青山　桂小林　蔡晓康
邹贺伟　孙　俊　江旭东

中国人民大学出版社
·北京·

图书在版编目（CIP）数据

新能源汽车动力电池和充电系统检修：微课版 / 谢伟钢，石也言主编. -- 北京：中国人民大学出版社，2025. 5. --（新编 21 世纪职业教育精品教材）. -- ISBN 978-7-300-33521-6

Ⅰ. U469.720.7

中国国家版本馆 CIP 数据核字第 2025S0C841 号

新编 21 世纪职业教育精品教材

适用于职业院校、技工院校汽车类专业

新能源汽车动力电池和充电系统检修（微课版）

主　编　谢伟钢　石也言

副主编　唐金友　冯显钦　苏　彪　孙志国

参　编　王建滨　郑炫材　蔡奋盛　陈东锋　李晓栋　唐青山

　　　　桂小林　蔡晓康　邹贺伟　孙　俊　江旭东

Xinnengyuan Qiche Dongli Dianchi he Chongdian Xitong Jianxiu

出版发行	中国人民大学出版社		
社　　址	北京中关村大街 31 号	**邮政编码**	100080
电　　话	010 – 62511242（总编室）		010 – 62511770（质管部）
	010 – 82501766（邮购部）		010 – 62514148（门市部）
	010 – 62511173（发行公司）		010 – 62515275（盗版举报）
网　　址	http://www.crup.com.cn		
经　　销	新华书店		
印　　刷	北京瑞禾彩色印刷有限公司		
开　　本	787 mm × 1092 mm　1/16	**版　　次**	2025 年 5 月第 1 版
印　　张	13.75	**印　　次**	2025 年 5 月第 1 次印刷
字　　数	213 000	**定　　价**	49.00 元

前言

党的二十大报告指出，推动战略性新兴产业融合集群发展，构建新一代信息技术、人工智能、生物技术、新能源、新材料、高端装备、绿色环保等一批新的增长引擎。如今新能源汽车市场占有率超过30%，我国已经成为全球最大的新能源汽车市场，新能源汽车在我国呈现出快速发展的趋势。

为了切实帮助新能源汽车维修专业的学生或新能源汽车维修人员掌握新能源汽车的结构原理，培养检查和排除新能源汽车故障的动手能力，我们特意编写了本书。本书依据行动导向的教学理念，采用“教材＋学案”的编写体例，以当前主流汽车车型的检测与维修为工作对象，以由生产任务转化而来的学习任务为教学内容，注重学生学习的主体性，重点培养学生的综合职业能力。

书中介绍的具体内容包括：布置新能源汽车维修工位，新能源汽车的上电和下电，新能源汽车动力电池的认知、更换、检测和组装，新能源汽车动力电池管理系统的认知和检修，新能源汽车动力电池热管理系统的认知和检修，新能源汽车动力电池直流、交流充电系统的检修等。本书具有以下特点：

1. 由多名院校教师、企业维修技师等联合组成编审团队，采用理实一体的编写模式，教材设计从“岗课赛证”综合育人理念出发，融企业的维修岗位技能、职业技能竞赛、当前汽车维修人员职业资格考试等要素于课程中。

2. 文字精练、插图丰富，尤其是对较难理解的电路图，进行了详细的分析。

3. “教、学、做”更好地结合，突出对学生技能的培养，以工作岗位所需的知识和技能为出发点，理论内容“必需、够用”，实训内容贴合工作一线实际且反映目前汽车的新知识、新技术与新工艺，使学生更好地适应岗位技能要求。

4. 积极响应把思想政治工作贯穿教育教学全过程的指导精神，在各个学习任务中融入素养提升内容，培养学生知、行、思、辨的全方位学习能力。

5. 包含任务工单、评分表与同步练习，并配有视频和 PPT 课件等教学资源。

本书由深圳市龙岗职业技术学校谢伟钢、广东珠海理工职业技术学校石也言任主编，广州市交通运输职业学校唐金友、广东英德职业技术学校冯显钦、昆明松骋汽修设备有限公司苏彪、东莞理工学校孙志国任副主编，王建滨、郑炫材、蔡奋盛、陈东锋、李晓栋、唐青山、桂小林、蔡晓康、邹贺伟、孙俊参与编写。四川省盐亭县职业技术学校江旭东完成了课件的制作。希望通过学习书中介绍的内容，学生能够提高对动力电池的认识，掌握分析故障原因、诊断和排除故障的方法。

在编写此书时，同人们给予了极大的支持和鼓励，在此向大家表示衷心感谢。感谢比亚迪股份有限公司、昆明松骋汽修设备有限公司、深圳市龙岗区易小彪名师工作室等提供的帮助。同时，本书在编写过程中参考了大量书籍、网站、期刊等资料，在此对相关作者致以诚挚谢意。

目 录

布置新能源汽车维修工位

学习目标

知识目标：1. 掌握人体触电方式及触电后的伤害形式；
2. 掌握水基灭火器和干粉灭火器的区别；
3. 掌握个人安全防护用品的类型和作用；
4. 掌握高压维修车间的安全管理制度。

能力目标：1. 能够正确、及时地进行触电事故的处理与急救；
2. 能够正确检查和使用水基灭火器和干粉灭火器；
3. 能够正确检查和使用个人安全防护用品；
4. 能够对新能源汽车高压维修车间场地和工位设施进行规划。

素养目标：1. 培养良好的职业道德和工匠精神；
2. 培养工作中的安全意识和团队协作精神；
3. 培养自我管理和自主学习能力。

建议学时

6 个学时。

任务情境

一辆比亚迪秦纯电动轿车因故障需要进场维修，作为维修新能源汽车的专业人员，你知道如何布置新能源汽车维修工位吗？你知道在对车辆进行检查的过程中如何正确检查和使用安全防护用品吗？你知道如何正确、及时地处理触电事故吗？

知识介绍

一、人体触电方式及触电后的伤害形式

1. 人体触电方式

触电是人体触及带电体，带电体与人体之间产生电弧放电时，电流经过人体流入大地或是进入其他导体构成回路的现象。当人体触电时，电流通过人体器官会破坏人体器官和神经系统，流过胸腔会导致肺部痉挛，流过心脏会导致心室纤维颤化、心脏无法进行收缩扩张运动，导致人体的呼吸和心跳停止，危及生命。

新能源汽车的高压系统与车身之间是绝缘的，正常情况下，人体触摸新能源汽车车身是不会触电的，原因在于人体没有与汽车高压系统形成回路。但是，当高压系统部件发生绝缘故障时，就可能发生触电事故，如图 1－1 所示。

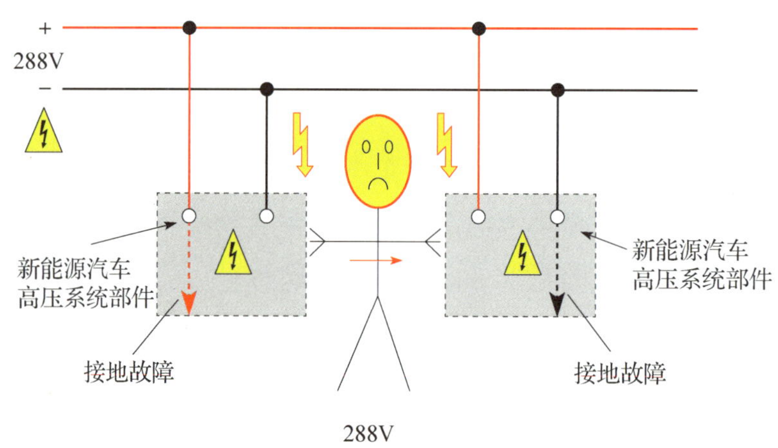

图 1－1　绝缘故障引起的触电

在日常生活中常见的人体触电方式有单相触电、两相触电及跨步触电。单相触电是指人站在地面上，人体的某一部位触碰到相线而发生的触电现象，具体如图 1－2 所示。单相触电是最危险的触电方式。当人体不幸发生单相触电时，此时较多的电流会通过人体的心脏、肺部等重要器官，从而导致人体受伤。

两相触电是指人体的不同部位分别接触同一电源的相线和零线或两根相线而发生的触电现象，此时线电压直接加在人体上，电流通过人体。若人体触及一根相线、一根零线，如图 1－3 所示，人体承受的电压为 220V；若人体触及

两根相线，则人体承受的电压为线电压 380V。

图 1－2　单相触电

图 1－3　两相触电

当电网或电气设备发生接地故障时，流入地中的电流在土壤中形成电位差，地表面也形成以接地点为圆心的径向电位差。当人在距离高压导线落地点 10m 内行走时，电流沿着人的下身，从一只脚到腿、胯部又到另一只脚与大地形成通路，前、后两脚间（一般按 0.8m 计算）电位差达到危险电压而造成触电，称为跨步触电，如图 1－4 所示。

图 1－4　跨步触电

在新能源汽车的维修过程中，维修人员应该避免因为操作失误导致自身与汽车高压系统形成回路。表 1－1 所示是高压电路发生电击风险的情形，维修人员应当时刻注意，避免发生触电事故。

表 1－1　高压电路发生电击风险的情形

事例	情形	电击风险
人体绝缘时，触摸高压电正极侧	正极 负极	没有形成回路，无风险

续表

事例	情形	电击风险
当漏电时，触摸车身（高压电负极侧）		没有形成回路，无风险
当漏电时，触摸高压电正极侧		可能会形成回路，可能会被电击
触摸高压电正极侧和负极侧		形成了回路，一定会被电击

2. 触电后的伤害形式

当人体误触电源后，对人体产生伤害的是电流。电流对人体的伤害有两种形式，分别是电击和电伤。电击与电伤的区别是，电击是在低压触电时出现的，是内伤，对人体器官、神经系统产生伤害；电伤是高压触电时出现的，是外伤，对人体皮肤等产生伤害。

通常对人体产生最多伤害的触电形式是电击。电击时电流通过人体，破坏人的心脏、神经系统的正常功能。电击后对人体的伤害程度与通过人体电流的强度、电流持续的时间、电流的频率、电流通过人体的路径以及触电者的身体健康状况有关。发生电击事故的条件是，首先要有电源，其次人体与电源要形成闭合回路。电击对人体造成的伤害有电击效应、热效应、肌肉刺激效应等，具体如图 1－5 所示。

电伤是指高压电流通过人体时所造成的外伤。电伤的主要形式是电弧灼伤。电弧主要有误操作产生的电弧、带电作业时短路产生的电弧或人体过分地接近

（a）电击效应

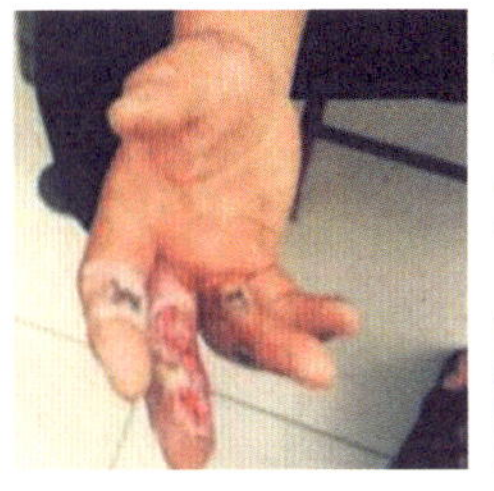

（b）热效应

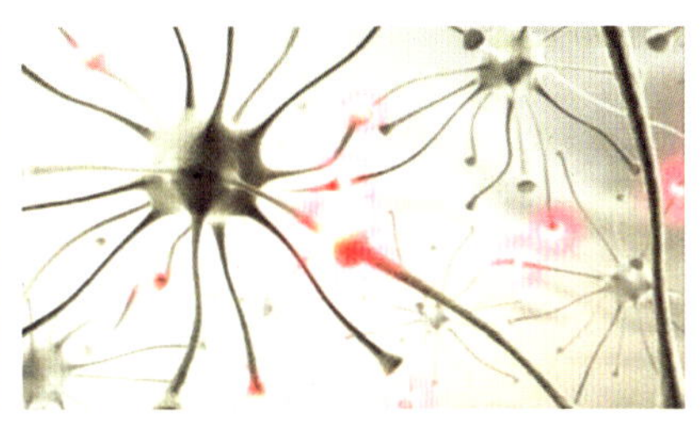

（c）肌肉刺激效应

图 1－5　电击的伤害

高压带电体产生的放电电弧，极高的电弧温度会将皮肤烧伤，具体如图 1－6 所示。

（a）电弧

（b）电弧灼伤手部

图 1－6　电弧及电弧的危害

二、触电事故的处理与急救

新能源汽车电气系统所涉及电压范围为 12 ～ 800V，研发、测试、生产和售后等环节都有可能产生触电伤害事故，所以，学习和了解高压电气触电的急救理论十分必要。

如果不幸发生了人员触电事故，在援救触电事故中的受伤人员时，施救者自身的安全是第一位的，绝对不要去触碰仍然与电源有接触的人员。当发生触电事故时，一定要保持冷静，只有按照急救步骤开展紧急救助，才能防止施救者触电，保证触电者从事故中获救。触电急救必须分秒必争，据统计资料，触电者在 3min 内就地实施有效急救，救活率在 90% 以上；6min 后实施急救措施，救活率仅为 10%；12min 后抢救，救活率几乎为 0。急救步骤如图 1－7 所示。

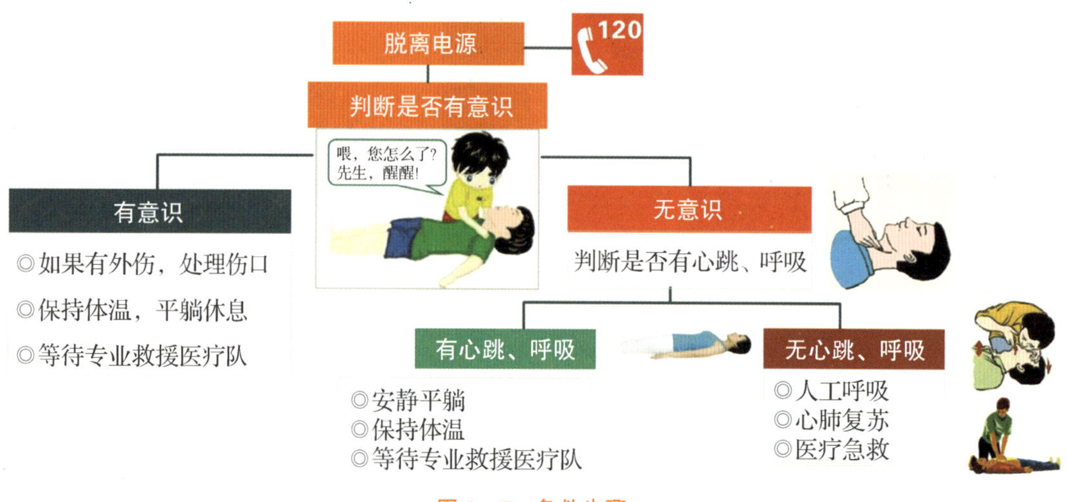

图 1－7　急救步骤

1. 脱离电源

人体触电以后，抢救触电者的首要步骤就是使触电者尽快脱离电源。脱离电源的方法有如下几种。

（1）就近拉下电闸或拔掉电源插头，如图 1－8 所示。

图 1－8　拉电闸

> **素养微课堂：传统文化**
>
> 忧患生于所忽，祸起于细微。
>
> ——汉代·刘向《说苑·敬慎》

（2）使用绝缘钳剪断电线，如图 1－9 所示。

（3）如果电线搭落在触电者身上，可用绝缘物体将电线挑开，如图 1－10 所示。注意：如果地面潮湿，应站在干燥或绝缘的地方。

（4）戴上手套或包缠干燥的衣服等绝缘物品拖拽触电者，如图 1－11 所示。

（5）将绝缘地垫或干木板垫在脚下，如图 1－12 所示，用一只手把触电者拉离电源。

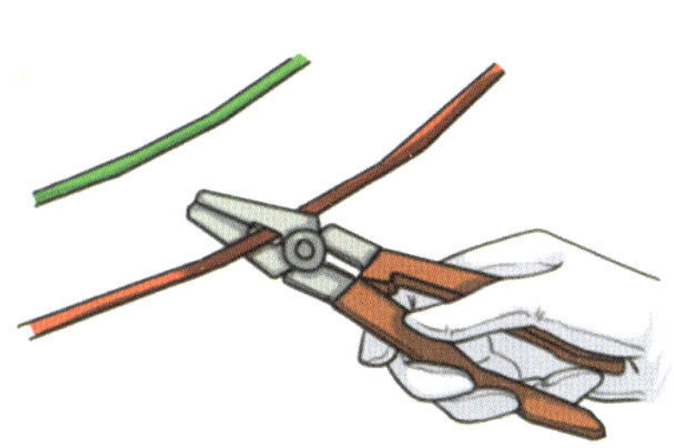

图 1－9　使用绝缘钳剪断电线

图 1－10　挑开电线

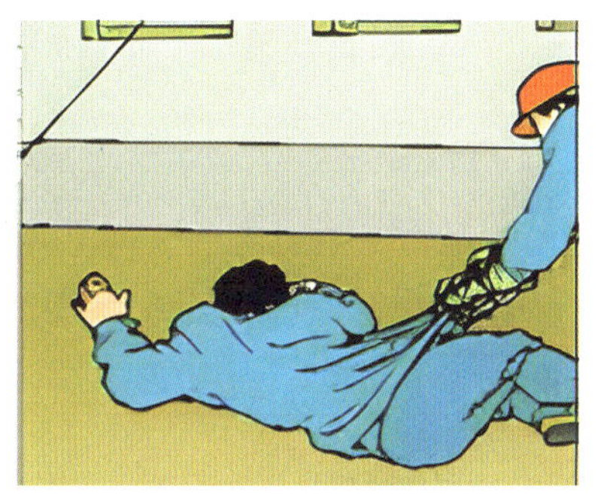

图 1－11　拖拽触电者

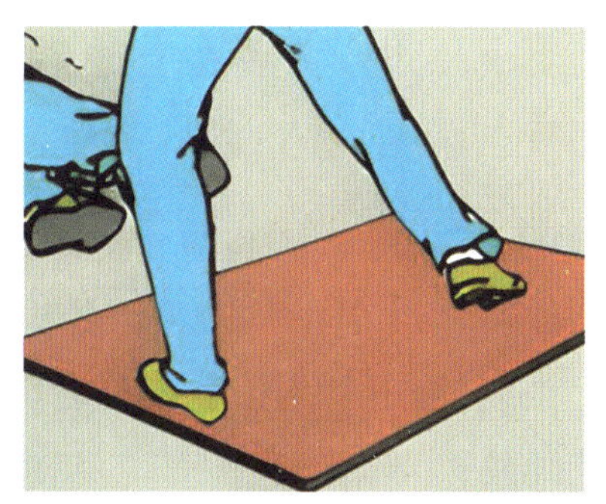

图 1－12　使用绝缘地垫

2. 拨打 120 急救电话

在进行施救的同时，应立即拨打急救电话，以最短的时间说清楚事故发生的地点、人员伤亡情况及现场控制情况等，获取专业的救护。

素养微课堂：传统文化

居安思危，思则有备，有备无患。

——《左传》

3. 现场紧急救治

当触电者脱离电源后，应根据触电者的具体情况迅速对症救护，力争在触电后 3min 内进行救治。现场应用的主要方法是口对口人工呼吸和胸外按压法，严禁打强心针。

施救者应尽快判断触电者是否有意识，是否有呼吸，是否有心跳情况，根据不同的情形，采取相应的急救方法。

（1）情形 1：神志尚清醒，但心慌力乏，四肢麻木，触电者均有呼吸和心跳。一般只需将触电者扶到清凉通风处，使其平卧，解开衣服，利于呼吸，保持空气流通，冷天应注意保暖，让其自然慢慢恢复，可以按触电者的人中穴。要派专人照料护理，因为有的触电者在几小时后会发生病变而突然死亡。

（2）情形 2：有心跳，但呼吸停止或极微弱。应该采用口对口人工呼吸法进行急救。具体操作要领如图 1－13 所示。

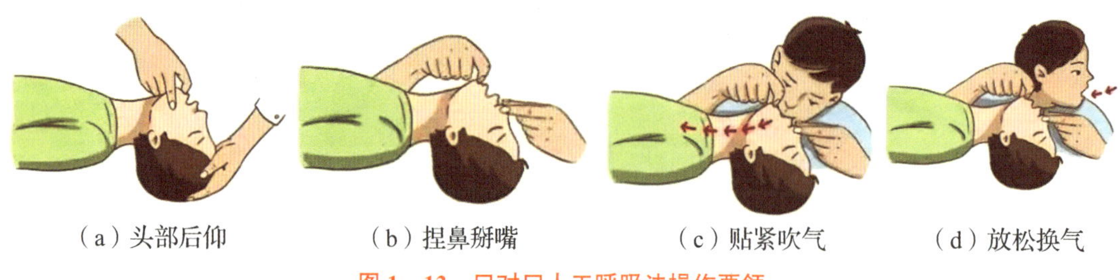

（a）头部后仰　（b）捏鼻掰嘴　（c）贴紧吹气　（d）放松换气

图 1－13　口对口人工呼吸法操作要领

1）清除口中异物。使触电者仰卧，然后将其头偏向一侧，用手指清除口中的假牙、血块、呕吐物等，使口腔中无异物。

2）保持气道通畅。施救者在触电者的一边，以近其头部的一只手紧捏触电者的鼻子，并用手掌外缘压住其额头部位，另一只手托在触电者的颈下，将颈部上抬或使用抬颏压头法，使其头部充分后仰 70° ～ 90° ，以避免舌头下坠所致的呼吸道梗阻。

3）口对口适量吹气。施救者先深吸一口气，然后用嘴紧贴触电者的嘴大口吹气，同时观察触电者的胸部是否隆起，以确定吹气是否有效。

4）放松换气。吹气停止后，施救者头稍偏转，换气，并立即放松捏紧触电者鼻孔的手，让气体从触电者的肺部自然排出。此时应注意胸部复原的情况，倾听呼气的声音，观察有无呼吸道梗阻。

5）反复进行。如此反复进行，每分钟吹气 10 ～ 12 次，即每 5 ～ 6s 吹一次（吹气持续时间为 1s）。

（3）情形 3：有呼吸，但心跳停止或极微弱。对于心脏骤停的触电者，应当立即实施胸外按压，以保持触电者人体器官的重要功能。具体操作要领如图 1－14 所示。

1）将触电者平放于硬质平面上，触电者头、颈、躯干呈直线，仰面向上。

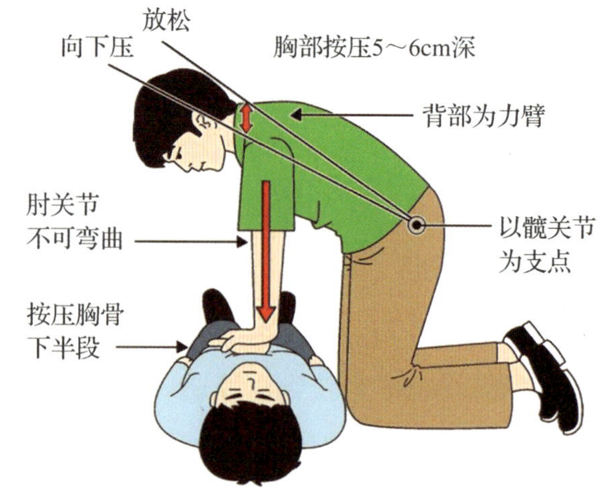

图 1－14　胸外按压操作要领

2）按压胸骨中下 1/3 交界处或两乳头与前正中线交界处。

3）施救者按压时上半身前倾，双肩正对触电者胸骨上方，双手叠交，双臂绷直，以髋关节为按压接触点，借助上半身垂直向下的力按压。每次抬起时，掌根不离开胸膛。

4）胸外按压频率为每分钟约 100 次，每两分钟更换按压者，每次更换时间间隔小于 5s。

（4）情形 4：心跳、呼吸均已停止者。该类人员的危险性最大，抢救的难度也最大。应该同时使用以上两种方法，即采用心肺复苏（CPR）法。心肺复苏是指对早期心跳和呼吸骤停的患者，通过采取胸外按压、人工呼吸、电除颤等方法帮助其恢复自主心跳和呼吸。电除颤使用自动体外除颤器（AED），其具体操作要领如图 1－15 所示。高压触电以后，短时间内会让人体心跳骤停，第一时间恰当地进行心肺复苏可以成功挽救 80% 以上触电者的生命。

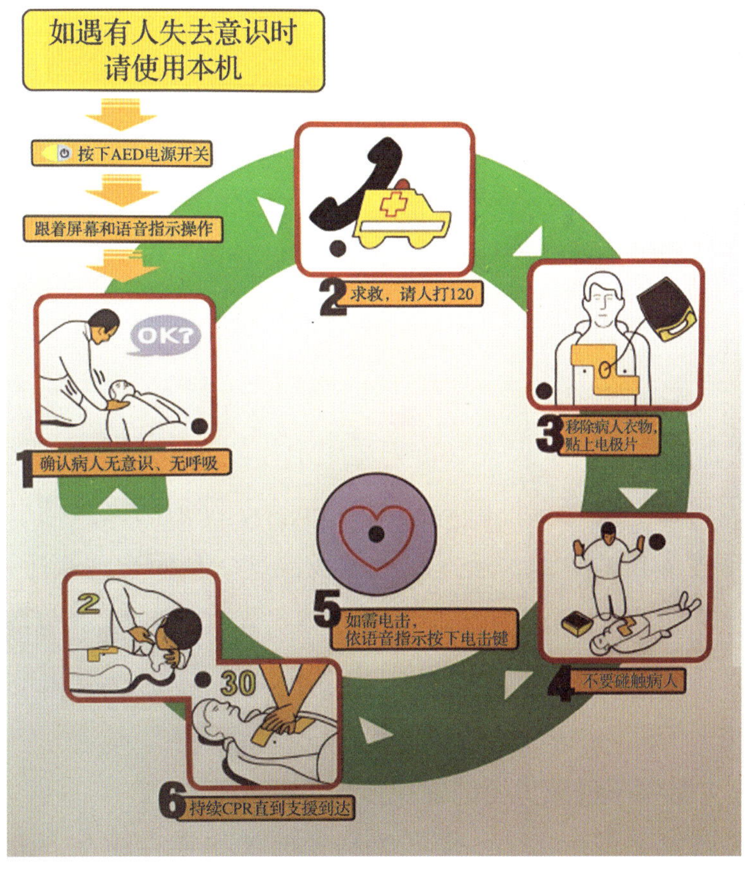

图 1－15　电除颤操作要领

三、水基灭火器和干粉灭火器

1. 水基灭火器和干粉灭火器的区别

新能源汽车涉及高压电路，发生电气火灾的概率及危害远大于传统的内燃机汽车，因此必须预防车辆自燃等火灾的发生，及时处理机舱内的油污、插接器松动或线束老化等隐患。

灭火器是用来扑灭新能源汽车初期火灾的常用工具。新能源汽车发生火情时，常用水基灭火器和干粉灭火器。水基灭火器和干粉灭火器的区别见表 1－2。

表 1－2　水基灭火器和干粉灭火器的区别

灭火器的种类	灭火器的使用范围	注意事项	图示
水基灭火器	以清水作为灭火剂，并有少量添加剂；适用于扑救木棉麻毛纸等一般固体物质引发的火灾	不能扑救电气设备、危险化学品、汽油、油漆等引发的火灾	
干粉灭火器	利用二氧化碳气体或氮气作为动力将瓶内的干粉喷出灭火；适用于扑救各种易燃、可燃液体和易燃、可燃气体火灾，以及电气设备引发的火灾	不能扑救镁、铝、钾等金属引发的火灾	

水基灭火器也称为清水灭火器，它适用于扑救固体或非水溶性液体的初起火灾。水基灭火器对电绝缘性能最高可达 36kV，喷射的灭火剂呈水雾状，能使火场瞬间蒸发大量的热量，迅速降低火场温度，从而达到快速灭火的目的。干粉灭火器也称为 ABC 干粉灭火器，适合扑灭 ABC 类火灾，也适用于扑救电气火灾，灭火速度快。干粉灭火器规格为 1 ～ 2kg 手提式灭火器，此类灭火器价格便宜，便于携带，但灭火后会存在大量残留物。

2. 水基灭火器和干粉灭火器的使用步骤

水基灭火器在喷射过程中，应始终与地面保持垂直状态，切勿颠倒或横卧，否则会使加压气体泄出导致灭火剂无法喷射。随着灭火器喷射距离的缩短，操作时应逐渐向燃烧物靠近，使水流始终喷射在燃烧处，直至将火扑灭。具体操作方法如图 1－16 所示。

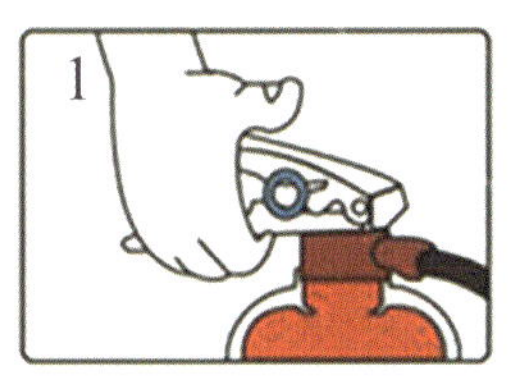

提起灭火器

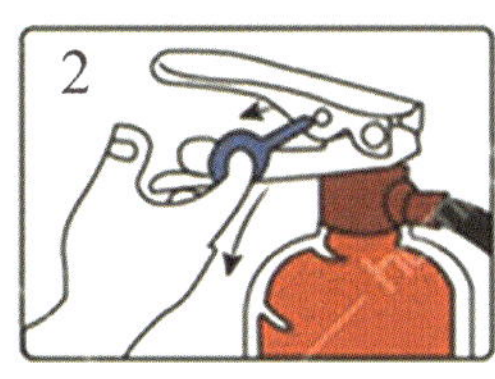

拔下保险销

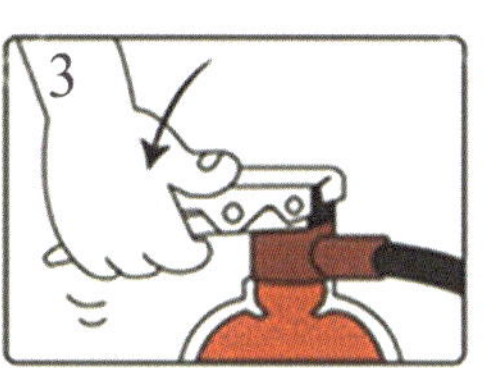

用力压下手柄
对准火焰根部喷射

图 1－16　水基灭火器操作方法

干粉灭火器扑救可燃、易燃液体火灾时，应对准火焰扫射；如果被扑救的液体火灾呈流淌燃烧，则应对准火焰根部由近而远并左右扫射，直至把火焰全部扑灭。如在室外，应选择在上风方向喷射，当干粉喷出后，迅速对准火焰根部扫射。灭火过程中，干粉灭火器应保持直立状态，不能颠倒或横卧使用，否则不能喷粉。具体操作方法如图 1－17 所示。

图 1－17　干粉灭火器操作方法

任务实施

一、熟悉新能源汽车高压维修车间安全管理制度

新能源汽车高压维修车间有高压安全风险，场地设施必须符合安全管理制度及相关标准。同时，除普通维修车间的安全要求外，高压维修车间还必须制定相关的安全管理制度，杜绝触电、火灾等安全事故的发生。

（1）车辆维修过程中高压部件必须标识明显的“高压勿动”警示标识，并禁止将带有高压电的部件放置在无人看管的环境下。

（2）车辆在充电过程中不允许对高压部件进行拆装、维修等工作。

（3）未经高压安全培训并取得特种作业操作证（高压电工作业）的维修人员，不允许对高压部件进行拆装、维修等操作。

（4）高压部件拆装、维修前，维修人员必须检查及穿戴个人安全防护装备，并使用绝缘工具进行拆装操作。

（5）高压部件拆装、维修过程中，维修人员禁止将手表、金属笔等金属物品带在身上。

（6）高压部件拆卸、维修前必须进行高压中止操作，即根据车型切断低压电源和拆卸高压维修开关，并检验确认相关部件没有高压电。

（7）进行车身焊接前应清理周围易燃物品，做好车身的保护，预防飞溅及着火，并严格按照焊接及钣金维修工艺进行操作。

（8）车辆维修完毕后，在准备上电前，要确认车辆无人操作。

（9）更换高压部件后，高压电缆接口必须按标准扭矩拧紧，并检测线路绝缘性能是否正常。

（10）在执行车辆维修期间，必须同时有两名持有上岗证的维修人员进行工作，其中一名维修人员作为工作的监护人，监督维修的全过程。如果发生触电事故，监护人应该立即采取有效措施进行急救。

（11）如果发生火灾，不要惊慌，要及时采取正确的方法来灭火。首先要切断电源，立即离开车辆并站在远离车辆的上风处。在采取救火措施的同时立刻报警（电话：119、110）。

（12）每天检查车间的灭火器是否在固定的位置，是否在有效期内。要充分了解灭火器及消火栓等消防设备的性质和正确的使用方法。

二、判断新能源汽车高压维修车间场地是否符合要求

作为高压车辆维护与检修的场所，新能源汽车高压维修车间有特殊的场地要求和工位安全设施要求。新能源汽车高压维修车间（见图 1－18）的场地与设施要求比普通维修车间要高，具体体现在以下几个方面。

图 1－18　新能源汽车高压维修车间

（1）工位数量及面积。至少具备 3 个标准工位（7m×4m），至少 1 台双柱龙门举升机。

（2）采光。应符合《建筑环境通用规范》（GB 55016—2021）中的有关规定。注意光的方向性，应避免对工作产生遮挡和不利的阴影。对于需要识别颜色的场所，应采用不改变自然光光色的采光材料。

（3）照明。当天然光线不足时，应配置人工照明，人工照明光源应选择接近天然光色温的光源。高压维修车间的照明要求应符合《建筑照明设计标准》（GB/T 50034—2024）中的有关规定。

（4）干燥。高压维修车间必须保持干燥。场地应避免积水或漏雨的情况发生。保持干燥的要求是为了降低维修人员的触电风险。

（5）通风。高压维修车间的通风应符合《建筑设计防火规范》（2018 版）（GB 50016—2014）和工业企业通风的有关要求。车间保持通风有利于在维修车辆期间产生的有害物质排出；在发生触电事故的情况下，通风的环境有利于

伤者呼吸到更多的新鲜空气。

（6）防火。高压维修车间的防火应符合《建筑设计防火规范》（2018 版）（GB 50016—2014）中有关厂房、仓库防火的规定以及《汽车库、修车库、停车场设计防火规范》（GB 50067—2014）中的有关规定。

三、布置新能源汽车维修工位

布置新能源汽车维修工位

在新能源汽车维修车间，当工位上有高压车辆进行维修时，要求在工位周围必须布置足够的工位安全防护用具，如安全隔离带、安全警示牌、绝缘地垫、灭火器等，从而避免发生安全事故，具体布局如图 1－19 所示。

图 1－19　工位安全标识

（1）设置安全隔离带。安全隔离带可以将车辆高压电气系统的作业场地隔离，防止其他人员随意出入，起到隔离和警示的作用，如图 1－20 所示。布置安全隔离带时要注意隔离带的设置范围不可过小，否则将没有足够的区域让维修人员展开维修工作。

（2）悬挂或布置安全警示牌。当工位上有高压车辆进行检查维修时，要求在工位周围必须布置明显的警示标识，避免他人未经允许进入工位而发生事故。安全警示牌类型如图 1－21 所示。将安全警示牌悬挂在工位安全隔离带显眼位置或布置在工位显眼位置。

图 1－20　安全隔离带

（a）可以悬挂的安全警示牌

（b）布置在地面的安全警示牌

图 1－21　安全警示牌

（3）铺设绝缘地垫。绝缘地垫（如图 1－22 所示）又称为绝缘毯、绝缘垫、绝缘胶皮、绝缘垫片等，具有较大体积电阻率，耐电击穿，用于配电等工作场合的台面或地面，能起到较好的绝缘效果。

图 1－22　绝缘地垫

（4）准备并检查灭火器。灭火器有干粉灭火器、泡沫灭火器和二氧化碳灭火器等。对车间灭火器进行检查时，需要重点检查灭火器压力值、灭火器有效期。灭火器应该根据实际的条件使用。注意绝对不能用酸碱或泡沫灭火器，因其灭火剂有导电性，且酸碱灭火剂会强烈腐蚀电气设备，事后不易清除。

四、检查新能源汽车维修人员个人安全防护用品

新能源汽车涉及高压电，在维修过程中维修人员必须做好安全防护，才能防止被高压电击伤，从而保护自身的安全以及车辆、设备的安全。常见的个人安全防护用品包括绝缘手套、安全鞋、绝缘工服、绝缘帽、护目镜等，如图 1－23 所示。

图 1－23　个人安全防护用品

1. 绝缘手套

绝缘手套是指在高压电气设备上进行带电作业时，起电气绝缘作用的一种手套，可使人的两手与带电物绝缘，是防止维修人员同时触及不同极性带电体而导致触电的安全用具，如图 1－24 所示。绝缘手套应具备两种性能：能够承受 1 000V 以上的工作电压，具备抗酸碱性。

使用绝缘手套的过程中，注意防止尖锐物体刺破手套。使用绝缘手套前，应将上衣袖口套入手套筒口内，并对绝缘手套做如下检查：

（1）外观检查。观察绝缘手套外观，应无油垢、灰尘、划痕、开裂。

（2）电压等级检查。高压绝缘手套上必须有明显且持久的标记，内容包括标记符号、使用电压等级、规格型号、最大使用电压、制造单位或商标、检验合格印章、贴有经试验单位定期试验的合格证等。按照国家标准《带电作业用绝缘手套》（GB/T 17622—2008）的规定，绝缘手套按电气性能分为 5 级，适用于不同电压等级，具体如图 1－25 所示。

图 1－24　绝缘手套

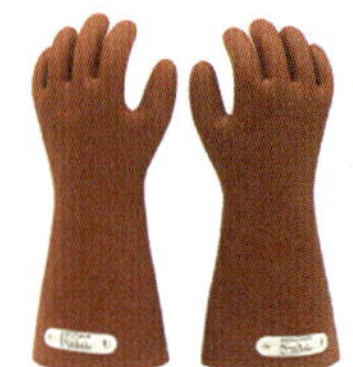

级别	0	1	2	3	4
适用电压/V	380	3 000	10 000	20 000	35 000

图 1－25　绝缘手套标记及不同级别适用电压

（3）气密性检查。将手套从口部向上卷，稍用力将空气压至手掌及指头部分检查上述部位有无漏气。如果有漏气，则不能使用，具体如图 1－26 所示。

图 1－26　绝缘手套检查要领

2. 安全鞋

安全鞋（见图 1－27）使人体与地面绝缘，防止电流通过人体与大地之间构成通路，对人体造成电击伤害，把触电的危险降到最低程度，所以高压电气作业时不仅要戴绝缘手套，还要穿安全鞋。它还能防止试验电压范围内的跨步电压对人体产生危害。安全鞋应具备透气、防静电、耐磨、防滑等性能，此外，电绝缘性能是安全鞋产品的核心和关键技术指标。国家标准《足部防护　安全鞋》（GB 21148—2020）规定了安全鞋的电绝缘性能要求等。

图 1－27　安全鞋

（1）质量检查。

1）检查安全鞋的标志是否齐全、是否符合标准要求。

2）检查安全鞋的表面是否清洁、无油垢、无灰尘，鞋底有无扎伤，底部花纹是否清晰明显、有无磨平和受潮现象。

（2）使用注意事项。

1）安全鞋应存放于干燥通风处，防止霉变，避免受油、酸碱类或其他腐蚀品的影响。

2）安全鞋应每 6 个月进行一次预防性试验，合格后才能继续使用，试验不合格则不能继续使用。

3. 绝缘工服

绝缘工服不仅能给新能源汽车维修人员提供安全保障，还能反映汽车维修企业员工的精神风貌，体现企业的文化内涵，提升企业形象。绝缘工服是非化纤类（纯棉等非化工合成材质）的工作服，如图 1－28 所示。化纤类的工作服会产生静电，并且当发生火灾事故时，会在高温环境下粘连人体皮肤，对维修人员产生严重的二次伤害，所以不要选择化纤类工作服，需要选择优质棉和聚酯纤维材质的衣服。

4. 绝缘帽

绝缘帽是指具备电绝缘性能要求的安全帽，如图 1－29 所示。绝缘帽作为一种个人头部防护用品，能有效地防止和减轻操作人员在生产作业中遭受坠落物体或自己坠落时对人体头部的伤害。在新能源汽车举升工位下方进行作业时，维修人员必须佩戴相应标准的绝缘帽，保护头部安全。

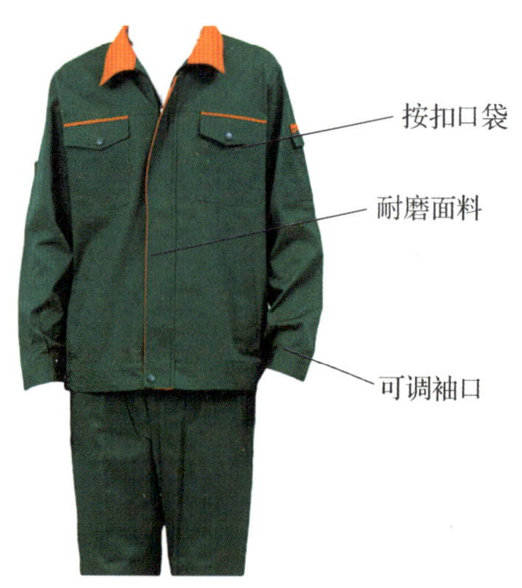

图 1－28　绝缘工服

图 1－29　绝缘帽

（1）质量检查。

检查有无裂痕、是否磨损严重、有无受过重击而变形。对于新领用的绝缘帽，应检查是否有劳动部门允许生产的证明及产品合格证。使用时，应选择正确电压等级的绝缘帽。

（2）使用注意事项。

1）佩戴绝缘帽前应将帽后调整带按自己的头型调整到适合的位置，然后将帽内弹性带系牢。

2）不要把绝缘帽歪戴，也不要把帽檐戴在脑后方。

3）绝缘帽的下颌带必须扣在颌下，并系牢，松紧要适度。

4）要定期检查绝缘帽有无龟裂、下凹、裂痕、磨损等情况，发现异常现象要立即更换，不能再继续使用。任何受过重击的绝缘帽无论有无损坏现象均应报废。

5）绝缘帽不宜长时间在阳光下暴晒。

6）新的绝缘帽使用前应检查有无生产许可及产品合格证，有无破损，厚度是否均匀，缓冲层及调整带和内弹性带是否齐全有效，如不符合规定要求应立即更换。

7）绝缘帽应保持整洁，不能接触火源，不要任意涂刷油漆等。

5. 护目镜和防护面罩

在维修高压车辆时，护目镜［见图 1－30（a）］用于避免维修过程中产生的电火花对眼睛造成伤害，也可以防护电池液的飞溅。佩戴前，应先检查护目镜面有无破损、刮花。护目镜的宽窄和大小要适合使用者的脸型。拆卸动力电池时，尤其是拆卸存在泄漏的动力电池时，要佩戴防酸碱的防护面罩［见图 1－30（b）］。

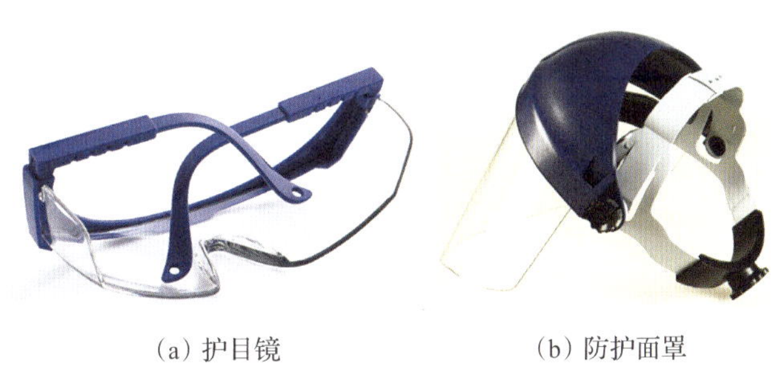

（a）护目镜　　（b）防护面罩

图 1－30　护目镜和防护面罩

任务小结

本任务主要介绍了新能源汽车维修工位的布置，通过学习，学生应该掌握人体触电方式及触电后的伤害形式；掌握水基灭火器和干粉灭火器的区别；掌握个人安全防护用品的类型和作用；掌握高压维修车间安全管理制度；能够正确、及时地进行触电事故的处理与急救；能够正确检查和使用水基灭火器和干粉灭火器；能够正确检查和使用个人安全防护用品；能够对新能源汽车高压维修车间场地和工位设施进行规划。

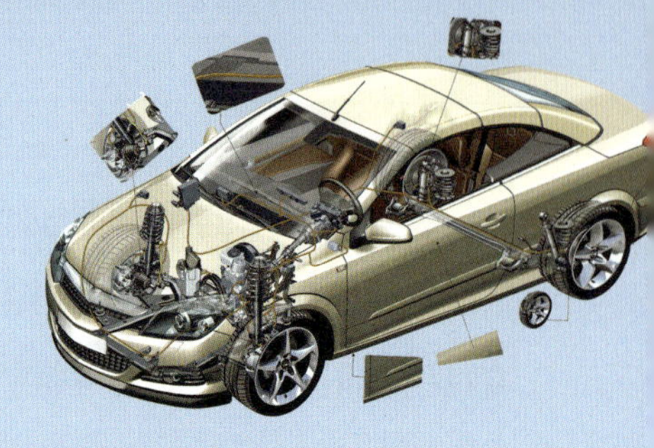

新能源汽车的上电和下电

学习目标

知识目标： 1. 认识高压部件并且正确理解车上高压部件的安全标识；
2. 掌握新能源汽车对维修人员的特殊安全保护方式；
3. 掌握高压上电和下电的控制原理；
4. 掌握新能源汽车仪表盘常见指示灯的含义。

能力目标： 1. 能够正确拆装维修开关；
2. 能够正确进行新能源汽车的高压中止及检验；
3. 能够正确使用绝缘拆装工具及检测设备。

素养目标： 1. 培养爱岗敬业、诚实守信的职业素养；
2. 培养工作中的安全意识和团队协作精神；
3. 培养自我管理和自主学习能力；
4. 培养在操作过程中的高压安全意识。

建议学时

6 个学时。

任务情境

一辆比亚迪秦纯电动轿车，行驶 8 万千米，踩下制动踏板，按下一键起动开关，动力系统故障警告灯点亮，REDAY 指示灯不亮，高压上电失败。根据故障现象，使用故障诊断仪读取故障码，显示高压互锁故障。作为新能源汽车售后服务工作人员，你应该如何解决该问题呢？

知识介绍

一、新能源汽车高压部件及其安全标识

1. 高压部件

新能源汽车的高压部件主要集中在驱动系统、电源系统、充电系统以及空调系统。此外，用于连接各高压部件的导线也属于高压部件。常见的高压部件主要有高压控制盒、驱动电机控制器［见图 2－1（a）］、驱动电机［见图 2－1（b）］、DC-DC 转换器、PTC 加热器［见图 2－1（c）］、空调压缩机［见图 2－1（d）］、动力电池［见图 2－1（e）］、车载充电机［见图 2－1（f）］等。

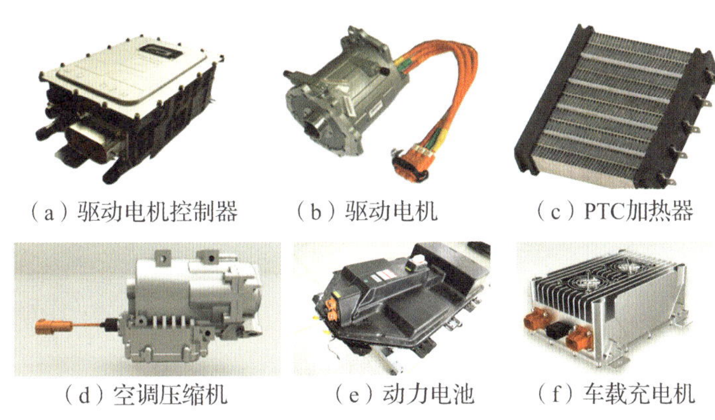
（a）驱动电机控制器　（b）驱动电机　（c）PTC加热器
（d）空调压缩机　（e）动力电池　（f）车载充电机

图 2－1　新能源汽车常用高压部件

（1）动力电池安装位置。动力电池是新能源汽车的动力源，也是重要的高压部件，电压一般在 250～650V。动力电池是能量的储存装置，并且为驱动电机和其他高压电气设备提供电能。动力电池主要安装在车辆的底部和后部，如图 2－2 所示。

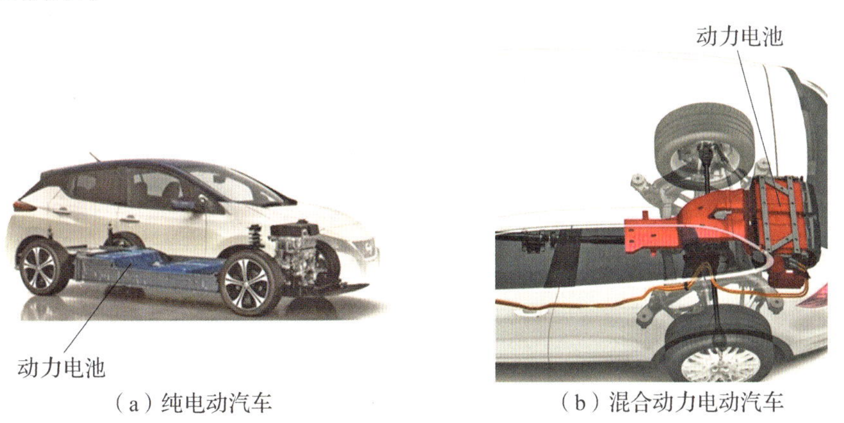

（a）纯电动汽车　（b）混合动力电动汽车

图 2－2　动力电池安装位置

（2）其他高压部件安装位置。其他高压部件，如高压控制盒、驱动电机控制器、车载充电机、DC-DC 转换器、PTC 加热器、空调压缩机、高压线束等，一般均集中在前机舱位置，具体如图 2－3 所示。新能源汽车的直流、交流充电口（如图 2－4 所示）通常安装在车辆前部或后部。

图 2－3　部分高压部件安装位置

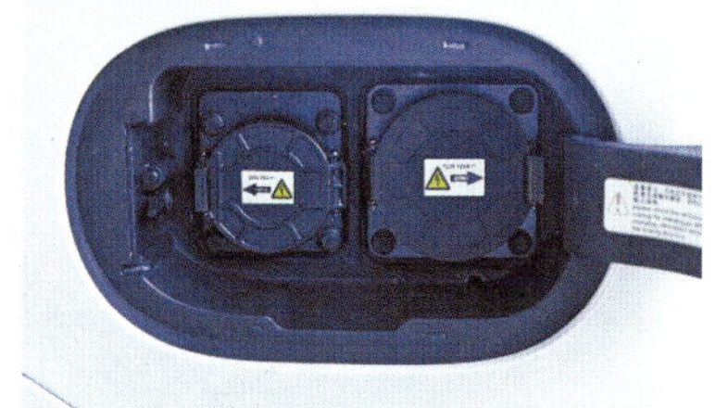

图 2－4　充电口

2. 高压部件安全标识

新能源汽车涉及高压电，为了防止维修人员在维修过程中意外触及高压系统而发生人身伤害事故，车上所有的高压部件均采用特殊的标识或颜色，对维修人员或车主给予警示。新能源汽车高压部件通常采用高压警示标识和高压警示颜色两种形式进行高电压警告。

（1）高压警示标识。新能源汽车的每个高压部件壳体上都带有一个标识，可通过标识直观地看出高压电可能带来的危险。如图 2－5 所示，高压警示标识一般采用黄色底色或红色底色。

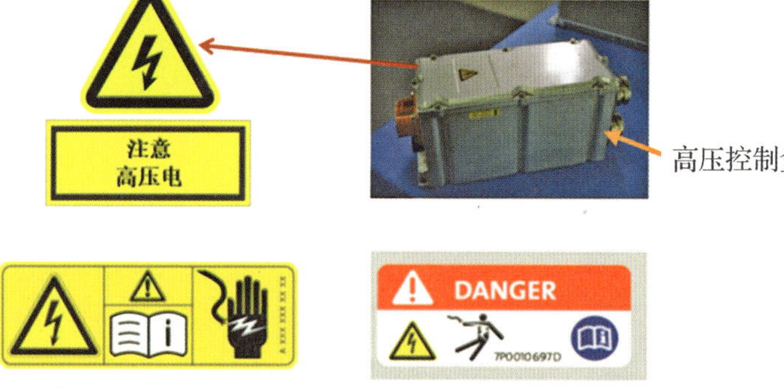

图 2－5　高压警示标识

（2）高压警示颜色。由于高压导线可能有几米长，因此在一处或两处通过警示牌标记意义不大，维

修人员可能会忽视这些警示牌。因此使用橙色警示颜色来标记出所有高压导线、高压插接器（高压导线插接器及高压安全插接器），如图 2－6 所示。

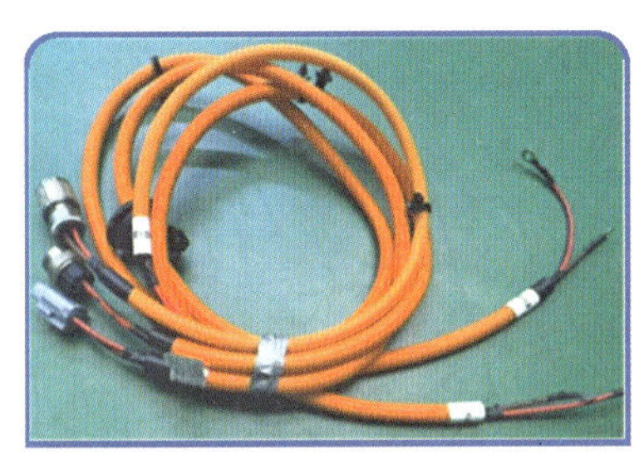

（a）高压导线

（b）高压插接器

图 2－6　高压警示颜色

二、新能源汽车对维修人员的特殊安全保护方式

新能源汽车与传统汽车最大的区别在于，传统汽车只有低压系统，新能源汽车不仅有低压系统，还有高压系统。高压系统电压过百伏，理论上人体安全电压为 36V 以下，因此，需要通过各种安全保护方式对维修人员进行安全保护，保证维修人员在进行高压部件维修时不会有触电风险。常用的保护方式主要有维修开关、开盖检测、高压互锁等。

1. 维修开关

维修开关也称为手动维修开关（MSD），是一种为了保护在高压环境下工作的新能源汽车维修人员的安全或应对某些突发事件，可以快速分离高压电路的连接，使维修等工作处于一种较为安全状态的应急救援所必备的断开装置。通常情况下，在新能源汽车的驾驶室中央扶手内，均存在一个维修开关。当断开维修开关后，动力电池的高压输出立即中断。在操作上应当遵循以下流程：在断开动力电池的输出后，需等待 5min 才能接触高压部件。

（1）维修开关的主要功能。维修开关用于保证在高压环境下工作的新能源汽车维修人员的安全或应对突发事件，可以快速分离高压电路的连接，使维修等工作处于一种较为安全的状态。

1）在进行高压系统维修时，断开维修开关可以直接断开高压电路，从而保证维修人员的安全。

2）在高压系统出现短路危险时，维修开关内置熔断器会熔断，保护高压系统安全。

（2）维修开关的基本结构及原理。维修开关设计在动力电池包主回路中，内置高压熔断器，具有高压互锁功能。在外部短路时，熔断器切断高压回路；需要手动断开高压时，先断开高压互锁口，然后断开高压回路。维修开关的结构及原理如图 2－7 所示。

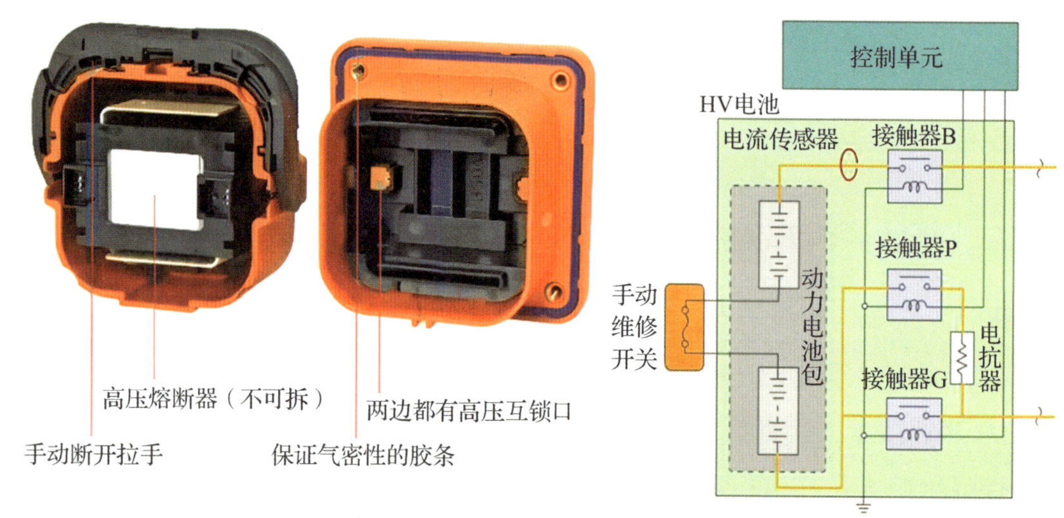

图 2－7　维修开关的结构及原理

2. 开盖检测

在高压部件的盖子上设立开盖检测开关（低压），如图 2－8 所示。在开盖检测开关打开（盖子被打开）时，高压控制系统［整车控制器（VCU）、动力电池管理系统（BMS）］切断高压电。

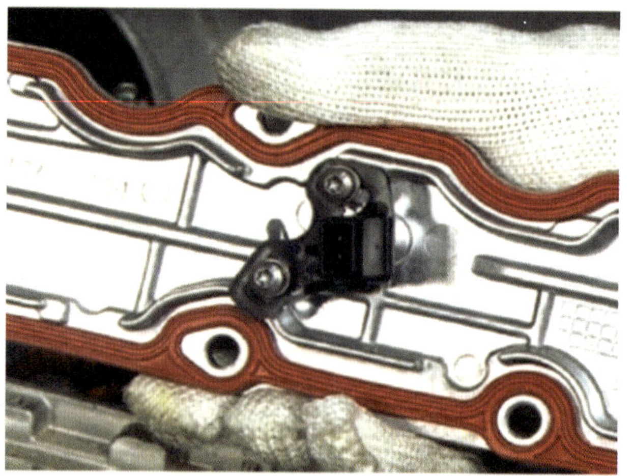

图 2－8　开盖检测开关

3. 高压互锁

高压互锁（HVIL）也叫危险电压互锁回路，是指使用低压信号来检查新能源汽车上所有与高压母线相连的各分路，包括整个电池系统、导线、插接器、DC-DC

转换器、驱动电机控制器、高压控制盒及保护盖等系统电路的电气连接完整性。

（1）高压互锁的作用及结构。当系统通过高压互锁识别到电路异常断开或者完整性受到破坏时，就需要启用安全措施，如报警或断开高压互锁回路等。带有高压互锁功能的高压插接器有一个双线的小插头和插座，具体结构如图 2－9 所示。

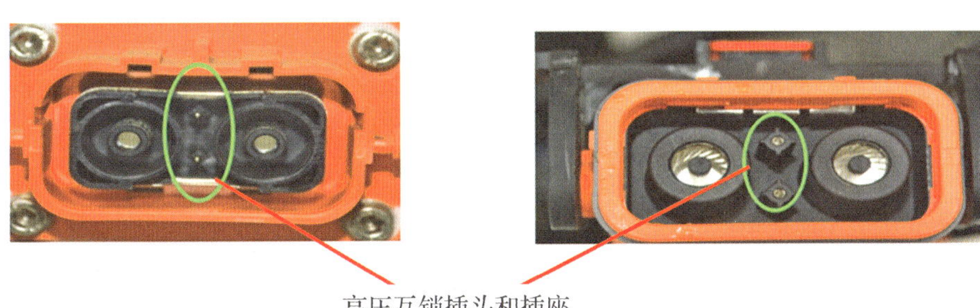

图 2－9　带有高压互锁功能的高压插接器

（2）高压互锁机构工作原理（见图 2－10）。由于高压插接器中高压电源的正负极端子和中间互锁端子的物理长度不一样，当连接高压插接器时，高压插接器的电源正负极端子先与中间互锁端子连接好；当断开高压插接器时，高压插接器的中间互锁端子先与高压插接器中的电源正负极端子脱开，这样的设计也避免了拉弧的产生。

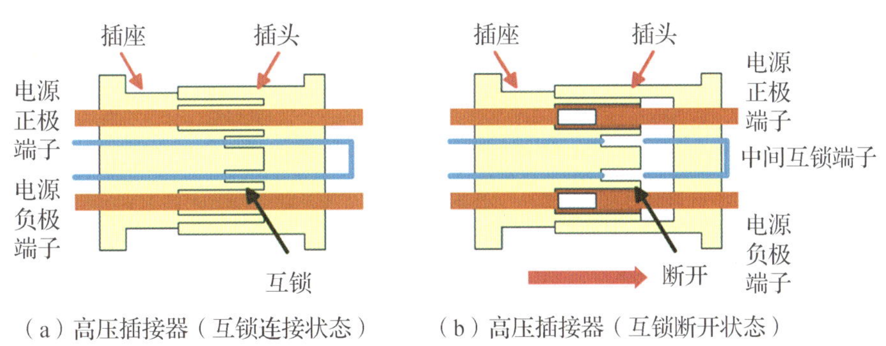

图 2－10　高压互锁机构的工作原理

（3）高压互锁工作原理。高压互锁有串联和并联两种方式，如图 2－11 所示。高压互锁回路采用低压 12V 的信号电压进行监控，当高压系统电路连接良好时，整车控制器的互锁信号端输出低电平信号，整车控制器判定高压系统电路连接正常，动力电池包正、负极接触器闭合，动力电池包正常工作。当高压系统电路连接异常时，如某个高压插接器松动或断开，此时乘员或维修人员有可能会接触到高压电从而遭受触电伤害，整车控制器的互锁信号端输出高电平的信号，整车控制器判定高压系统电路连接异常，动力电池管理系统（BMS）立即切断动力电池包的电流输出。

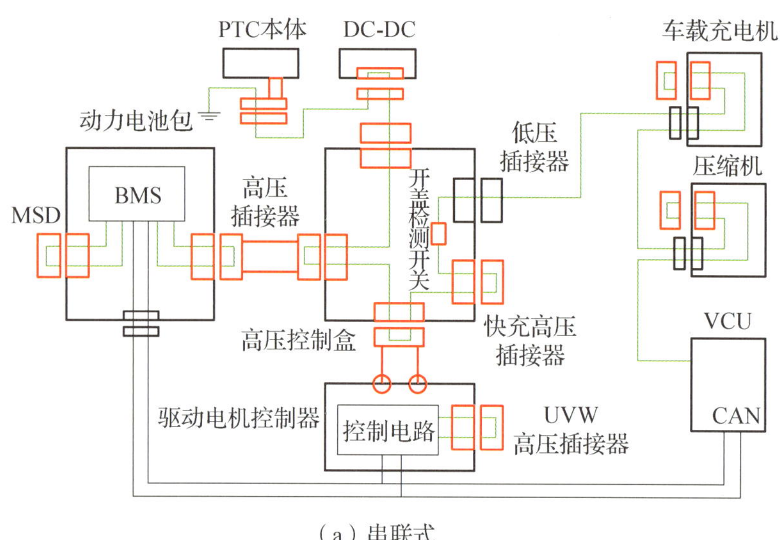

（a）串联式

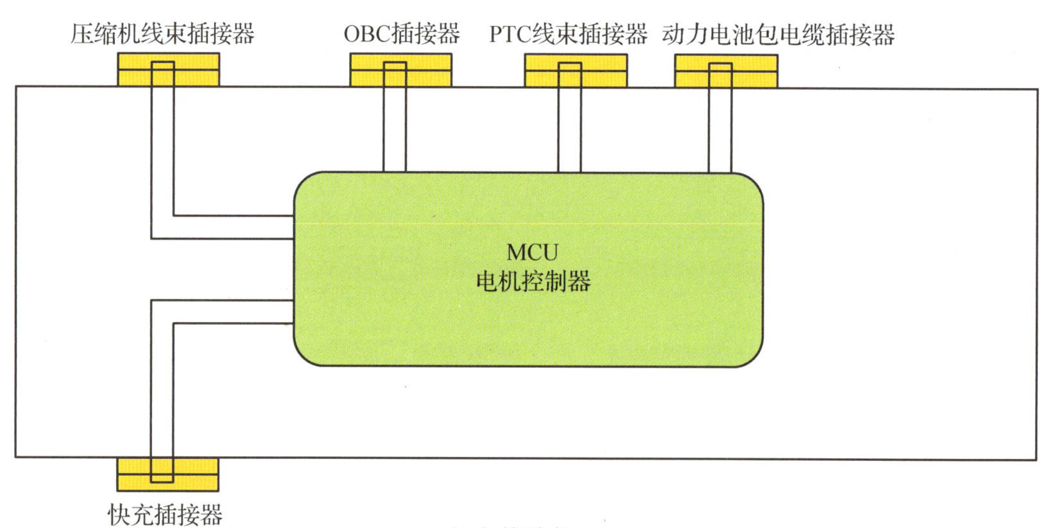

（b）并联式

图 2－11　串联和并联式高压互锁工作原理

4. 功能互锁控制

车辆在充电过程中，或者插上充电枪时，高压系统会限制车辆上电，防止发生线束拖拽或安全事故。

三、新能源汽车高压上电和下电控制原理

新能源汽车上下电教程

高压上电和下电控制是指车辆根据驾驶人对行车钥匙开关的操作，对动力电池的高压接触器开关进行控制，以完成高压电气设备电源通断和预充电控制。高压上电和下电控制是保证新能源汽车安全起动与停机的一个必经流程，也是整车控制策略设计中的一个重要环节。

1. 高压上电控制过程

驾驶人踩下制动踏板，按下一键起动开关，防盗解除后，车身控制模块（BCM）控制 ACC 及 IG1、IG3 继电器工作，使低压供电，整车各个模块进入自检状态，同时唤醒所有 CAN 总线。在这个阶段，各模块读取自身系统故障码，同时检测各自高压互锁是否完整。如果某个模块出现故障码、高压互锁、单体电池电压温度、CAN 通信、动力系统防盗中任意一项异常，将停止上电流程，且系统生成并存储故障码，同时通过 V-CAN 总线发送至仪表盘点亮相应指示灯。自检完成后，各模块与 VCU 进行互检，VCU 检测各模块正常且满足上电条件后，通过 P-CAN 总线发送至 BMS。

BMS 闭合主负继电器，同时对主负继电器断路、预充电阻断路、预充继电器粘连、主正继电器粘连进行检测，如果检测没有问题，则闭合预充继电器。由于驱动电机及高压电路中包括电容元件，为防止过大电流对这些元件造成冲击，如果主负继电器闭合检测没有问题，则闭合预充继电器，进入预充电状态。

在预充电阶段，BMS 对预充继电器、高压绝缘性能进行检测，如果发现异常，将停止上电，同时生成故障码，点亮指示灯。

预充电阻两端电压达到母线电压的 90% 时，BMS 闭合主正继电器，并对主正继电器断路进行检测。如果检测没有问题，则断开预充继电器，进入放电模式。BMS 通过 P-CAN 向 VCU 发送系统准备完成、高压系统已上电的信号，组合仪表接收到 VCU 发送的信号后点亮仪表盘上绿色的 READY 指示灯，

上电开始。整个高压上电控制过程如图 2－12 所示，高压上电控制过程框图如图 2－13 所示。

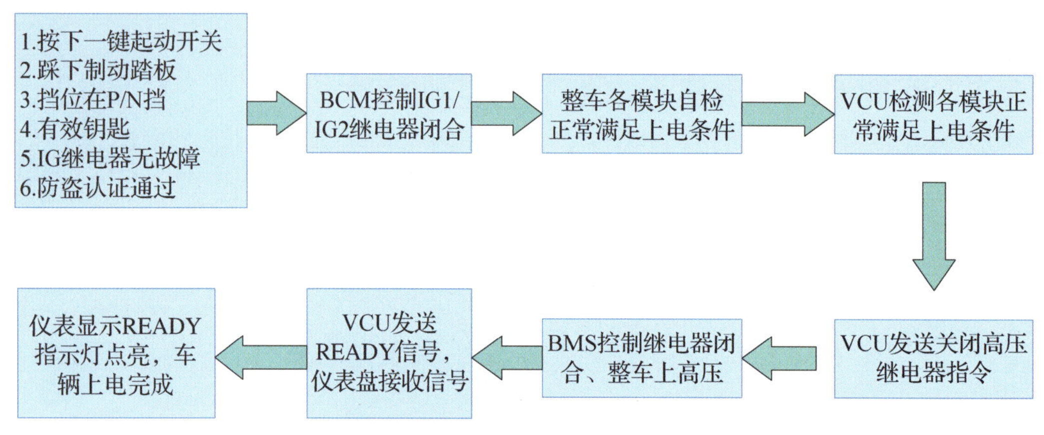

图 2－12　高压上电控制过程

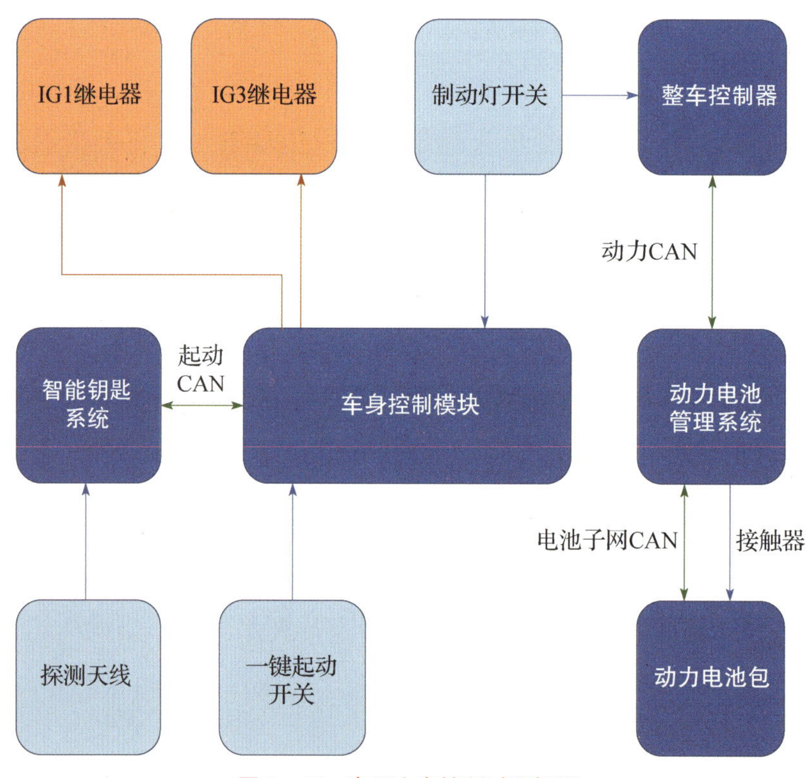

图 2－13　高压上电控制过程框图

2. 高压下电控制过程

在车辆下电时，BCM 接收到一键起动开关的 OFF 命令，通过 V-CAN 总线发送至 VCU，VCU 解析信号后通过 P-CAN 发送至 BMS、DC-DC 转换器、MCU、OBC 等，BMS 接收此信号后，依次断开主正继电器和主负继电器，高压下电。

动力电池高压下电后，BMS 将高压下电信号通过 P-CAN、VCU、V-CAN 总线发送至 BCM，BCM 接收到此信号后，断开 ACC 及 IG1、IG3 继电器，低压下电，整车进入下电状态。

四、新能源汽车仪表盘及各指示灯

汽车仪表盘是汽车系统中重要的组成部分，它是人与汽车的交互界面，为驾驶人提供车辆行驶时的运行速度、胎压、里程等信息，仪表盘显示的内容可以直观地告诉驾驶人车辆当前的运行状况。

1. 新能源汽车仪表盘与传统汽车仪表盘的区别

新能源汽车仪表盘的设计外观、安装位置与传统汽车相同，具体如图 2－14 所示。但是在仪表盘指示灯及显示功能上与传统汽车有区别，主要表现在：

（1）取消了发动机转速表，增加了功率表。

（2）取消了原有的燃油量表，增加了电池电量表。

（3）取消了原来与发动机有关的一些故障警告灯，如机油压力、水温警告灯等，新增平均电耗、READY 指示灯等。

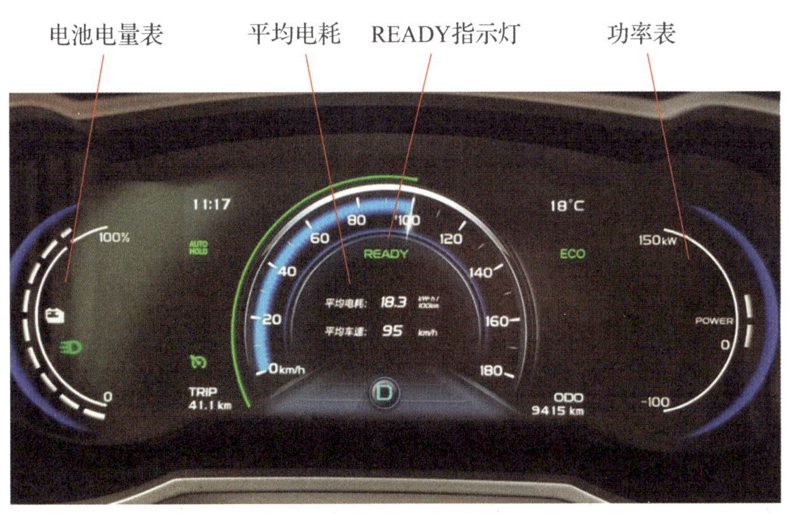

图 2－14　新能源汽车仪表盘

2. 仪表盘的组成

图 2－15 所示为比亚迪秦 EV 的仪表盘，该车仪表盘是全液晶仪表盘，主要用于显示整车的各种状态和警告信息。此仪表盘包括车速表、功率表、电池电量表、里程、挡位、时间、室外温度、行车信息、故障提示信息等显示和各种故障告警指示灯。

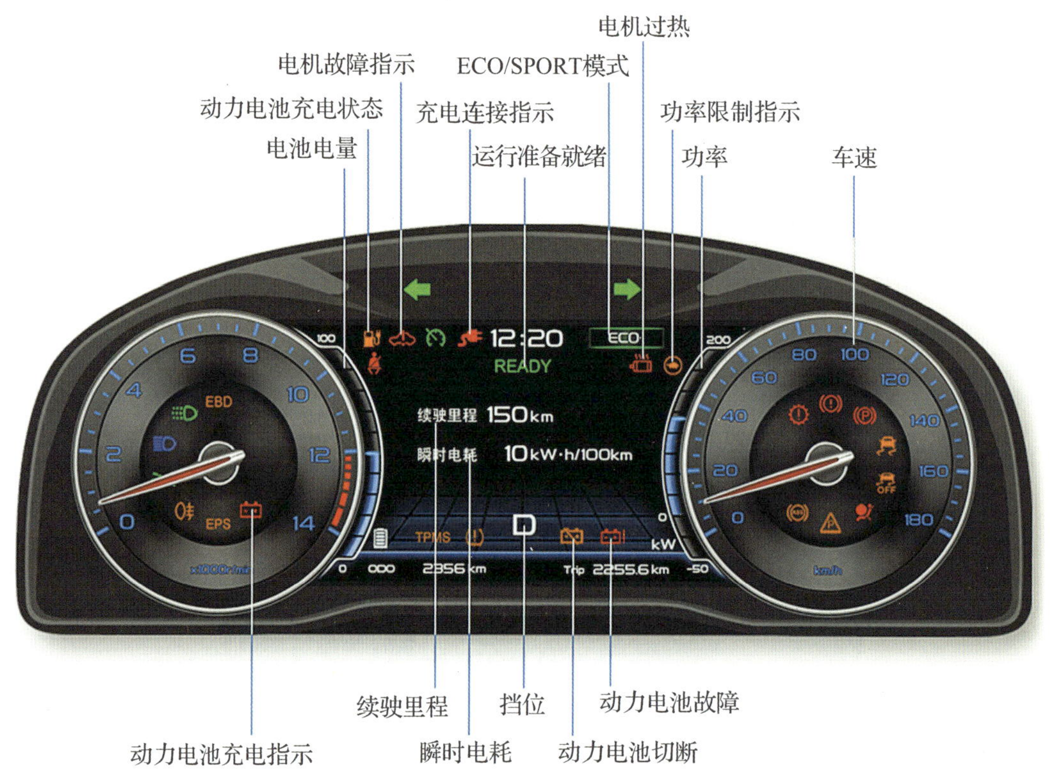

图 2－15　比亚迪秦 EV 的仪表盘

功率表用于显示车辆当前驱动电机的输出功率。当功率表显示正功率时，表明驱动电机正在消耗电能输出功率；当功率表显示为负功率时，说明驱动电机正在发电并给动力电池充电。车速表显示现在汽车行驶的速度；挡位显示目前车辆变速器所在挡位。

3. 指示灯颜色

仪表盘上指示灯的颜色通常有绿色、黄色和红色三种，提示级别递增。绿色为状态指示，表征车辆运行状态，无故障提示含义，如 READY 指示灯点亮表示运行准备就绪，如图 2－16 所示；黄色有提示或警告含义，提示有较大影响的信息或警告该系统可能有故障，如功率限制指示灯亮起表示

驱动电机的输出功率受到限制；红色为警告指示，警告该系统故障可能影响车辆正常运行，如电机过热警告灯亮起表示驱动电机因某种原因温度过高。车辆起动后或行驶中，电脑会定时对传感器发来的数据进行检查，如果发现异常，电脑就点亮仪表盘上相应的指示灯。通过点亮指示灯的方式来提醒驾驶人及时进行维修处理，以免故障恶化。常见指示灯的颜色如图 2–16 所示。

（a）READY指示灯

（b）功率限制指示灯

（c）冷却液温度过高指示灯

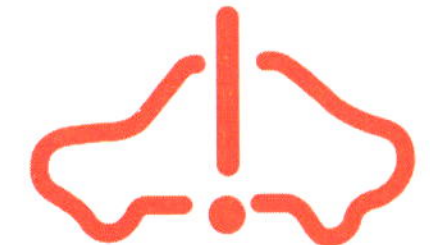
（d）动力系统故障警告灯

（e）充电连接警告灯

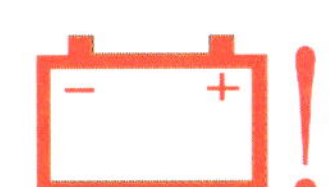
（f）动力电池故障警告灯

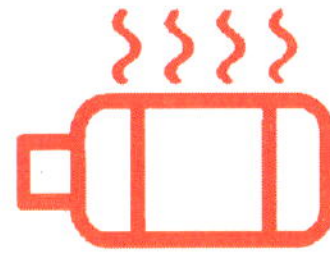
（g）电机过热警告灯

图 2 – 16　常见指示灯的颜色

4. 常见指示灯的含义

（1）冷却液温度过高指示灯。如果此指示灯点亮，表示冷却液温度太高，需停车并使汽车降温。在下列工作条件下，冷却液可能会产生过热现象：① 在炎热的天气进行长途爬坡；② 频繁急制动或急加速；③ 拖拽挂车。

（2）电机过热警告灯。如果此警告灯点亮，表示电机温度太高，需停车使电机降温。在下列工作条件下，电机可能会产生过热现象：① 在炎热的天气进行长途爬坡；② 在停停走走的交通状态下，频繁急加速、急制动，或长时间车辆运转得不到休息；③ 拖拽挂车。

（3）动力电池故障警告灯。当一键起动开关处于 ON 挡时，此灯点亮。如果动力电池工作正常，则几秒钟后此灯熄灭。此后，如果动力电池发生故障，此灯将再次点亮，需尽快检查并维修车辆。如果发生下列任何一种情况，则表示由此灯监控的部件发生故障：① 当一键起动开关处于 ON 挡时，此灯不亮或持续发亮；② 驾驶中此灯点亮。

（4）动力系统故障警告灯。当一键起动开关处于 ON 挡时，此灯点亮，如果动力系统工作正常，则几秒钟后此灯熄灭。此后，如果系统发生故障，此灯将再次点亮。如果发生下列任何一种情况，则表示有此灯系统的部件发生故障，需尽快检查并维修车辆：① 当一键起动开关处于 ON 挡时，此灯不亮或持续发亮；② 驾驶中此灯点亮。

五、绝缘拆装工具及检测设备

新能源汽车具有高电压，在维护、检修高压系统时会有高电压触电的风险，因此维修人员除需要使用传统汽车的维修工具和检测设备外，还必须使用绝缘拆装工具和检测设备。维修人员学会正确使用绝缘工具及检测设备可以有效防止意外触电事故的发生。常用的新能源汽车绝缘拆装工具及检测设备见表 2－1。

表 2－1　常用的新能源汽车绝缘拆装工具及检测设备

类型	工具设备名称	规格要求
拆装工具	绝缘拆装工具套装	耐压 1 000V 以上
举升设备	动力电池举升支架	带绝缘垫
检测仪表	数字万用表	符合 CAT Ⅲ要求
	钳形电流表	符合 CAT Ⅲ要求
	绝缘电阻测试仪	符合 CAT Ⅲ要求

根据国际电工委员会 IEC1010-1 的规定，电工工作的区域分为 4 个等级：CAT Ⅰ、CAT Ⅱ、CAT Ⅲ和 CAT Ⅳ。CAT 等级是向下单向兼容的，即一块 CAT Ⅳ的万用表在 CAT Ⅰ、CAT Ⅱ和 CAT Ⅲ下使用是完全安全的，但是一块符合 CAT Ⅰ要求的万用表在 CAT Ⅱ、CAT Ⅲ、CAT Ⅳ的环境下使用就不保证安全了。新能源汽车检测仪表在说明书和表体上标有 CAT 等级和耐压值，同一个 CAT 等级下，工作电压越高，其安全等级越高。

1. 绝缘拆装工具

绝缘是指使用不导电的绝缘材料将带电体隔离或包裹起来，以对触电起保护作用的一种安全措施。使用采用绝缘材料加工的绝缘拆装工具可以有效防止意外触电事故的发生，新能源汽车涉及高压部分零部件的拆装时必须使用绝缘拆装工具。绝缘拆装工具必须装有耐压 1 000V 以上的绝缘柄。

与传统普通型工具相比，新能源汽车专用绝缘拆装工具绝缘面积大，除与零部件接触点没有绝缘外，其他地方均进行了相应绝缘处理，一般绝缘层通常使用红、黄两色进行标识，如图 2－17 所示。绝缘防护胶柄等均使用耐高压、耐燃材料制作，同时具有防滑功能。

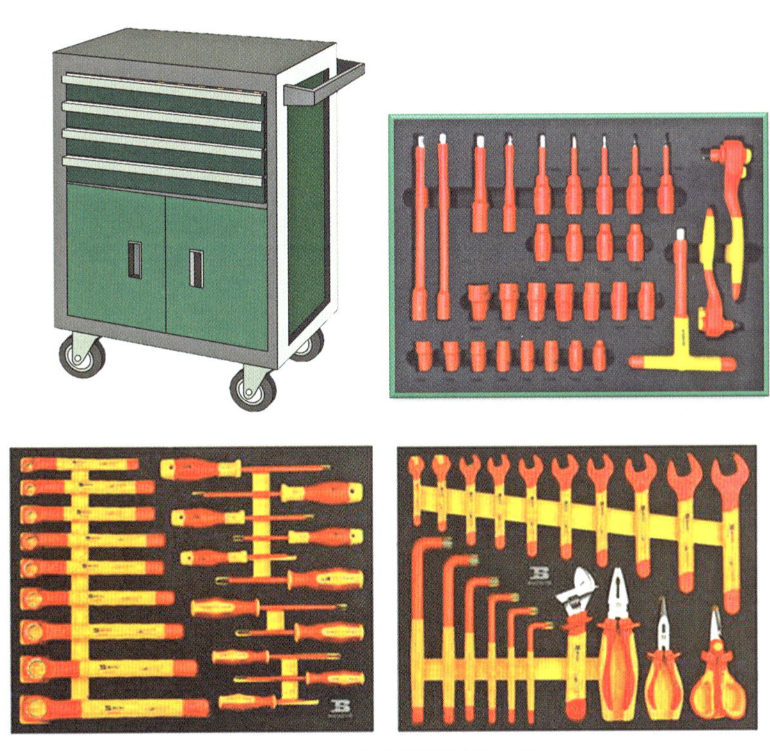

图 2－17　常用绝缘拆装工具

2. 动力电池举升支架

新能源汽车的动力电池很重，拆装时必须使用动力电池举升支架，如图 2－18 所示。动力电池举升支架配套双柱龙门举升机使用，顶部带绝缘垫，举升动力有液压动力、气动、电动等类型。

图 2－18　动力电池举升支架

3. 检测仪表

在维修新能源汽车时，常用的高压电路检测

仪表有数字万用表、钳形电流表、绝缘电阻测试仪等。

（1）数字万用表。

数字万用表是新能源汽车的基本检测仪器，应符合 CAT Ⅲ安全级别要求。数字万用表通常具有检测交 / 直流电压、电流、电阻、频率、温度、电容等功能。数字万用表的具体结构如图 2－19 所示。电阻挡可用来测量线路通断，负载的电阻值，传感器的电阻值，线圈、继电器、喷油嘴等器件的电阻值。电压挡可用来测量线路电源电压、电压降，测量时要选择交流电压挡或直流电压挡，如果不知道所测电压的高低，则应由高向低选择挡位。电流挡通常用来测量异常耗电、漏电、跑电等，使用此挡位时需将数字万用表串联到电路中。

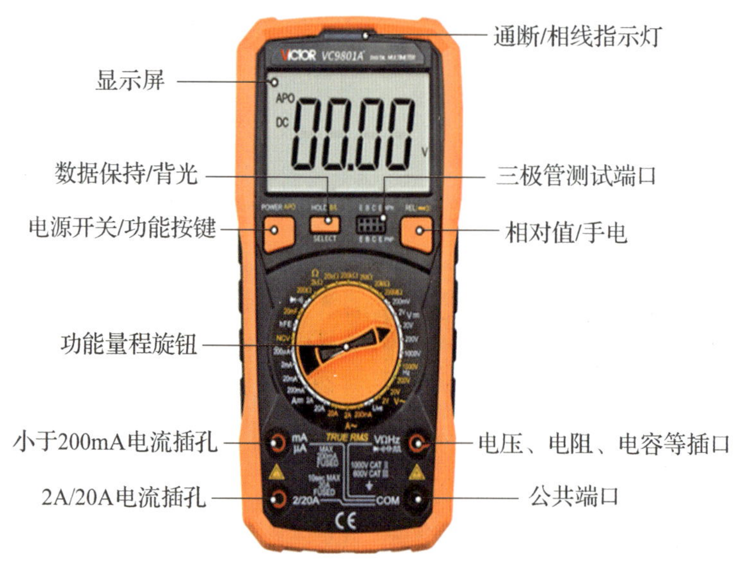

图 2－19　数字万用表

使用数字万用表测量电压的步骤：使用数字万用表前应校零，校零时将黑色测试探头插入 COM 输入端，红色测试探头插入电压输入端，然后将功能量程旋钮转至欧姆挡，两表笔短接，观察屏幕读数应小于 1Ω；将功能量程旋钮转至直流 / 交流电压挡位，默认为直流电压挡位，如果测量交流电压，则利用功能按键进行切换；将表笔接触想要测量的电路测试点，测量电压。

（2）钳形电流表。

钳形电流表（电流钳）使用非常方便，无须断开电源和线路即可直接测量运行中电气设备的工作电流，便于及时了解电气设备的运行状况。钳形电流表的结构如图 2－20 所示，其上有 NCV 感应端（非接触感应），即采用电磁感应的原理判断是否有电流的存在。

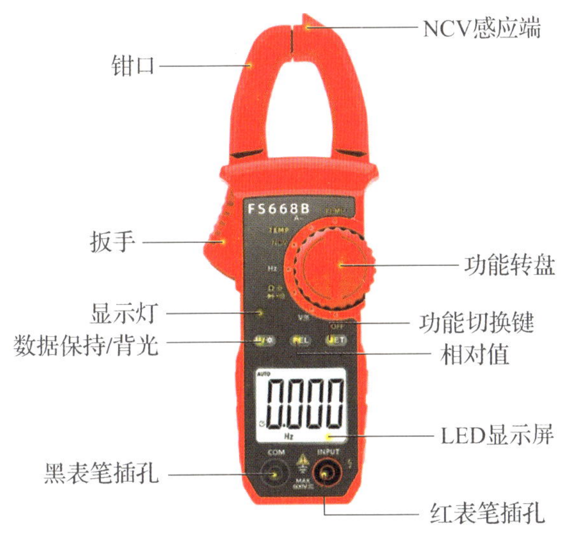

图 2－20 钳形电流表

使用钳形电流表测试电流的步骤：使用时应按紧扳手，使钳口张开，将被测导线放入钳口中央，然后松开扳手，使钳口闭合紧密。读数后，使钳口张开，被测导线退出，将挡位置于电流最高挡或 OFF 挡。

钳形电流表使用注意事项：钳口的接合面若有杂声，应重新开合一次，仍有杂声，应处理接合面，以使读数准确；不可同时钳住两根导线测量电流；钳形电流表要接触被测线路，所以钳形电流表不能测量裸导体的电流。

用钳形电流表测量高压时，查看钳形电流表的外观情况，手柄应清洁干燥，一定要仔细检查表的绝缘性能是否良好，绝缘层有无破损。应由两人操作，测量时应戴绝缘手套，站在绝缘地垫上，不得触及其他设备，以防止短路或搭铁。测量时应注意身体与带电体保持安全距离。当测量高压电缆各相电流时，电缆间距离应在 300mm 以上，且绝缘良好。

（3）绝缘电阻测试仪。

绝缘电阻测试仪主要用来测量变压器、电机、用电器等电气设备及电缆、开关、绝缘材料的绝缘电阻，保证它们工作在正常状态，避免发生触电及设备损坏等事故。

新能源汽车引入了高压系统，高压电缆必须具备一定的绝缘阻值才能保证用户和维修人员的人身安全。测量高压电缆绝缘阻值是否达到标准，需要使用绝缘电阻测试仪。绝缘电阻测试仪有手摇式和数字式两种，数字绝缘电阻测试仪如图 2－21 所示。绝缘电阻测试仪的接线要正确，L（LINE）接在被测物的导体部分，E（EARTH）接被测物的外壳或大地，G 接在被测物的屏蔽环上或不需要测量的部分。测量绝缘电阻时，红色表笔连接 L，黑色表笔连接 E。测量电压时，红色表笔连接 V，黑色表笔连接 G。

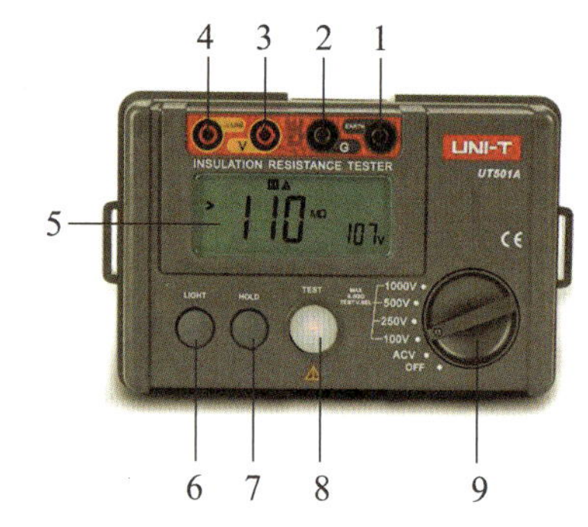

图 2－21　数字绝缘电阻测试仪

1—EARTH 绝缘电阻测试取样插孔；2—G 电压测量输入负插孔；3—V 电压测量输入正插孔；4—LINE 绝缘电阻测试高压输出插孔；5—显示液晶屏；6—背光按钮；7—数据保持按钮；8—TEST 绝缘电阻测量按钮；9—功能旋钮

以对绝缘地垫进行绝缘性测试为例介绍绝缘电阻测试仪的使用步骤。

1）绝缘电阻测试仪校零。量程选择 1 000V，将红色表笔连接 L，黑色表笔连接 E，两表笔短接，单击“TEST”按钮，若指示灯亮起且屏幕读数为 0，则短路测试正常。

2）测量。开路测试和短路测试结束后，立刻进行绝缘性检测。黑色表笔接触地面，红色表笔接触绝缘地垫，单击“TEST”按钮开始测量。

3）记录测量数据，变换位置继续测量，共测量绝缘地垫上 4 个点的绝缘电阻值并记录。如果屏幕显示绝缘电阻值大于等于 11GΩ，则说明绝缘地垫绝缘性良好。

4）将绝缘电阻测试仪功能旋钮置于 OFF 挡，恢复、归整表笔。

任务实施

一、实训前准备

（1）防护装备：工位防护套装，如绝缘地垫、安全隔离带、安全警示牌、灭火器等；人员防护套装，如绝缘手套、安全鞋、护目镜、绝缘帽、绝缘工服等。

（2）整套绝缘拆装工具及检测设备，如故障诊断仪、数字万用表、绝缘电阻测试仪、扳手套筒等。

（3）实训车辆：比亚迪秦 EV 实训台架或实训车辆。

二、检查绝缘地垫

检查绝缘手套，戴好绝缘手套，穿好安全鞋。检查绝缘地垫有无破损，检查地面及绝缘地垫是否潮湿。如图 2－22 所示，使用绝缘电阻测试仪在绝缘地垫的 4 个直角边缘上的点检查绝缘地垫的电阻，如果阻值小于 11GΩ，说明绝缘地垫性能不符合要求，需要更换。

图 2－22　检查绝缘地垫电阻

三、拆装维修开关

在维修新能源汽车时，为防止维修人员触到高压电，可以拔下动力电池包上橙色的维修开关。维修开关拔下后，由专职监护人员保管，并确保在维修过程中不会有人将其插到高压控制盒上。

1. 准备工作

（1）将车辆换挡杆切换到 P 挡位。

（2）确保车辆驻车制动工作可靠。

（3）关闭点火开关。

（4）断开 12V 蓄电池负极端子，负极电缆接头用绝缘胶布包好。

2. 拆下维修开关

（1）检查并戴好绝缘手套等防护用品。

（2）使用绝缘拆装工具拆下比亚迪秦中央扶手，拆下维修开关，如图 2 - 23 所示。

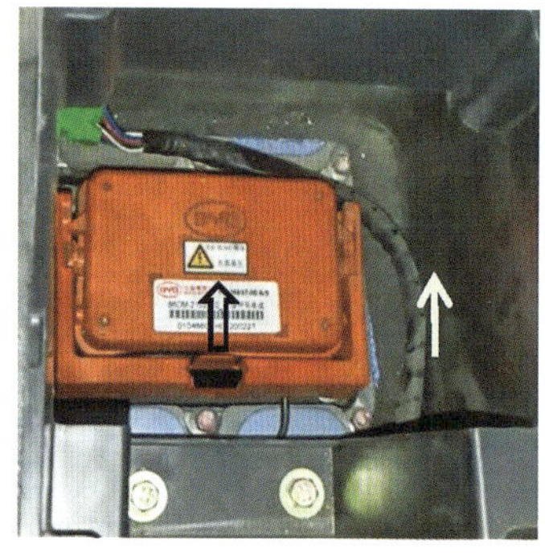

（a）按下维修开关锁扣

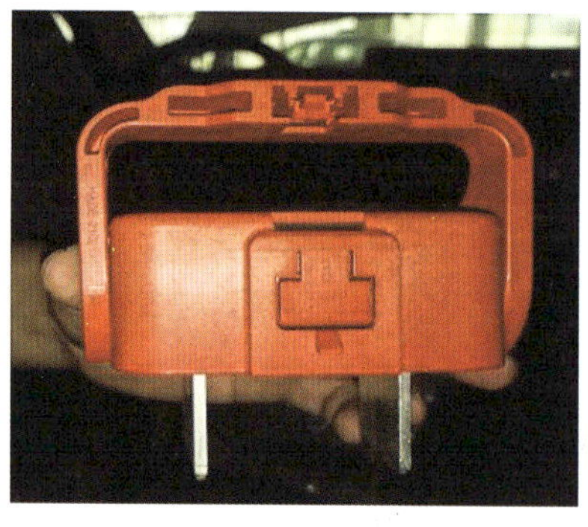

（b）拆下维修开关

（c）维修开关座

图 2 - 23　维修开关的拆卸

（3）高压部件通常安装有电容器，能保持一段时间的高电压。拆下维修开关后，必须等待 5 ～ 10min 或更长时间，使高压部件中的电容器放电。

（4）拆卸的维修开关需要妥善地存放，防止他人误安装造成事故。

（5）维修开关连接动力电池包中两组蓄电池，维修开关断开后切断了从高压电控总成到各个高压电气设备的电源，但是并不能切断动力电池包到维修开关座的电源。维修开关座依然有危险，应放置安全警示牌。

3. 安装维修开关

按照与拆卸相反的顺序安装维修开关，安装到位后，锁止锁扣，如图 2 - 24 所示。安装后，检查高压上电正常，此时仪表盘上 OK 指示灯正常点亮，如图 2 - 25 所示。

图 2 - 24　维修开关的安装

图 2 - 25　仪表盘上 OK 指示灯点亮

四、验电

断开动力电池高低压插接器后，需要对动力电池的母线进行验电。如图 2-26 所示，使用数字万用表分别测量动力电池正、负极母线插座和插头端对地电压，均应小于 1V。如果母线有残余电荷，需用放电设备进行放电，确保动力电池母线无电。

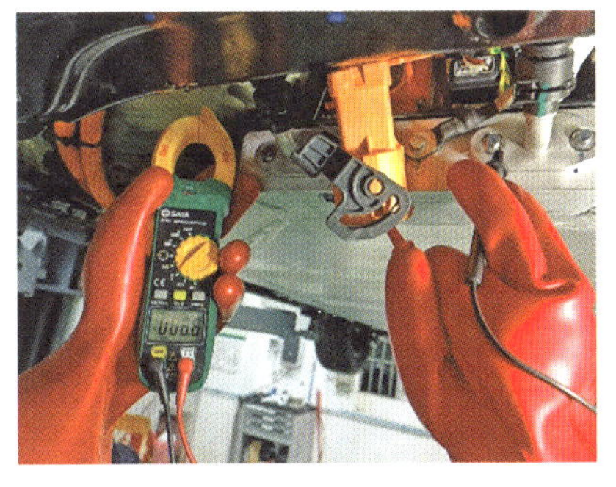

图 2-26　测量动力电池母线对地电压

五、检查制动灯开关及电路

制动灯开关的电路如图 2-27 所示。制动灯开关内部有两组开关，一组开关在踩下后接通，另一组开关在不踩时接通，两组开关信号都被“多合一”中的整车控制器采集，整车控制器收到制动灯开关信号后用于上电、控制制动灯、ABS 等。

（1）断电后，拆下制动灯开关插接器 G28，制动灯开关插接器 G28/4 端子连接电源线，检查 G28/4 的电压应为 12V 左右，否则检查 F2/5 熔断器及相关插接器和导线。

（2）制动灯开关插接器 G28/2 端子连接搭铁线，检查 G28/2 与搭铁之间的电阻应小于 1Ω，否则检查搭铁点。

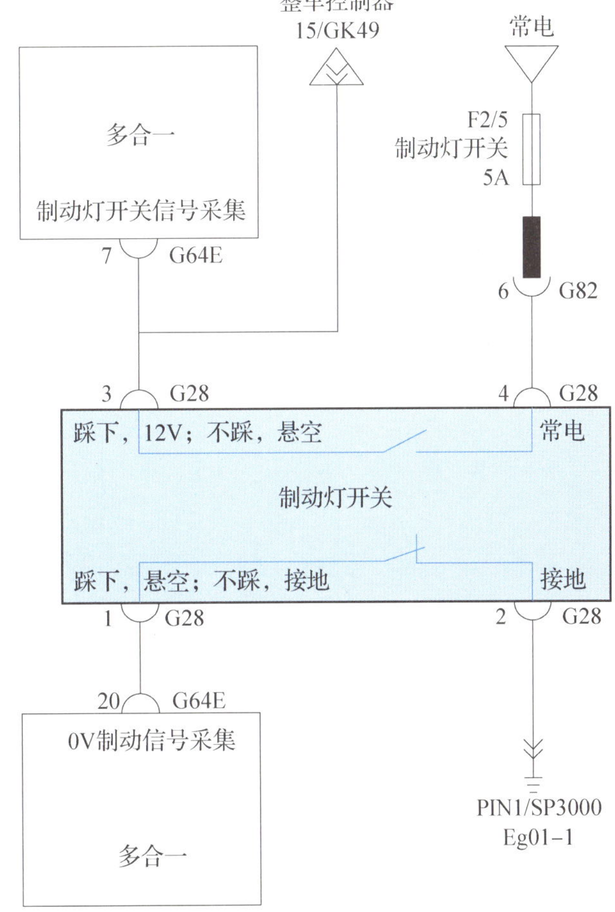

图 2-27　制动灯开关的电路

（3）制动灯开关插接器 G28/1 和 G28/3 端子分别连接“多合一”中的整车控制器，检查 G28/1 与 G64E/20 之间的阻值，检查 G28/3 与 G64E/7 之间的阻值，阻值应小于 1Ω，否则检查或更换线束。

素养微课堂：传统文化

只要功夫深，铁杵磨成针。
要得惊人艺，须下苦功夫。

（4）检查制动灯开关，踩下或按下制动灯开关，检查 G28/3 端子和 G28/4 端子之间的阻值，应小于 1Ω；松开制动灯开关，检查 G28/3 端子和 G28/4 端子之间的阻值，应为无穷大。踩下或按下制动灯开关，检查 G28/1 端子和 G28/2 端子之间的阻值，应为无穷大；松开制动灯开关，检查 G28/1 端子和 G28/2 端子之间的阻值，应小于 1Ω，否则更换制动灯开关。

六、检查 IG3 继电器及电路

车辆上电时，“多合一”中的车身控制器控制 ACC、IG1、IG3 继电器工作，使低压电路供电。ACC、IG1、IG3 继电器电路分别如图 2－28 ～图 2－30 所示。继电器电路检查方法基本类似，这里仅介绍 IG3 继电器电路的检查。

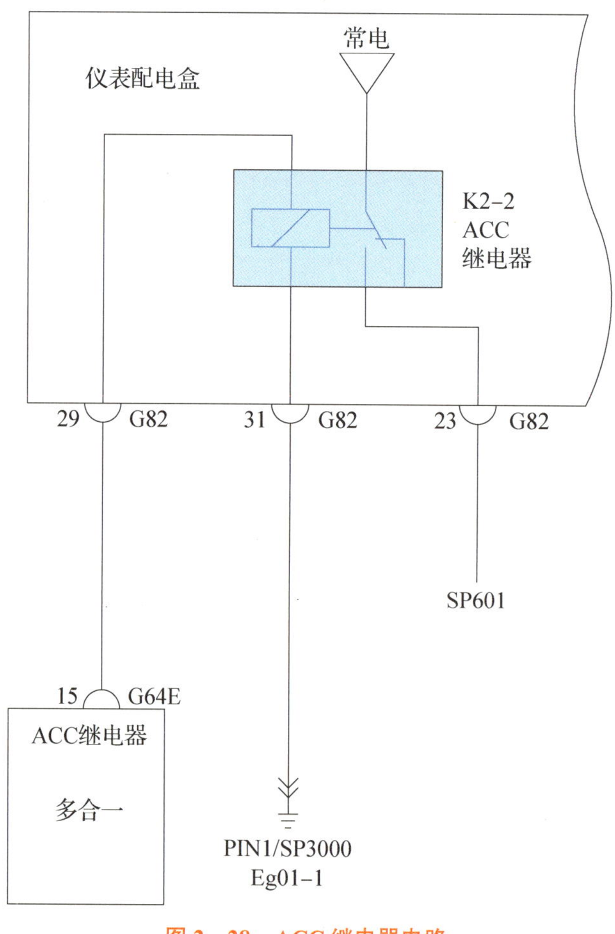

图 2－28　ACC 继电器电路

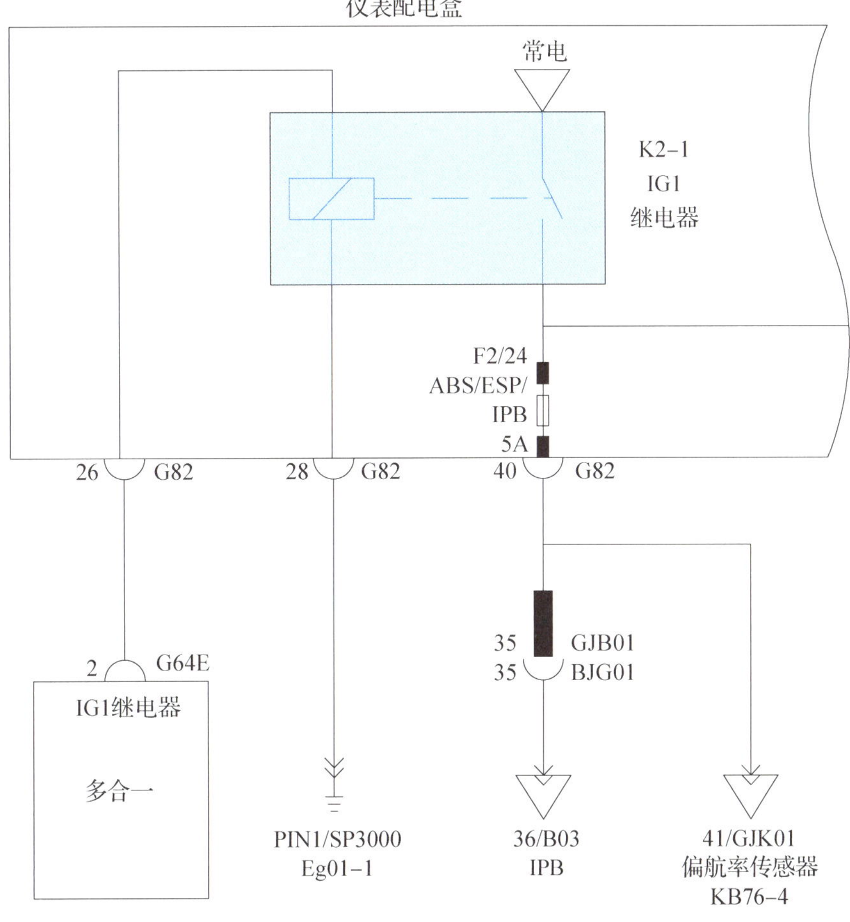

图 2－29 IG1 继电器电路

IG3 继电器是“双路”继电器，在车辆充电时和车辆正常起动时，IG3 继电器工作，给驱动电机控制器、动力电池包、整车控制器等元件提供电源。IG3 继电器位于前舱配电盒，编号为 K1-07。

“多合一”中的车身控制器控制 IG3 继电器线圈电源，IG3 继电器线圈在前舱配电盒内部搭铁。IG3 继电器线圈闭合后，IG3 继电器开关闭合，常电通过 IG3 继电器开关及 F1/34、F1/11、F1/12 等熔断器分别给驱动电机控制器、电机冷却液泵、整车控制器等供电。

（1）踩下制动踏板，按下一键起动开关，检查 F1/34、F1/11、F1/12 熔断器应有 12V 电源输入，如果没有，进行下一步。

（2）按下一键起动开关，下电，拔下 IG3 继电器，重新上电。检查 IG3 继电器线圈部分应该有 12V 左右的电源输入，否则检查“多合一”内车身控制器

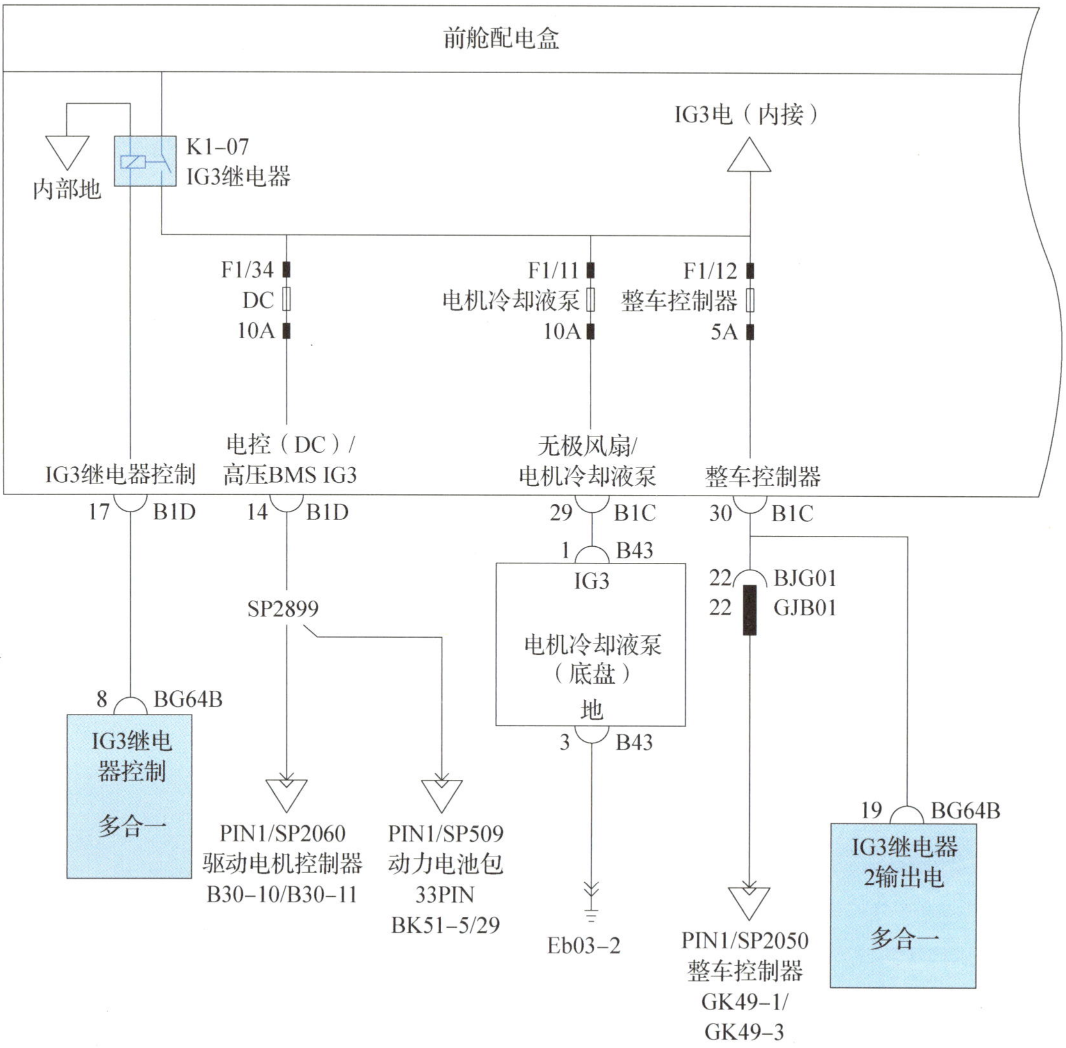

图 2-30　IG3 继电器电路

BG64B/8 的电压，如果测量值为 12V 左右，则检查“多合一”内车身控制器 BG64B/8 和 IG3 继电器线圈输入端间是否断路；如果测量值为 0V 左右，则检查车身控制器的电源电路。

（3）检查 IG3 继电器线圈搭铁端子和搭铁之间的阻值应小于 1Ω。

（4）检查 IG3 继电器开关输入部分应有 12V 左右的电源，否则检查低压蓄电池及低压蓄电池和前舱配电盒的连接。

（5）检查 IG3 继电器，在 IG3 继电器线圈上施加 12V 电源，检查 IG3 继电器开关的电阻，测量值应小于 1Ω，否则应该更换 IG3 继电器。

七、检查高压互锁回路

新能源汽车有两条或多条高压互锁回路，有的车型中 PTC 加热器也带有高压互锁回路。有的汽车在高压互锁回路中加入了维修隔离开关，如图 2－31 所示，通过拆下维修隔离开关可以让动力电池包内高压电池等高压部分下电。比亚迪秦 EV 高压互锁原理图如图 2－32 所示。由动力电池管理系统 BK45（B）/4 端子输出高压互锁信号至动力电池包 BK51/30 端子，从动力电池包 BK51/29 端子输出至充配电总成 BK46/12 端子，再从 BK46/13 端子输出至动力电池管理系统 BK45（B）/5 端子，形成高压互锁回路 1；由动力电池管理系统 BK45（B）/10 端子输出高压互锁信号至充配电总成 BK46/15 端子，从 BK46/14 端子输出至动力电池管理系统 BK45（B）/11 端子，形成整个高压互锁回路 2。

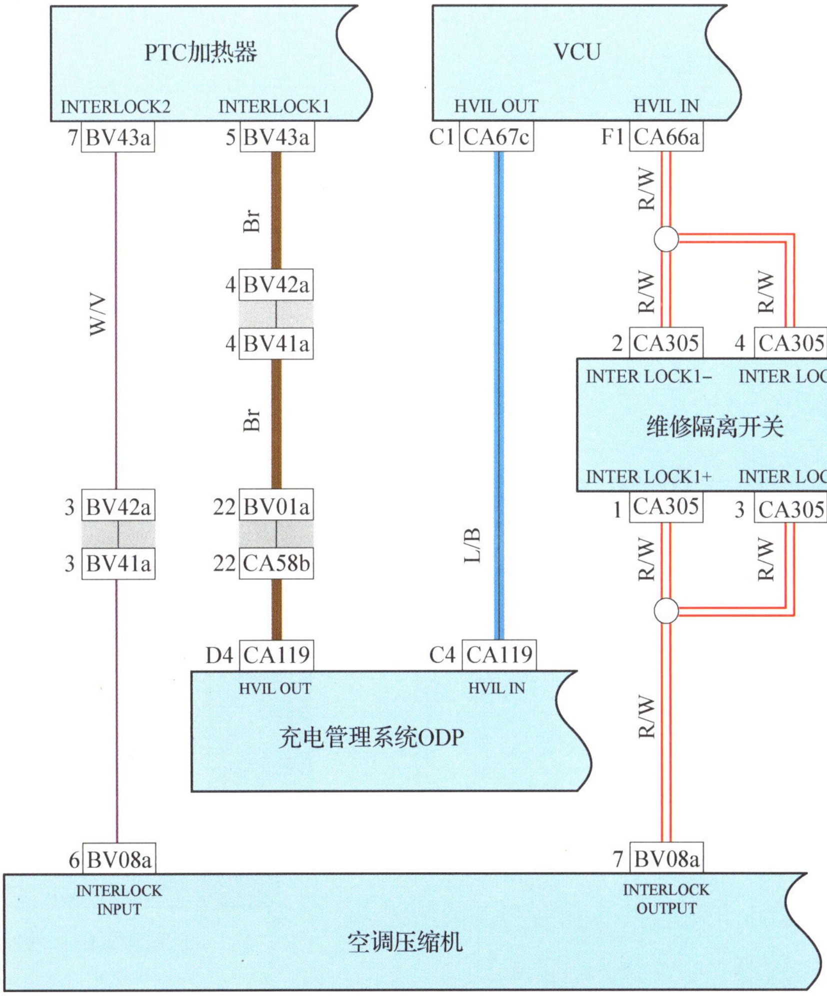

图 2－31　吉利几何 EV 高压互锁回路

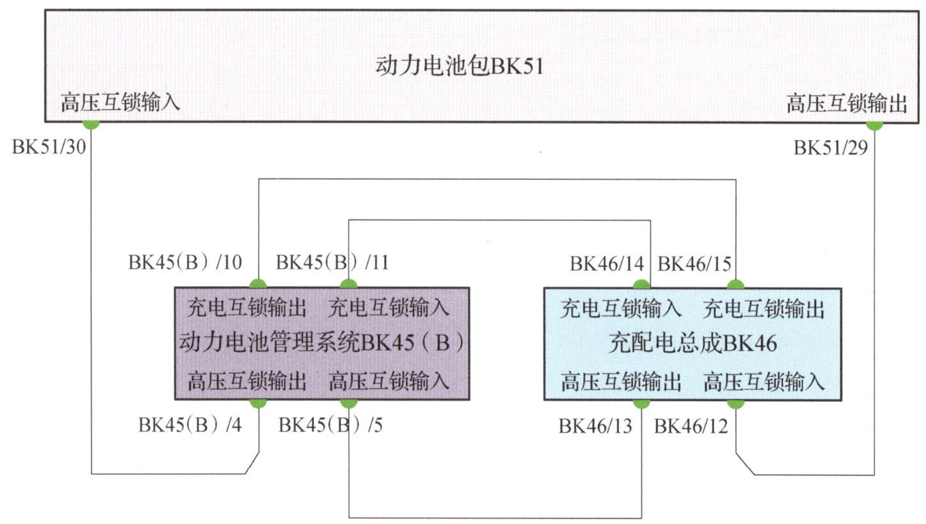

图 2－32　比亚迪秦 EV 高压互锁原理图

（1）断开动力电池管理系统 BK45（B）插接器，测量 BK45（B）/4—BK45（B）/5 线路阻值，测量值应小于 1Ω。

（2）断开充配电总成 BK46 插接器，测量 BK45（B）/4—BK46/12 线路阻值，测量值应小于 1Ω。

（3）测量 BK46/13—BK45（B）/5 线路阻值，测量值应小于 1Ω。

（4）测量 BK45（B）/10—BK45（B）/11 线路阻值，测量值应小于 1Ω。

以上测量值如果不在标准范围内，说明存在断路故障，可以根据电路图逐段进行检修。

八、检查起动开关电路

比亚迪秦 EV 一键起动开关位于换挡面板上，其位置如图 2－33 所示。一键起动开关带有背景灯，方便驾驶人在光线昏暗的情况下操作。在上电和下电时，都需要按下一键起动开关。

图 2－33　比亚迪秦 EV 一键起动开关位置

比亚迪秦 EV 一键起动开关电路如图 2－34 所示。一键起动开关连接 5 条线：2 条信号采集线，2 条搭铁线，1 条背光灯驱动线。

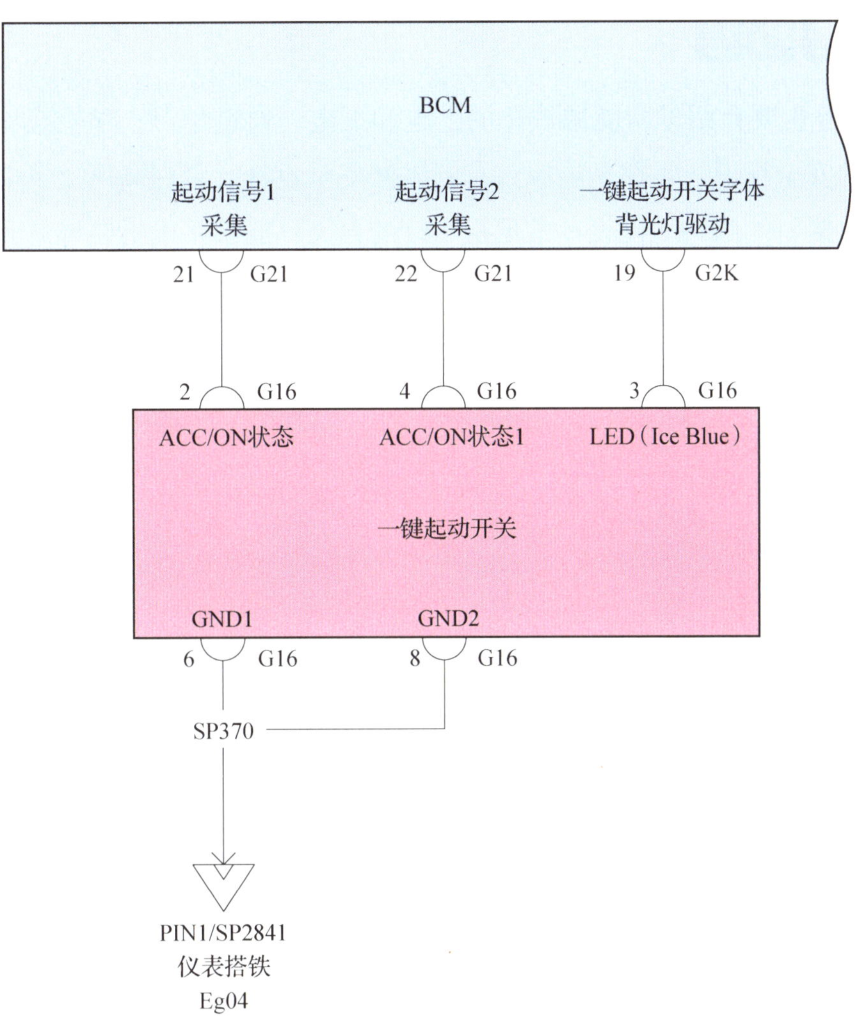

图 2－34　比亚迪秦 EV 一键起动开关电路

（1）当背光灯不亮，未上电时，断开 BCM 的插接器 G2K，断开一键起动开关插接器 G16，检查 BCM 插接器 G2K/19 端子和一键起动开关插接器 G16/8 端子之间的阻值，测量结果应小于 1Ω，否则检查或更换线束。

（2）检查搭铁线，分别测量 G16/6、G16/8 和车身之间的阻值，测量结果应小于 1Ω，否则检查或更换线束。

（3）检查起动信号采集线，一键起动开关输送给 BCM 两个信号。分别检查 BCM 插接器 G21/21 端子、G21/22 端子和一键起动开关插接器 G16/2、G16/4 端子之间的阻值，测量结果应小于 1Ω，否则检查或更换线束。

任务小结

本任务主要介绍了新能源汽车的上电和下电，通过学习，学生应该掌握高压部件的安全标识，掌握新能源汽车的维修安全设计，掌握高压上下电的控制原理，掌握新能源汽车仪表盘常见指示灯的含义；能够正确拆装维修开关，能够正确进行新能源汽车的高压中止及检验，能够正确使用绝缘拆装工具及检测设备。

新能源汽车动力电池的认知与更换

学习目标

知识目标：1. 掌握新能源汽车动力电池的作用；

2. 掌握新能源汽车动力电池的安装位置；

3. 掌握新能源汽车动力电池的类型；

4. 掌握不同类型动力电池的结构及原理。

能力目标：1. 能够准确进行动力电池绝缘测试；

2. 能够正确使用工量具拆卸和安装动力电池。

素养目标：1. 培养爱岗敬业、诚实守信的职业素养；

2. 培养工作中的安全意识和团队协作精神；

3. 养成服从管理、规范作业的良好工作习惯。

建议学时

4 个学时。

任务情境

一辆比亚迪秦纯电动轿车无法正常行驶，动力电池故障警告灯点亮，被拖进 4S 店进行维修。经过故障诊断后，判断该车动力电池存在故障。你知道应该如何安全规范地对动力电池进行检测、拆卸及安装吗？

知识介绍

一、新能源汽车动力电池的作用

动力电池的作用是接收和储存由车载充电机、发电机、制动能量回收装置或外置充电装置提供的电能，并且为驱动电机和其他高压用电设备提供电能，如图 3－1 所示。新能源汽车的动力电池相当于传统燃油汽车的油箱，是新能源汽车的动力源，是能量的储存装置，同时也是制约新能源汽车尤其是纯电动汽车发展的关键因素。目前，要使新能源汽车具有竞争力，就要开发出比能量高、比功率高、使用寿命长、成本低的高效节能电池。

（a）充电　（b）储存回收的电能　（c）供电

图 3－1　动力电池的作用

动力电池是新能源汽车的核心部件，也是新能源汽车上价格最高的部件之一。动力电池的性能直接决定了这辆车的实际价值。动力电池一旦失效，车辆就会处于瘫痪状态。动力电池属于高压部件，内部机构复杂，工作时需要苛刻的条件，任何异常因素都将导致动力被切断，因此必须经过严格的培训才能对动力电池进行各项作业。

二、新能源汽车动力电池的安装位置

动力电池尽可能放在清洁、阴凉、通风、干燥的地方并避免受到阳光直射，远离热源。动力电池应当水平安装放置，不可倾斜。纯电动汽车的动力电池体积较大，一般位于地板下面（前后轴之间），安装在此位置可以获得较高的碰撞安全性，且降低车辆重心，提高车辆操控性，有利于整车轴荷分配，进而有利于提高整车驾乘体验和舒适性。图 3－2 所示是纯电动汽车动力电池安装位置。

图 3-2　纯电动汽车动力电池安装位置

混合动力电动汽车的动力电池体积较小，可安装在行李舱和后排座椅的下方或之间。图 3-3 所示是混合动力电动汽车动力电池安装位置。

图 3-3　混合动力电动汽车动力电池安装位置

动力电池安装在这些地方，不仅使拆装操作更加简单，还避免了动力电池安装分散，减少动力电池之间高压连接线束的使用，避免了线路连接过多的问题，并且节约了成本。

三、新能源汽车常用动力电池的类型、结构及工作原理

动力电池是新能源汽车重要的核心组成部分。动力电池的能量密度、产品性能、使用寿命和成本等直接影响新能源汽车续驶里程、动力性、安全性和使用成本。目前动力电池占新能源汽车成本的 30% ～ 50%。根据新能源汽车动力电池使用的材料类型不同，可分为铅酸电池、镍氢电池和锂离子电池三类，具体如图 3-4 所示。

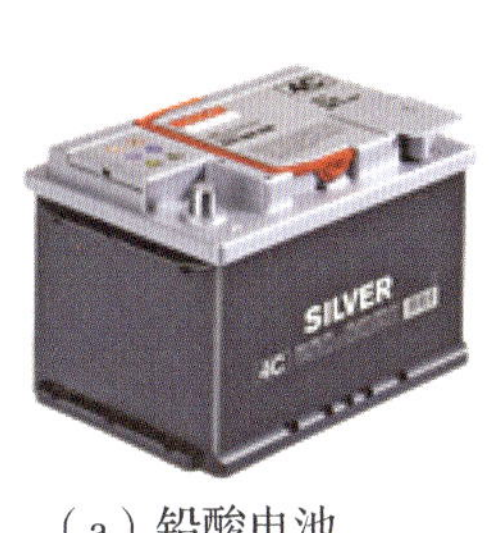

（a）铅酸电池

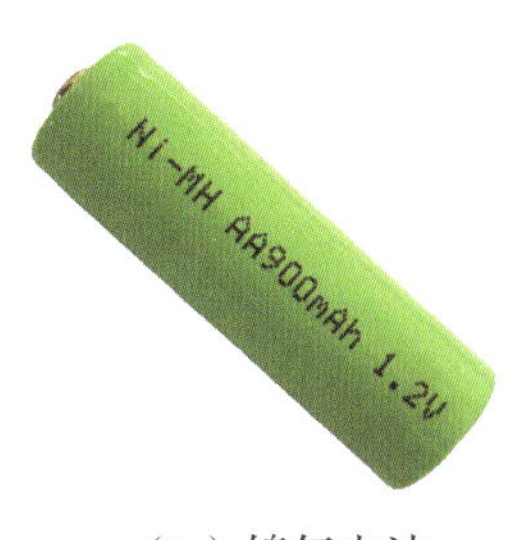

（b）镍氢电池

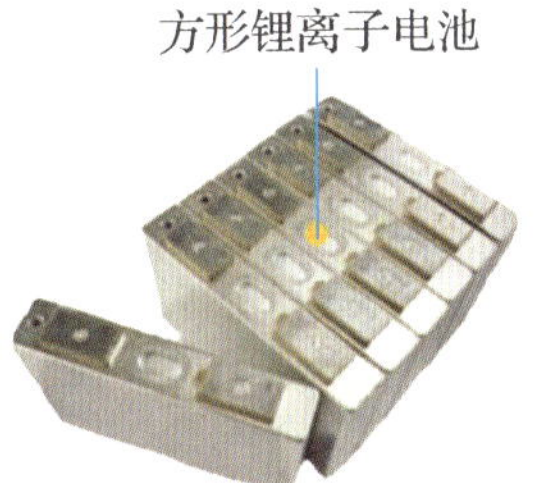

（c）锂离子电池

图 3-4　常见动力电池的类型

铅酸电池技术的发展带来了20世纪初第一次电动汽车的研发和应用高潮，20世纪80年代镍氢电池技术的突破带来了混合动力电动汽车的产业化，20世纪90年代出现的锂离子电池带来了现在以纯电驱动为主的新能源汽车的研发和示范应用新纪元。锂离子电池具有容量高、比能量高、循环寿命长、无记忆效应等优点，因而成为当前新能源汽车动力电池技术研究开发的主要方向。表3－1为三种类型动力电池性能对比。

表3－1　三种类型动力电池性能对比

电池类型	能量效率/%	能量密度/（W·h/kg）	标称电压/V	循环寿命/次
铅酸电池	80	35～50	2.1	500～1 000
镍氢电池	70	60～80	1.2	1 000～1 500
锂离子电池	90	150～200	3.7	1 500～3 000

1. 铅酸电池

铅酸电池发明100多年来，广泛应用于人类生产和生活的各个方面。作为起动、点火、照明电池，主要用于汽车、摩托车、内燃机车和电力机车；作为工业用铅酸电池，主要用于邮电、通信、发电厂和变电所开关控制设备以及计算机备用电源等；阀控密封式铅酸电池可用于应急灯、不间断电源（UPS）、电信、广电、铁路和航标等；作为动力电池，主要用于电动汽车、电动叉车等。

（1）铅酸电池的结构。

铅酸电池主要由正负极板、隔板、电解液（封装在电池内）等部分组成，具体结构如图3－5所示。正、负极板是蓄电池的核心部分，正、负极板做成栅架（网架）形式，上面附满活性物质。蓄电池的充电和放电，就是靠正、负极板上活性物质与硫酸溶液的化学反应来实现的。隔板的作用是把正、负极板隔开，防止正、负极板互相接触造成短路；保证电解液中正、负离子顺利通过；延缓正、负极板活性物质的脱落，防止正、负极板因振动而损伤。电解液是铅酸电池内部发生化学反应的主要物质，铅酸电池电解液是用纯净硫酸和蒸馏水按一定比例配制而成的。电解液的纯度和密度对电池容量和寿命有重要影响。

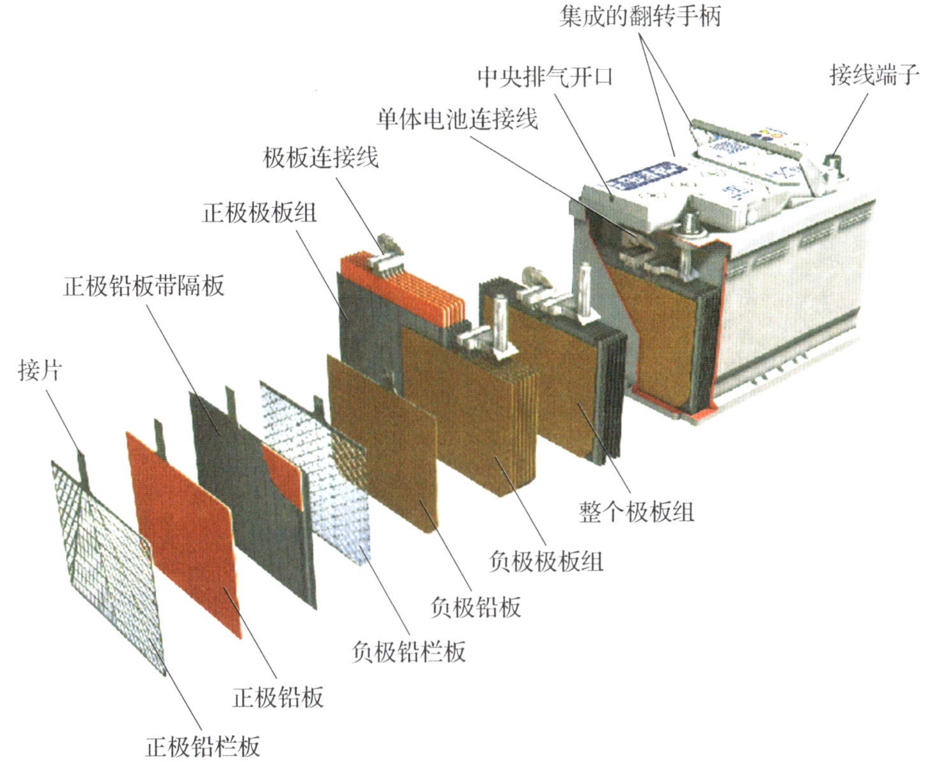

图 3-5 铅酸电池的结构

（2）铅酸电池的工作原理。

铅酸电池的充电是指将电能回充到蓄电池中，充电过程中将电能转化为化学能。放电是指从蓄电池中提取电能，放电过程中将化学能转化为电能。具体工作原理如图 3-6 所示。

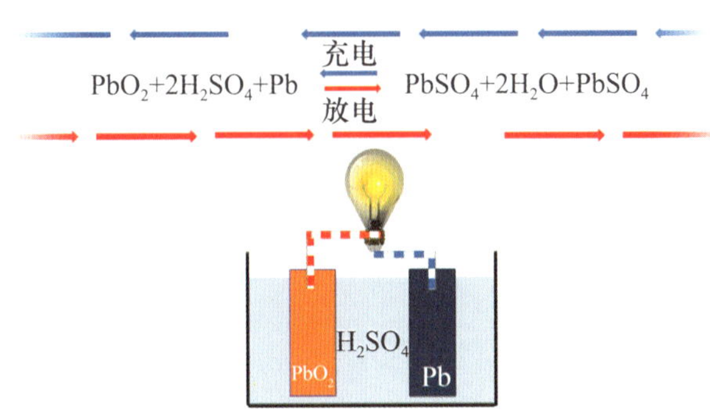

图 3-6 铅酸电池充放电过程

2. 镍氢电池

镍氢电池是一种性能良好的蓄电池，具有高能量、长寿命、无记忆效应、无污染的特点，因此被称为“绿色电池”。镍氢电池被广泛应用在混合动力电动汽车上。镍氢电池根据形状可分为方形镍氢电池和圆形镍氢电池。常用混合动力电动汽车镍氢电池主要有方形和圆柱形两种，如图 3－7 所示。

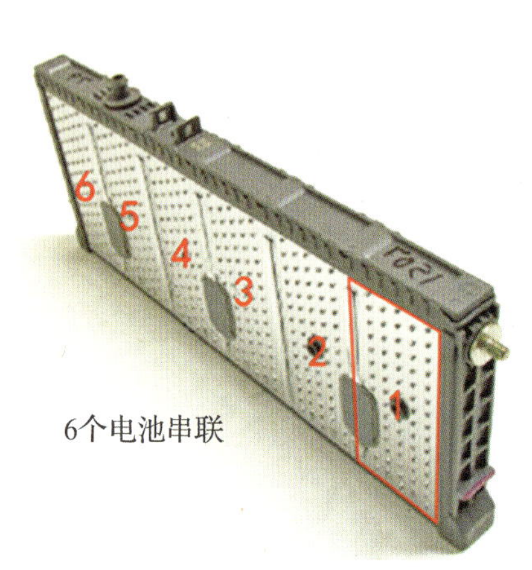

图 3－7　镍氢电池的形状

（1）镍氢电池的结构。

镍氢电池由氢氧化镍正极、储氢合金负极、隔膜、壳体、盖板、密封圈等组成，具体如图 3－8 所示。在圆柱形电池中，正负极用隔膜分开卷绕在一起，然后密封在壳体中。在方形电池中，正负极由隔膜分开后叠成层状密封在壳体中。

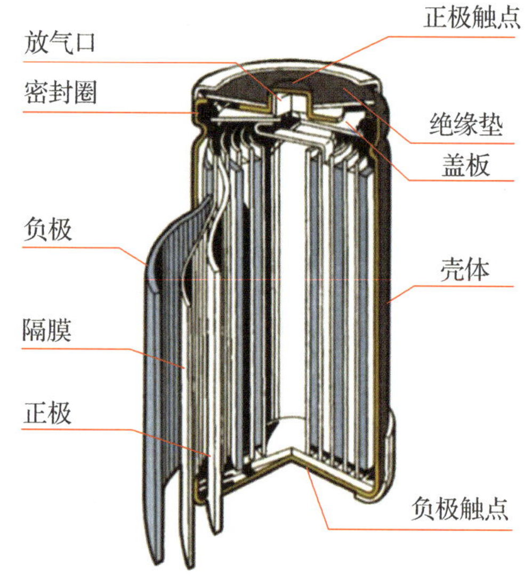

图 3－8　镍氢电池的结构

（2）镍氢电池的工作原理。

镍氢电池采用镍氧化物作为正极，储氢合金作为负极，主要成分是 KOH（氢氧化钾）的碱液作为电解液。镍氢电池的工作原理是：充电时正极的 $Ni(OH)_2$（氢氧化镍）和 OH^-（氢氧根）反应生成 NiOOH（氢氧化氧镍）和 H_2O（水），同时释放出 e^-（电子）；充电时负极 M（储氢基体材料）和 H_2O 生成 MH（金属氢化物）和 OH^-，同时失去 e^-。总

反应是 Ni $(OH)_2$ 和 M 生成 NiOOH 和 MH。放电时与此相反，具体如图 3－9 所示。

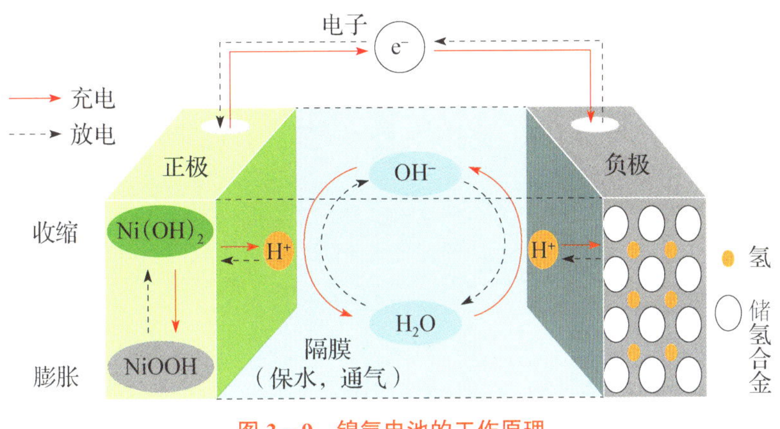

图 3－9　镍氢电池的工作原理

正极充电反应：Ni $(OH)_2+OH^- \Longrightarrow H_2O+NiOOH+e^-$

负极充电反应：$H_2O+M \Longrightarrow MH-e^-+OH^-$

总反应：Ni $(OH)_2+M \Longrightarrow NiOOH+MH$

3. 锂离子电池

锂离子电池是指电化学体系中含有锂（包括金属锂、锂合金和锂离子、锂聚合物）的电池。锂离子电池广泛应用在各个领域。在便携式电器方面，目前移动电话、笔记本电脑、微型摄像机等需要便携式电源的电器都选择了锂离子电池，其中钴酸锂、锰酸锂电池占有主导地位。在交通行业，国内外众多汽车研制和生产企业开发的电动汽车半数以上车型采用了锂离子电池，并有逐步扩大的趋势。在军事装备及航空航天事业中，锂离子电池主要用作起动电源、无线通信电台电源、微型无人驾驶侦察飞机动力电源等。另外，锂离子电池在医疗、石化、电力等行业均具有广阔的应用前景。

（1）锂离子电池的类型。

1）根据所用电解质材料不同，锂离子电池可以分为液态锂离子电池和聚合物锂离子电池两大类。液态锂离子电池使用的是液体电解质，聚合物锂离子电池则使用聚合物电解质。液态锂离子电池和聚合物锂离子电池所用的正负极材料都是相同的，工作原理也基本一致。

2）根据封装形式不同，锂离子电池可分为方形锂离子电池、圆柱形锂离子电池、软包锂离子电池，如图 3－10 所示。软包锂离子电池是典型的“三明治”层状堆垒结构，内部由正极、隔膜、负极依次层叠起来，外部用铝塑膜包装；圆柱形锂离子电池则以正极、隔膜、负极的一端为轴心进行卷绕，封装在圆柱形金属外壳之中；方形锂离子电池通常有两个轴心，正极、隔膜、负极叠层围绕着两个轴心进行卷绕，然后以间隙直入方式装入方形铝壳之中。

（a）方形锂离子电池

（b）圆柱形锂离子电池

（c）软包锂离子电池

图 3－10　锂离子电池不同的封装形式

3）根据正极材料不同，锂离子电池可以分为锰酸锂电池、三元锂电池和磷酸铁锂电池。其中三元锂电池和磷酸铁锂电池目前被广泛运用在新能源汽车动力电池上。不同类型锂离子电池性能对比见表 3－2。

表 3－2　不同类型锂离子电池性能对比

性能	类型		
	锰酸锂电池（LMO）	三元锂电池（NCM）	磷酸铁锂电池（LFP）
能量密度理论极限（W·h/kg）	100	280	170
标称电压（V）	3.7	3.7	3.3
循环寿命（次）	600 ～ 1 000	2 000	2 000 ～ 3 000
安全性	较好	较差	好
成本	最低	高	较低

（2）锂离子电池的结构。

锂离子电池由正极、负极、绝缘体等组成，如图 3－11 所示。其中正、负极材料的类型和质量直接决定了锂离子电池的性能与价格。锂离子电池正极

材料一般都是锂的氧化物，应用比较多的有钴酸锂、镍酸锂、锰酸锂、磷酸铁锂等。负极材料一般选用活性物质石墨，或近似石墨结构的碳。绝缘体也称为隔膜，它只允许锂离子往返通过，阻止电子通过，在正负极之间起到绝缘作用。

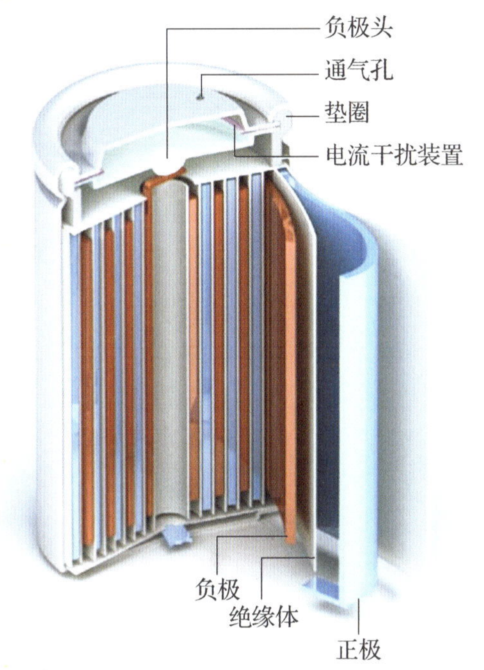

图 3－11　典型锂离子电池的结构

素养微课堂：汽车名人

陈立泉，中国工程院院士，中国科学院物理研究所研究员。他从事锂电池的研究，开创了中国固态离子学研究新的学科领域，为中国锂离子电池从无到有，从跟跑到领跑做出了奠基性贡献。他是我国锂离子电池方向的奠基者、开拓者和引领者。

（3）锂离子电池的工作原理。

锂离子电池实际上是一种锂离子浓差电池。锂离子在正负极间的往返嵌入和脱嵌形成电池的充电和放电过程。如图 3－12 所示，充电时，锂离子从正极脱嵌经过电解质嵌入负极，负极处于富锂态，正极处于贫锂态，同时电子的补偿电荷从外电路供给负极，保持负极的电平衡。放电时则相反，锂离子从负极脱嵌，经过电解质嵌入正极，正极处于富锂态，负极处于贫锂态。

正常充放电情况下，锂离子在层状结构的碳材料和层状结构氧化物的层间嵌入和脱出，一般只引起层面间距的变化，不破坏晶体结构。在放电过程中，负极材料的化学结构基本不变。因此，从充放电的可逆性看，锂离子电池反应是一种理想的可逆反应。

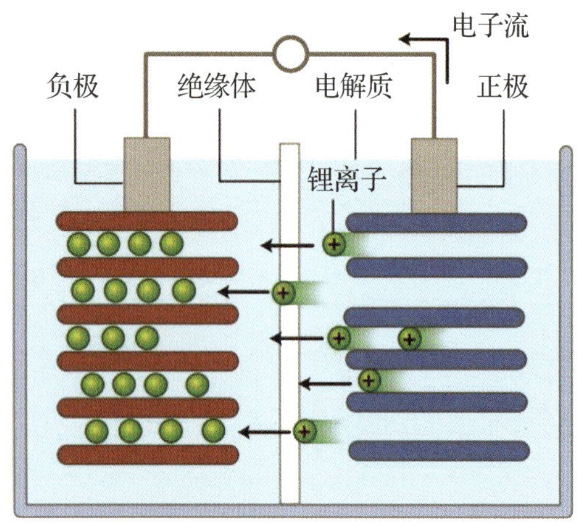

图 3－12　锂离子电池的工作原理（充电状态）

素养微课堂：汽车名人

吴浩青，中国科学院院士，中国电化学的开拓者之一。他深入探究锂离子电池嵌入反应机理，为锂离子电池的发展作出突出贡献。

任务实施

一、实训前准备

（1）防护装备。工位防护套装，如绝缘地垫、安全隔离带、安全警示牌、灭火器等；人员防护套装，如绝缘手套、安全鞋、护目镜、绝缘帽、绝缘工服等。

（2）整套绝缘拆装工具及检测设备，如故障诊断仪、数字万用表、绝缘电阻测试仪、动力电池举升支架（见图 3－13）等。

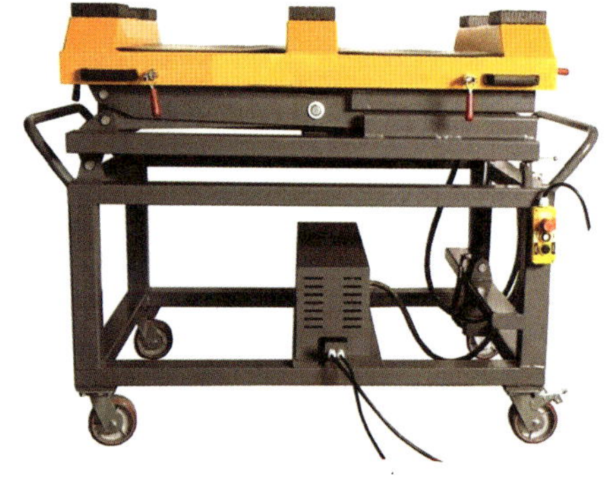
图 3－13　动力电池举升支架

（3）实训车辆：比亚迪秦 EV。

（4）试车，验证故障现象。维修人员进入车辆，踩下制动踏板，按下一键起动开关，组合仪表动力电池故障警告灯点亮，车辆上电失败。连接比亚迪专用故障诊断仪，读取故障码，故障诊断仪显示“动力电池故障”。

二、动力电池的拆卸

（1）关闭一键起动开关，选用 10mm 扳手拧松低压蓄电池负极线固定螺栓，取下负极线，并做好负极线的相关防护措施，如图 3－14 所示。

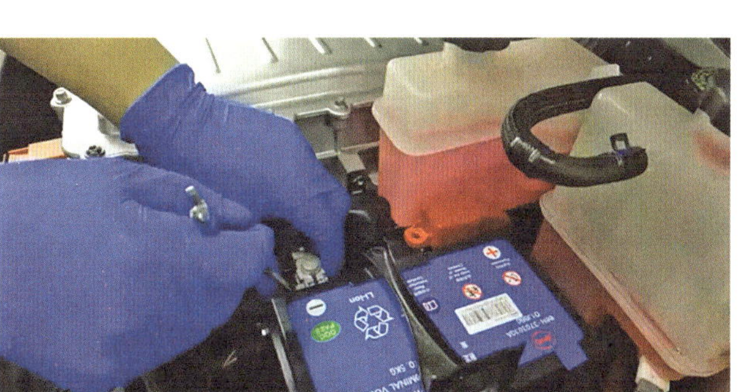

图 3－14　拆卸蓄电池负极

（2）打开中央扶手，拆卸维修开关紧固螺钉，戴好绝缘手套后拔出维修开关总成，如图 3－15 所示。

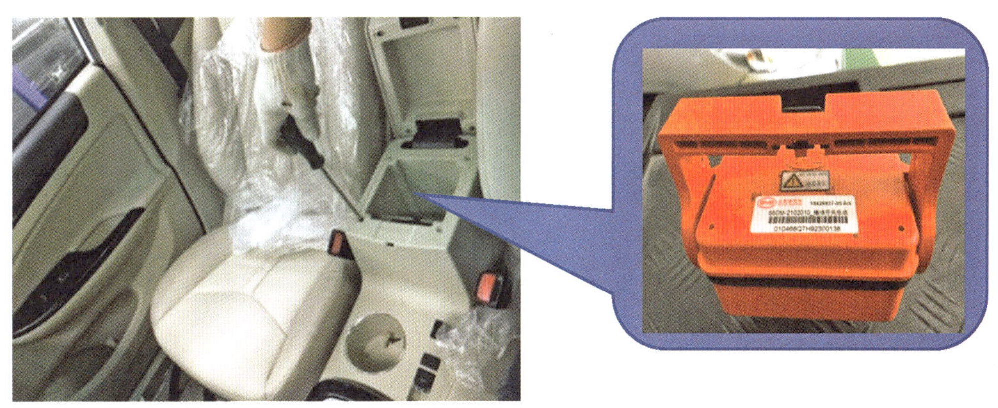

图 3－15　拆卸维修开关

（3）举升车辆，确保举升到合适的高度。

（4）使用棘轮扳手、接杆、10mm 套筒拆卸护板上的 9 颗固定螺栓，取出全部固定螺栓后取下护板，如图 3－16 所示。

（5）戴好绝缘手套，拆卸动力电池低压线束插接器，如图 3－17 所示。拆卸时注意：先逆时针方向旋转外侧自锁扣，注意必须旋转到位完全解锁，再水平方向拔出端子，切忌上下摇动，否则容易产生倒针、折断、变形现象。

（6）拆卸动力电池高压线束插接器，如图 3－18 所示。在拆卸时注意防止插接器折断、变形。拔出高压线束插接器后务必使用万用表测量正、负极母线对地电压，如图 3－19 所示，标准值是 0V。

图 3－16　拆卸护板

图 3－17　拆卸低压线束插接器

图 3－18　拆卸高压线束插接器

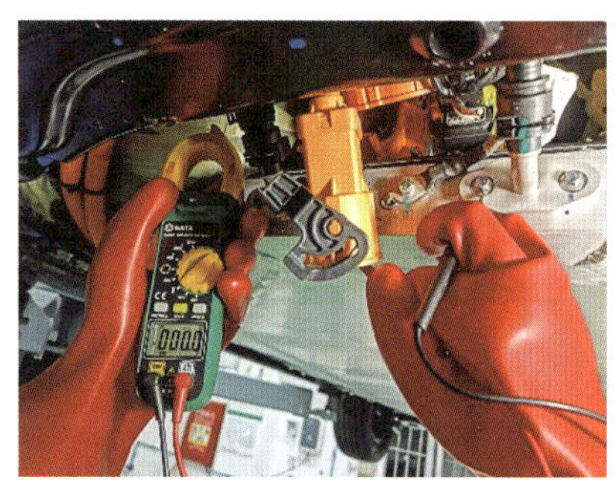

图 3－19　测量正、负极母线对地电压

（7）在冷却水管下面放置接水盘，拆卸冷却水管，如图 3－20 所示。注意不让冷却液滴落在地面上。

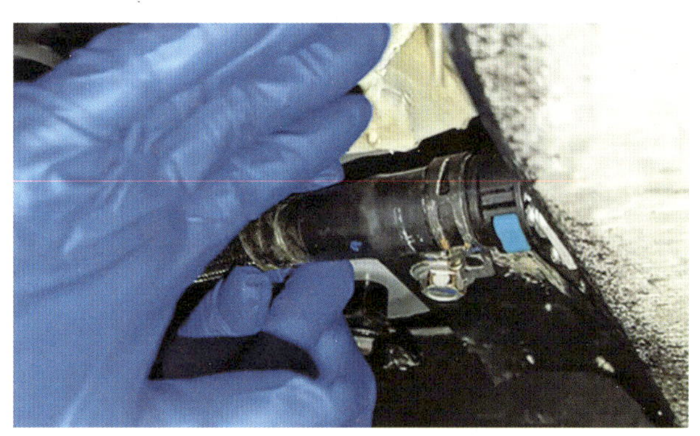

图 3－20　拆卸冷却水管

（8）将动力电池举升支架推入车辆底部，确保其位于动力电池正下方，如图 3－21 所示。将动力电池举升支架调至合适的高度，托住动力电池。注意：在拆卸动力电池时，动力电池举升支架不能随意滑移，不能挡住需要拆卸的螺栓。

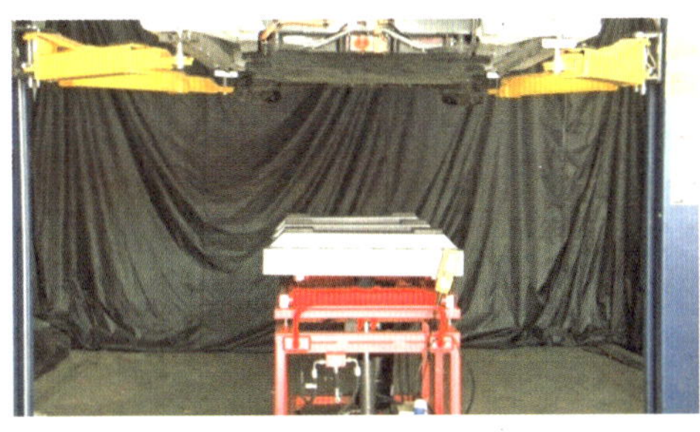
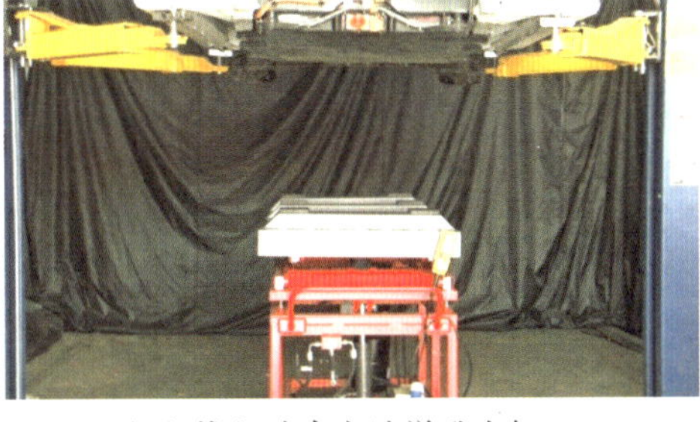

（a）推入动力电池举升支架　　（b）注意不要遮挡固定螺栓

图 3－21　操作动力电池举升支架

（9）选用棘轮扳手、接杆和 18mm 套筒，拆卸动力电池上的 10 颗固定螺栓，按照对角交叉、从外到里的原则拆卸。缓慢降低举升支架，将动力电池与车体分离，防止动力电池从举升支架上掉落。拆卸动力电池和检查动力电池外观及铭牌，如图 3－22 所示。

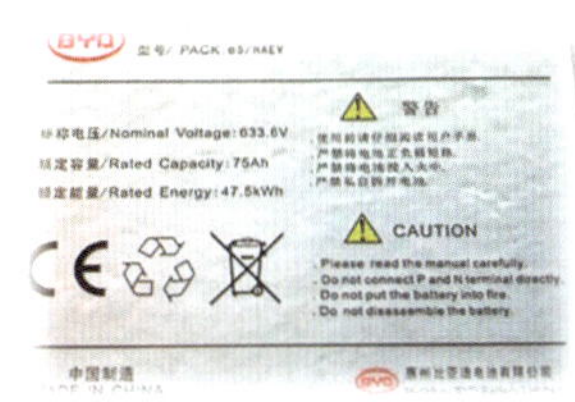

图 3－22　拆卸动力电池和检查动力电池外观及铭牌

三、动力电池的绝缘测试

（1）根据各接线端子外形特点，选择合适的测量表笔对动力电池进行绝缘测试，鳄鱼夹夹住公共端金属部分，如图 3－23 所示。

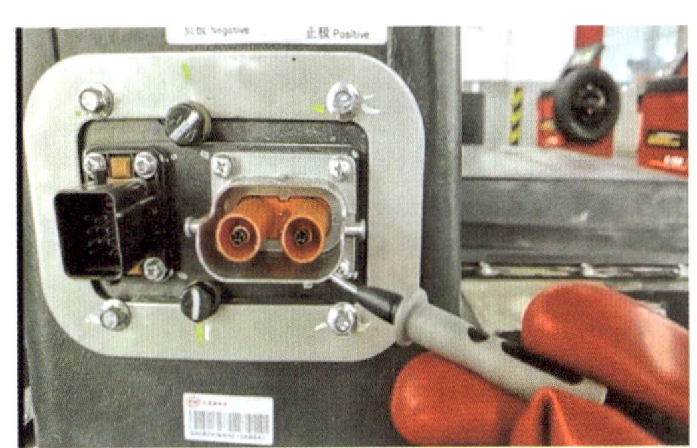
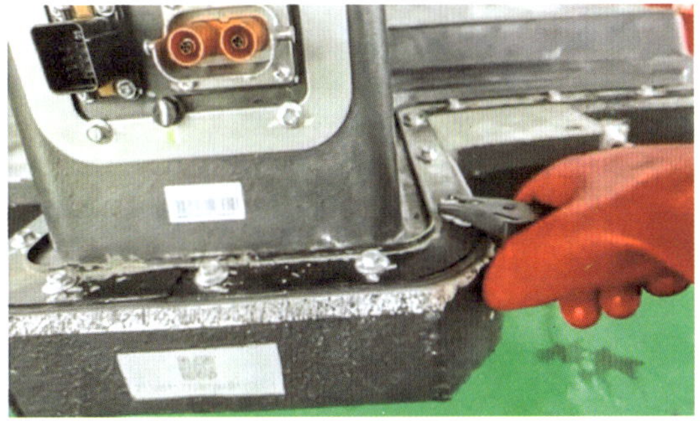

图 3－23　测量位置

（2）设置绝缘电阻测试仪的量程。由于比亚迪秦 EV 动力电池包电压约为 600V，因此绝缘电阻测试仪的输出电压规格必须大于该电压值，选择 1 000V，如图 3－24 所示。

图 3－24　设置绝缘电阻测试仪

（3）分别测量正负极接线柱与外壳的绝缘电阻，绝缘电阻大于 20MΩ 为合格，如图 3－25 所示。

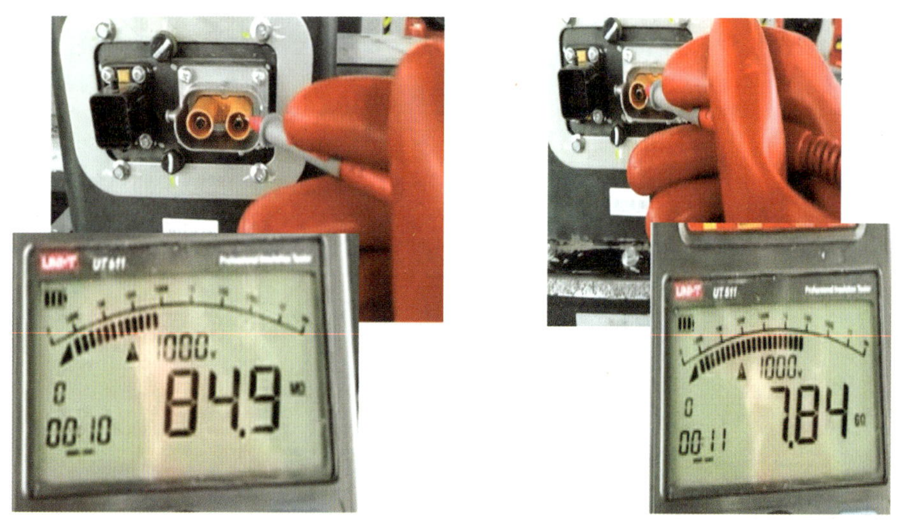

图 3－25　绝缘电阻测量及结果

四、动力电池的安装

（1）将动力电池置于动力电池举升支架上，将举升支架推入车底，固定脚轮，缓慢将举升支架升起至接近汽车底盘位置，如图 3－26 所示。

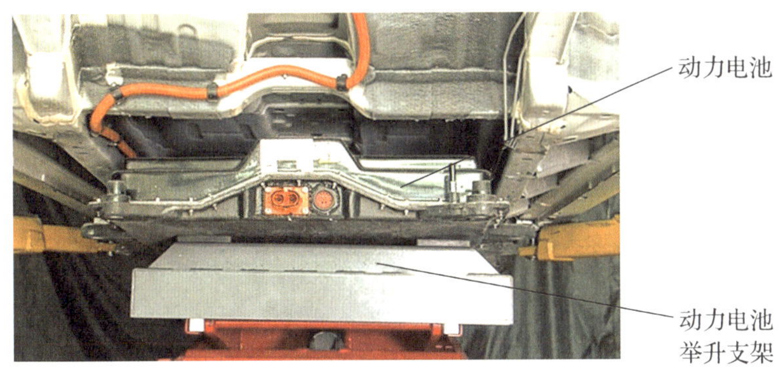

图 3－26　举升动力电池

（2）调整动力电池举升支架位置至定位销与定位孔对齐，继续升起举升支架，将定位销插入定位孔。确保动力电池右后侧和左前侧定位销安装到车辆下方的定位孔中，动力电池周边线束位置正确，防止与动力电池发生摩擦缠绕，如图 3－27 所示。

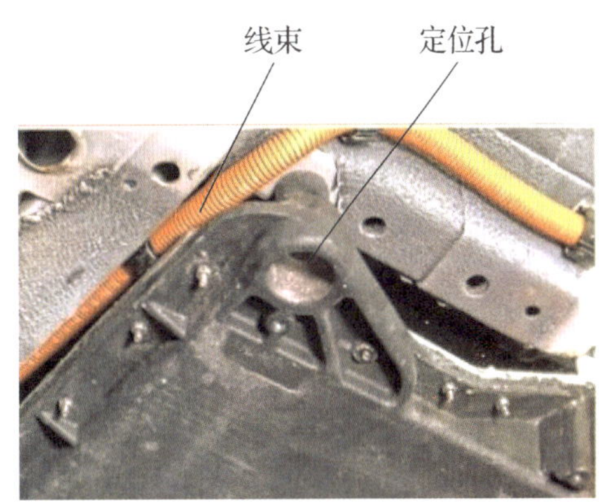

图 3－27　准确定位动力电池

（3）按照从内到外、对角交叉的原则用扭力扳手安装动力电池的 10 颗固定螺栓，如图 3－28 所示，达到规定力矩（95 ± 5N · m）。

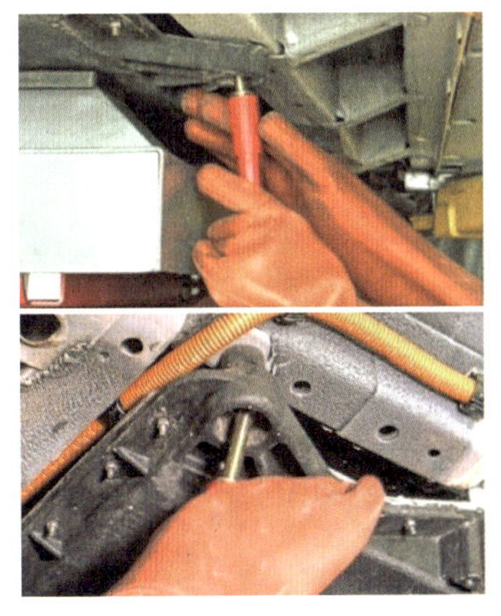
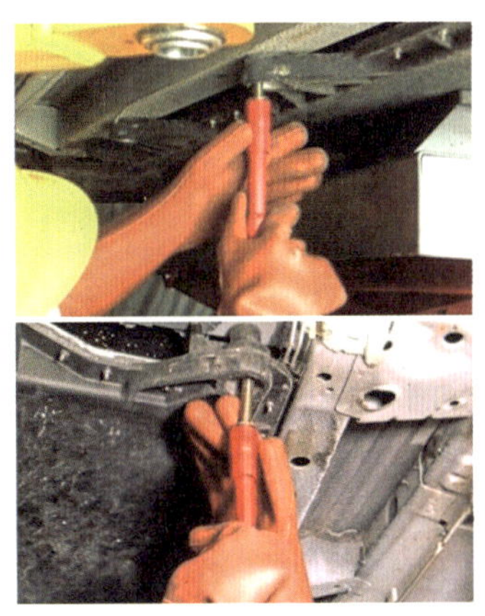

图 3－28　紧固动力电池固定螺栓

（4）安装冷却水管，连接动力电池高低压线束插接器，如图 3－29 所示。确保冷却水管和高低压线束插接器连接牢固，无虚插或松脱现象。

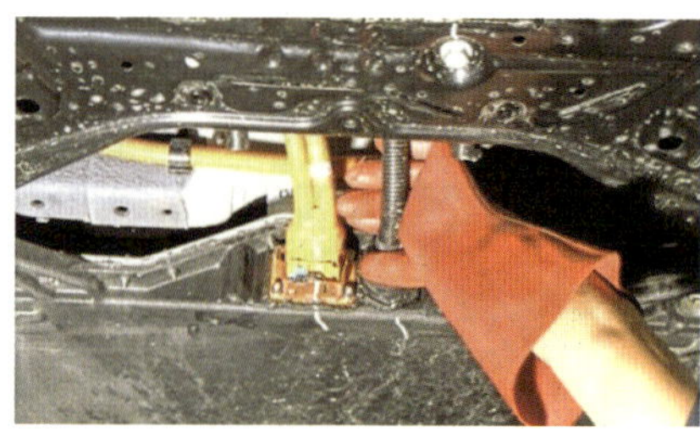

图 3－29　安装冷却水管及高低压线束插接器

（5）车辆恢复作业。如图 3－30 所示，安装维修开关，连接蓄电池负极线。加注冷却液至规定刻度线间，按规定程序排除冷却液中空气。

（a）安装维修开关

（b）连接蓄电池负极线

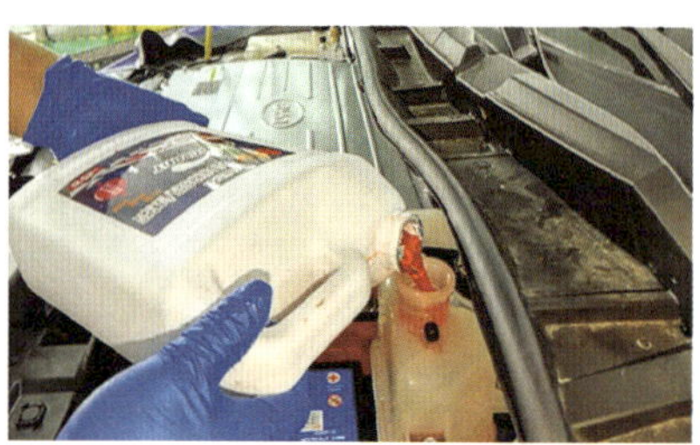

（c）加注冷却液

图 3－30　车辆恢复作业

五、竣工检查

（1）起动车辆，确认仪表盘无故障显示。

（2）用故障诊断仪再次读取故障码，确认动力电池无故障码。

（3）整理、恢复作业场地。

任务小结

本任务主要介绍了新能源汽车动力电池及其更换，通过学习，学生应该掌握新能源汽车动力电池的作用，掌握新能源汽车动力电池的安装位置，掌握新能源汽车动力电池的类型，掌握不同类型动力电池的结构及原理；能够准确进行动力电池绝缘测试，能够正确使用工量具拆卸和安装动力电池。

新能源汽车动力电池的性能检测与组装

学习目标

知识目标：1. 掌握新能源汽车动力电池的内部组成及功能；
2. 掌握新能源汽车动力电池的性能指标；
3. 掌握常见车型动力电池的结构组成；
4. 掌握动力电池的温度控制方式及原理。

能力目标：1. 能够准确地对单体电池进行性能检测；
2. 能够正确使用工量具分解和组装动力电池；
3. 能够识别动力电池内部部件。

素养目标：1. 培养爱岗敬业、诚实守信的职业素养；
2. 培养工作中的安全意识和团队协作精神；
3. 养成服从管理、规范作业的良好工作习惯；
4. 培养自我管理和自主学习能力；
5. 培养在操作过程中的高压安全意识。

建议学时

4 个学时。

任务情境

一辆比亚迪秦纯电动轿车无法正常行驶，仪表盘点亮功率限制指示灯，被拖进 4S 店进行维修。经过故障诊断后，判断该车动力电池存在故障。你知道应该如何安全规范地对动力电池进行拆解检测吗？

知识介绍

一、新能源汽车动力电池的外部结构

图 4－1 所示为比亚迪秦 EV 动力电池的外部结构，动力电池总成包括进水管、出水管、电池配电箱、上下密封盖、低压线束插接器、高压线束插接器等部分。

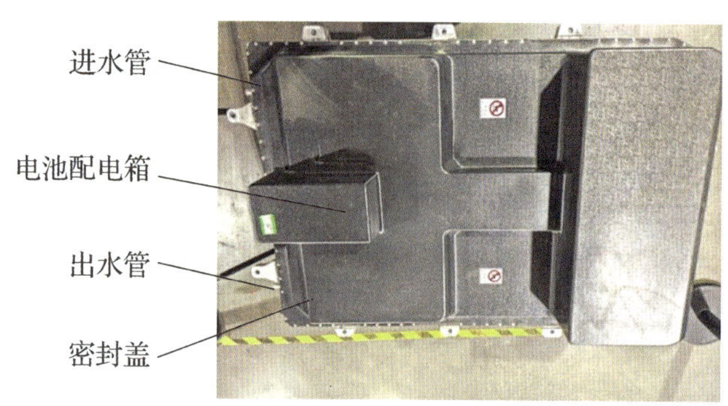

（a）从上往下看　　（b）侧面看

图 4－1　比亚迪秦 EV 动力电池外部结构

（1）动力电池低压线束插接器。动力电池低压线束插接器是一个 33 端子线束插接器，其线束主要有采集器的电源线、电池子网通信线、高压互锁线、接触器电源线和控制线。其插座与插头的结构如图 4－2 所示。插座端子的排序从左到右，从上到下；插头端子的排序从右到左，从上到下。

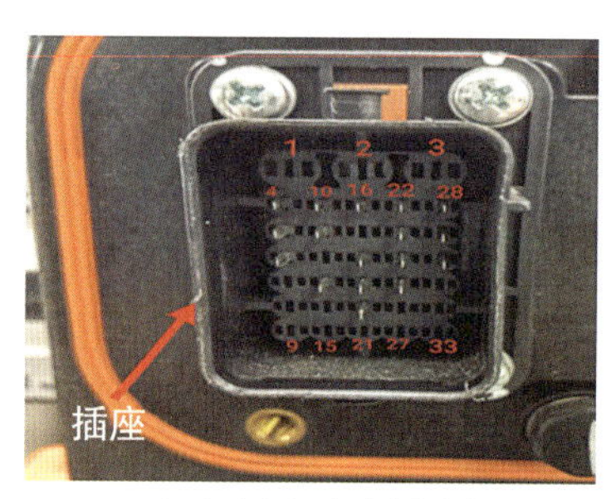

（a）插座（公插头）

（b）插头（母插头）

图 4－2　动力电池低压插座与插头

（2）动力电池高压线束插接器。1 号端子为动力电池正极输出端子，2 号端子为动力电池负极输出端子，3 号端子和 4 号端子为高压互锁端子，其中 3 号端子接动力电池低压控制线束插接器的第 30 号端子，4 号端子接动力电池维修开关互锁端。动力电池高压线束插接器如图 4－3 所示。

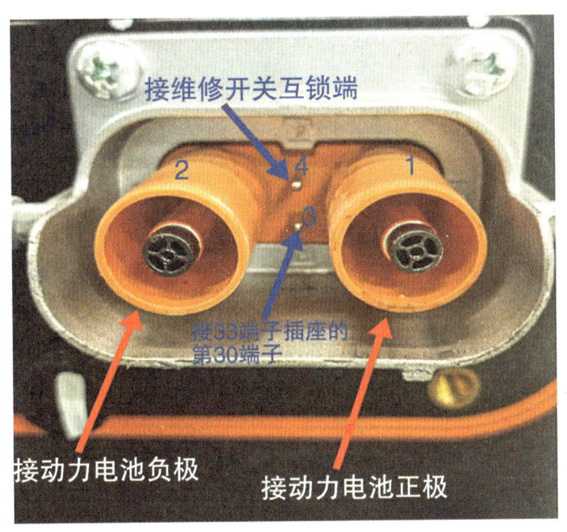

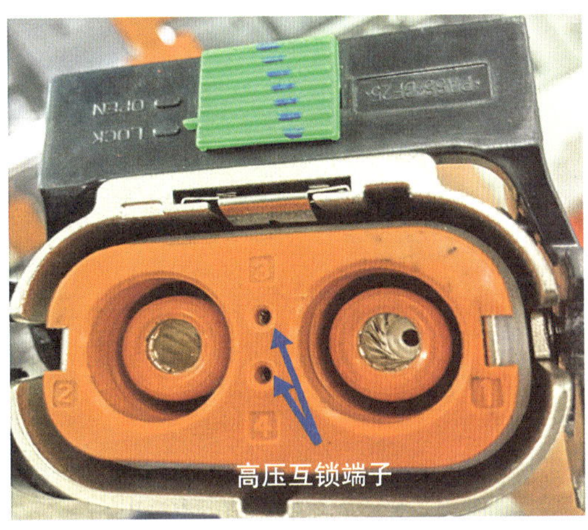

图 4－3　动力电池高压线束插接器

二、新能源汽车动力电池的内部组成

动力电池一般由上盖板、模组、下托盘、冷却系统、底板保护壳、动力电池管理系统（BMS）等组成，如图 4－4 所示。

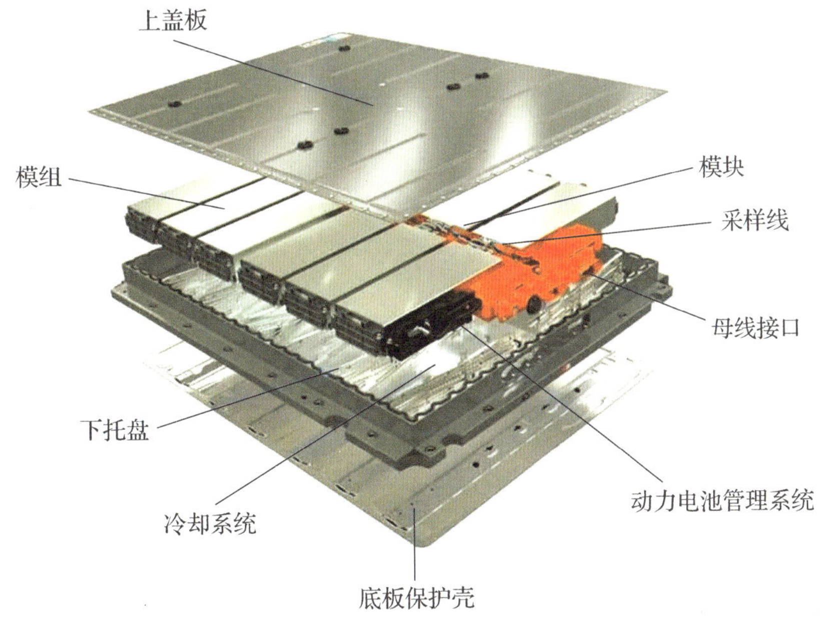

图 4－4　比亚迪秦 EV 动力电池的内部结构

比亚迪秦 EV 动力电池的主要组成部件如图 4－5 所示，包括动力电池模组、动力电池管理系统、动力电池箱及辅助元器件四部分。

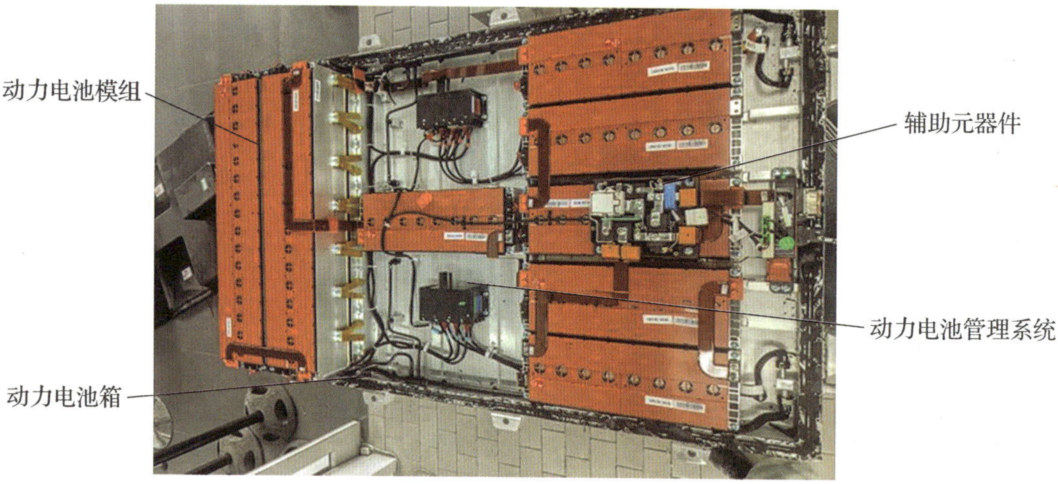

动力电池模组
辅助元器件
动力电池管理系统
动力电池箱

图 4－5　比亚迪秦 EV 动力电池的主要组成部件

1. 动力电池模组

如图 4－6 所示，若干单体电池（又称为电芯）通过并联、串联后形成动力电池模块；为达到动力电池电压要求，需要将多个动力电池模块串联以提升电压，形成动力电池模组；多个动力电池模组再串联成动力电池包，动力电池包最终组成动力电池。单体电池是指构成动力电池的最小单元，即我们常说的一节电池。动力电池模块是指一组并联的单体电池组合，该组合额定电压与单体电池的额定电压相等，是单体电池在物理结构和电路上连接起来的最小分组，可作为一个单元替换。动力电池模组是指由多个动力电池模块组成的一个组合体。

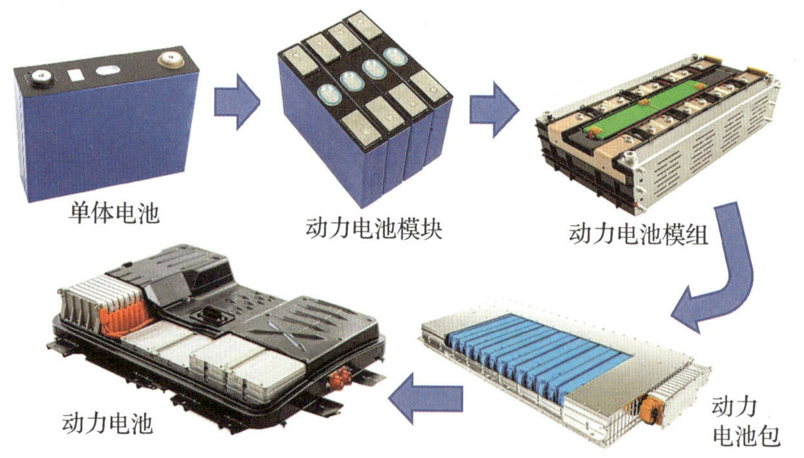

图 4－6　动力电池的组成过程

电池模组拆卸

比亚迪秦 EV 动力电池由 10 个动力电池模组、112 个单体电池串联组成。动力电池内有 12 个电池信息采集器。单体电池的标称电压为 3.6V；动力电池模组额定容量为 130A·h，标称电压为 408.8V，电量为 53.13kW·h。各个动力电池模组之间通过汇流铜排进行串联，如图 4－7 所示。

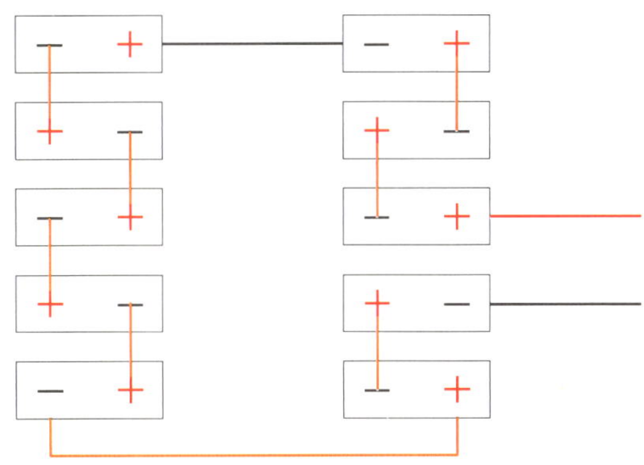
图 4－7 比亚迪秦 EV 动力电池模组连接

2. 动力电池管理系统

动力电池管理系统是对动力电池包进行监测、保护和运行管理的一套系统，确保动力电池正常运行、保证车辆运行安全和提高动力电池寿命，它是新能源汽车动力电池的核心技术之一。

（1）动力电池管理系统的类型。

动力电池管理系统一般采用模块化设计，主要包括两大功能模块，即控制单元（BMU）和单体电池监测回路（CSC），通常也称为主控模块和从控模块。BMU 负责处理信息及进行相关的控制。CSC 为动力电池信息采集与均衡控制模块，负责采集动力电池信息和执行 BMU 的均衡控制。按主控模块和从控模块拓扑结构不同，动力电池管理系统可分为集中式和分布式两种类型，如图 4－8 所示。

（a）集中式BMS

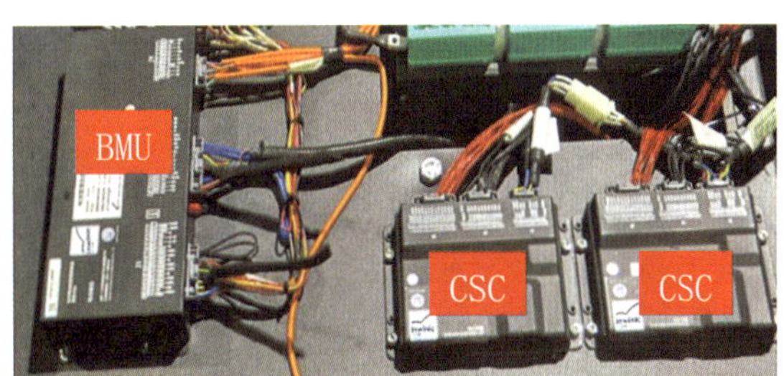

（b）分布式BMS

图 4－8 动力电池管理系统的类型

集中式动力电池管理系统将主控模块、从控模块组成一个一体机。主控模块与从控模块位于同一块印刷电路板内，结构简单，成本较低，占用空间小，维护比较简单。一体机采样线十分庞大，部分采样线过长且各采样线长短不一，容易造成信号失真和均衡时额外的电压降；过长的采样线也容易产生一些安全隐患。

分布式动力电池管理系统由多个从控模块、主控模块、高压控制单元等部件构成，一个从控模块对应一个动力电池模组，负责对该模组进行单体电池电压采集、温度采集、均衡管理和故障诊断。这种布置方式可以根据不同的系统串并联设计进行高效的配置，采样线更短、更均匀、可靠性更高，同时也可以支持体积更大的系统。

（2）动力电池管理系统的功能。

动力电池管理系统的主要功能是保证动力电池的设计性能，从安全性、耐久性、动力性三个方面提供保证。安全性方面，动力电池管理系统能保护单体电池或动力电池包免受损坏，防止出现安全事故；耐久性方面，使动力电池工作在可靠的安全区域内，延长动力电池的使用寿命；动力性方面，将动力电池的工作状态维持在满足车辆要求的情况下。常见动力电池管理系统的功能主要包括电池状态监测、电池安全监测、能量控制管理和电池信息管理，如图 4－9 所示。

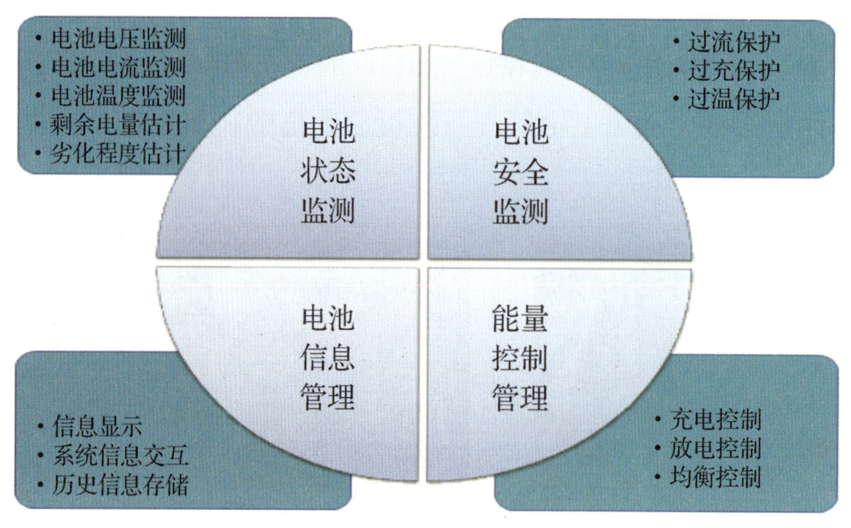

图 4－9　动力电池管理系统的功能

3. 动力电池箱

（1）动力电池箱的作用。

动力电池箱是支承、固定、包围电池系统的组件，其结构如图 4－10 所示，主要包含上盖板和下托盘，还有辅助元器件，如维修开关、过渡件、护板、螺

栓等。动力电池箱有承载及保护动力电池包及电气元件的作用。

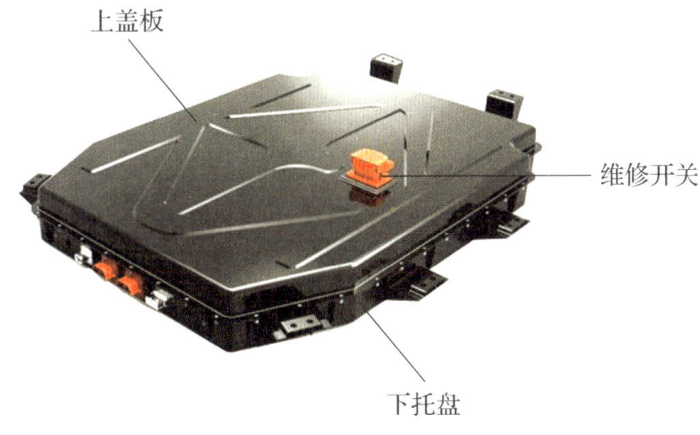

图 4－10 动力电池箱结构

（2）动力电池箱的技术要求。

动力电池箱连接在车身地板下方，其防护等级为 IP67，螺栓拧紧力矩为 80 ～ 100N・m。整车维护时需观察动力电池箱螺栓是否有松动，箱体是否有破损或严重变形，密封法兰是否完整，确保动力电池可以正常工作。

动力电池箱防护等级为 IP67 是指动力电池必须防灰尘吸入和短时间浸泡，其中防浸泡能力尤为关键，这个指标直接关系到一辆新能源汽车的涉水能力。IP 防护等级用下面两个数字来解释：第一个是固体防护等级，范围为 0 ～ 6，表示从大颗粒异物到灰尘的防护；第二个是液体防护级别，范围为 0 ～ 8，这意味着从垂直水滴到水底压力的防护，数字越大，防护能力越强。

（3）动力电池箱的外观要求。

动力电池箱外表面颜色要求为银灰或黑色，亚光；表面不得有划痕、尖角、毛刺、焊缝及残余油迹等外观缺陷，焊接处必须打磨圆滑。

4. 辅助元器件

动力电池主要的辅助元器件包括接触器、电流传感器、预充电阻、信息采集器（BIC）及冷却管路等。

（1）接触器。

新能源汽车中常用的接触器有三种，分别是主正接触器、主负接触器、预充接触器。接触器是一种用小电流控制大电流的装置，如图 4－11 所示，接触器也属于一种继电器。接触器的两条细线连接低压电，两个螺栓连接高压电。

接触器一般由动力电池管理系统进行控制。主正接触器存在于动力电池包放电正极电路，主负接触器存在于动力电池包放电负极电路，预充接触器存在于动力电池包预充电路中。所有接触器均由动力电池管理系统控制接通与断开，从而控制动力电池包能量的输出、输入及预充电路的通断。

接触器通过控制低压电路的通断间接控制高压电路的通断。接触器工作时，电磁铁通电，把衔铁吸下来使触点与常开触点接触，工作电路闭合。电磁铁断电时失去磁性，弹簧把衔铁弹起来，切断工作电路。因此，接触器就是利用电磁铁控制工作电路通断的开关，其具体结构如图 4 - 12 所示。

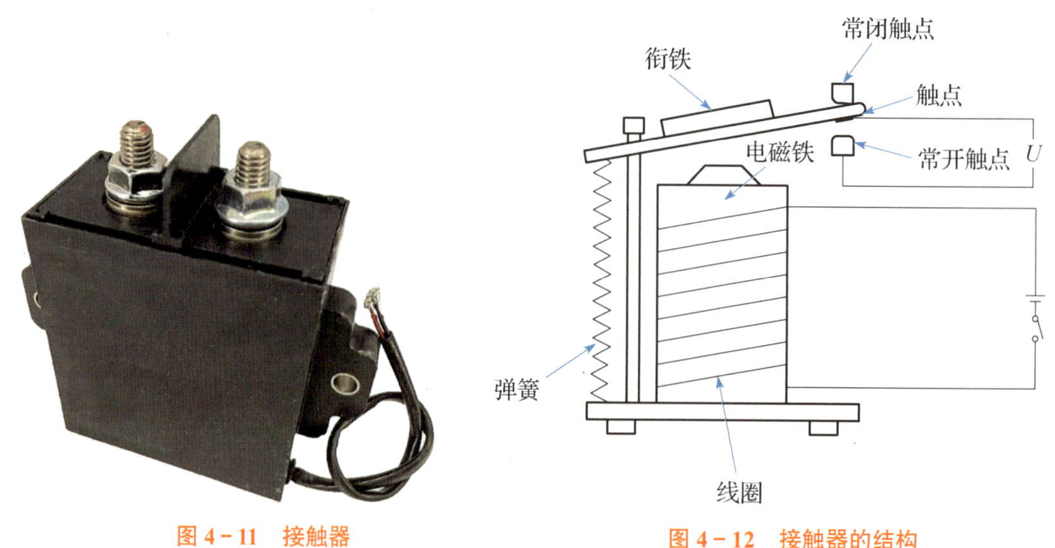

图 4 - 11　接触器

图 4 - 12　接触器的结构

（2）电流传感器。

电流传感器也称为磁传感器，是一种检测装置，一般安装在动力电池负极侧高压母线上，如图 4 - 13 所示。电流传感器利用霍尔效应的原理制成，由外壳、封装盖、霍尔元件、感应线圈等组成。电流传感器能检测到被测电流的信息，并能将检测到的信息，按一定规律变换成符合一定标准的电信号或其他所需形式的信息输出，以满足信息的传输、处理、存储、显示、记录和控制等要求。

（3）预充电阻。

充电电源在充电初期如果电流过大会造成电气元件损伤或破坏，为此在电路中安装预充电阻对充电初期充电电流大小进行限制，预充电阻上有散热片可

以方便散热，其结构如图 4－14 所示。

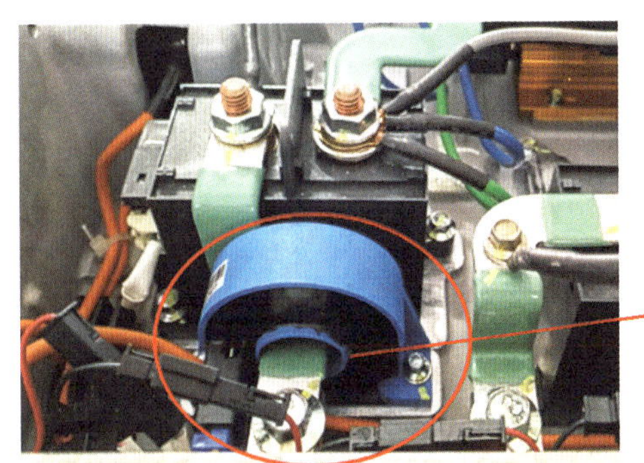

图 4－13　电流传感器的安装位置

图 4－14　预充电阻的结构

（4）信息采集器。

信息采集器主要对各单体电池进行电压和温度的采集，再把采集到的数据通过 CAN 网络发送到 BMS，以便于 BMS 的监控与管理。

（5）冷却管路。

由于动力电池自身有一定的电阻，其在输出功率、电能的同时必然会产生一定的热量，从而产生热量累积，使动力电池温度升高。动力电池由于空间布置的不同，各处的温度并不一致。当动力电池温度超出其正常工作温度区间时，必须限功率工作，否则会影响动力电池寿命。为了保证动力电池的充放电性能和寿命，同时使动力电池在适宜的温度下工作，确保其输出最优的功率和电能给车辆，大多新能源汽车采用冷却管路通过空调制冷系统对动力电池包进行冷却。冷却管路除了可以冷却动力电池包，还可以在车辆处于低温状态时通过空调制热系统对动力电池包进行一定的加热，保证动力电池包处于适宜的工作温度。动力电池冷却管路如图 4－15 所示。

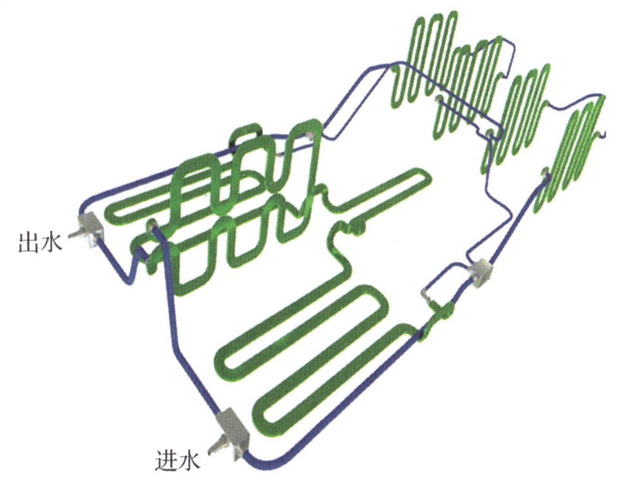

图 4－15　动力电池冷却管路

三、新能源汽车动力电池的性能指标

动力电池作为新能源汽车的动力源，在新能源汽车上发挥着重要作用，评价动力电池性能主要看其性能指标参数，其性能指标有电压、容量、内阻、能量与比能量、功率与比功率、寿命、荷电状态等。

1. 电压

电动势：电动势是电池在理论上输出能量大小的度量之一，电池的电动势是热力学的两极平衡电极电位之差。

开路电压：开路电压是指在开路状态下（几乎没有电流通过时），电池两极之间的电势差，一般用 $U_{开}$表示。

工作电压：工作电压是指电池接通负载后在放电过程中显示的电压，又称为负荷（载）电压或放电电压。工作电压低于开路电压，也必然低于电动势。

放电终止电压：又称为放电截止电压，是指电池放电时，电压下降到不宜再继续放电的最低工作电压值。对于不同类型的电池及在不同的放电条件下，放电终止电压不同。一般而言，低温或大电流放电时，放电终止电压规定得低些；小电流或间歇放电时，放电终止电压规定得高些。

额定电压：又称为公称电压或标称电压，是指在规定条件下电池工作的标准电压。额定电压可以用来区分电池的化学体系。不同类型电池的单体额定电压见表 4－1。

表 4－1　不同类型电池的单体额定电压

电池类型	单体额定电压 /V
铅酸电池	2.0
镍氢电池	1.2
锂离子电池（磷酸铁锂）	3.2
锂离子电池（三元锂）	3.7

2. 容量

电池在一定的放电条件下所能放出的电量称为电池容量，以符号 C 表示。其单位常用 A · h 或 mA · h。例如，容量为 10A · h 的电池，以 5A 放电可放

2h，以 10A 放电可放 1h。

（1）理论容量（C_0），即假定活性物质全部参加电池的成流反应所能提供的电量。理论容量可根据活性物质的数量按法拉第定律计算求出。

（2）额定容量（C），即按国家或有关部门规定的标准，保证电池在一定的放电条件（如温度、放电率、放电终止电压等）下应该放出的最低限度的容量，在新能源汽车铭牌中能查看到该车型电池的额定容量，如图 4－16 所示。

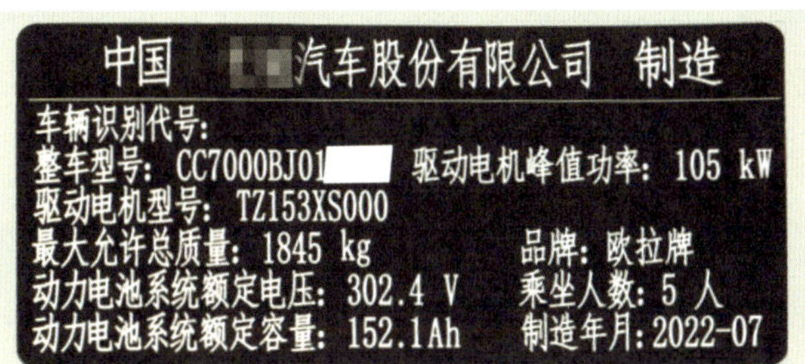

图 4－16　新能源汽车铭牌

素养微课堂：品牌文化

每天进步一点点。

——长城汽车股份有限公司的企业精神

（3）实际容量（C），即在工作中电池实际放出的电量，是放电电流与放电时间的积分。实际容量受放电率的影响较大，所以常在字母 C 的右下角标明放电率，如 C_{20}=50A · h，表明在 20h 放电率下的容量为 50A · h。由于电池内阻和其他原因，活性物质不可能完全被利用，所以实际容量、额定容量总是低于理论容量。

（4）剩余容量，是指在一定放电率下放电后，电池剩余的可用容量。剩余容量的估算受到电池前期放电率、放电时间等因素以及电池老化程度、应用环境等多种因素影响，所以在准确估算上存在一定的困难。

3. 内阻

（1）定义：电池的内阻是指电池在工作时，电流流过电池内部受到的阻力。内阻大小受电池材料、制造工艺、电池结构等因素的影响。内阻越大，电池工作内耗越大，电池效率越低。

（2）分类：电池内阻包括欧姆内阻和极化内阻，欧姆内阻由电极材料、电解液、隔膜电阻及各部分零件的接触电阻组成；极化内阻包括电化学极化与浓差极化引起的电阻。

（3）影响因素：影响内阻的因素有材料、制造工艺、电池结构等。

（4）产生结果：由于内阻的存在，当电池放电时，电流经过内阻要产生热量，消耗能量，电流越大，消耗能量越多，所以内阻越小，电池的性能越好，不仅电池的实际工作电压高，消耗在内阻上的能量也少。

4. 能量与比能量

电池的能量是指电池在一定放电制度下，所能释放出的能量，单位为W·h或kW·h。能量（W·h）= 额定电压（V）× 电池容量（A·h）= 额定电压（V）× 工作电流（A）× 工作时间（h）。例如，3.2V 15A·h单体电池的能量为48W·h；394.2V 130A·h电池包的能量是51.2kW·h，电池的能量反映了电池做功能力的大小，影响新能源汽车的续驶里程。

（1）理论能量：假设电池在放电过程中电压保持电动势的数值，且活性物质的利用率为100%，在此条件下电池所输出的能量为理论能量。电池铭牌可以查询到电池的能量，如图4－17所示。

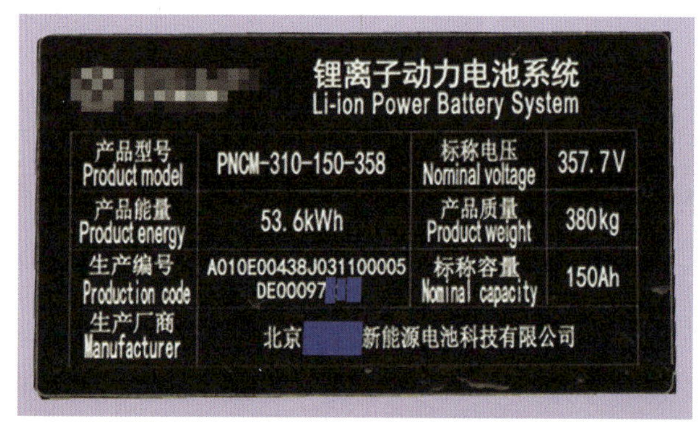

图4－17　电池铭牌

（2）实际能量：是指电池放电时实际输出的能量，它在数值上等于电池实际容量和电池平均工作电压的乘积。由于活性物质不可能完全被利用，所以实际能量总是小于理论能量。

（3）比能量：又称能量密度，是指单位质量或单位体积的电池所能输出的能量，单位为W·h/kg或W·h/L。电池的比能量直接影响新能源汽车的整车质量和续驶里程，是评价新能源汽车动力电池是否满足预定续驶里程的重要指标。在相同的电池能量下，动力电池的比能量越大，意味着电池的体积越小，重量越轻。例如，磷酸铁锂电池的比能量在150W·h/kg左右，三元锂电池的比能量在 250W · h/kg 左右，相同电池能量下，三元锂电池的重量比磷酸铁锂电池要轻。不同类型的电池，其比能量也不相同，具体见表 4 – 2。

表 4 – 2　不同类型电池比能量

比能量	铅酸电池	镍氢电池	锂离子电池
质量比能量（W · h/kg）	30 ~ 50	50 ~ 60	130 ~ 300
体积比能量（W · h/L）	50 ~ 80	130 ~ 150	350 ~ 450

5. 功率与比功率

（1）功率：电池的功率是指在一定的放电制度下，单位时间内电池输出的能量，其单位为 W 或 kW。

（2）比功率：又称为功率密度，是指单位质量或单位体积电池输出的功率，单位为 W/kg 或 W/L。比功率是评价电池是否满足新能源汽车加速和爬坡能力的重要指标。

对于纯电动汽车，其电能储存装置应具有尽可能高的比能量，以保证汽车的续驶里程。对于混合动力电动汽车，其电能储存装置应具有尽可能高的比功率，以保证汽车的动力性。不同电池的比能量和比功率见表 4 – 3。

表 4 – 3　不同电池的比能量和比功率

电池种类	比能量（W · h/kg）	比功率（W/kg）
铅酸电池	30 ~ 40	300 ~ 500
镍氢电池	40 ~ 50	500 ~ 800
锂离子电池	60 ~ 70	500 ~ 1 500

6. 寿命

储存寿命有“干储存寿命”和“湿储存寿命”两个概念。在使用时才加入电解液的电池的储存寿命，习惯上称为干储存寿命。干储存寿命可以很长。出厂前已加入电解液的电池的储存寿命，习惯上称为湿储存寿命。湿储存时自放电严重，寿命较短。

循环寿命指的是电池可以循环充放电的次数，即在理想的温度、湿度下，以额定的充放电电流进行充放电，计算电池容量衰减到 80% 时所经历的循环次数。循环寿命越长，电池的性能越好。在目前常用的电池中，铅酸电池为 200 ～ 500 次，镍氢电池为 500 ～ 800 次，锂离子电池为 600 ～ 1 000 次。

电池的循环寿命与放电深度、温度、充放电制度等条件有关。通过减小放电深度、控制充放电电流及温度等方式可以大大延长电池的循环寿命。

7. 荷电状态（SOC）

荷电状态描述了电池的剩余电量，通常在仪表盘上会有显示，如图 4－18 所示。荷电状态值是个相对量，一般用百分比来表示，常用实际容量与额定容量的比值表示，0 代表电池完全没电了，100% 代表电池满电。例如，容量为 10A · h 的电池，充电后容量为 8A · h，即 SOC 为 80%。荷电状态是电池使用过程中的重要参数，此参数与电池的充放电历史和充放电电流大小有关。

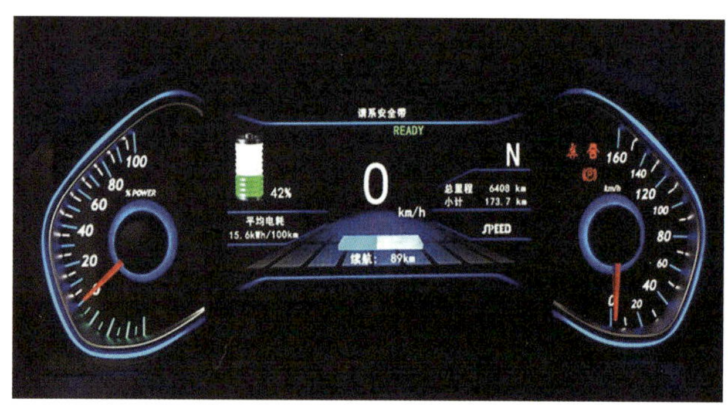

图 4－18　动力电池 SOC 值

四、新能源汽车动力电池温度控制

动力电池作为新能源汽车的动力能源，其在工作中会产生大量的热量，动力电池过热会严重影响其工作性能。动力电池的最佳工作温度为 23 ～ 24℃，温度并非越低越好，在低温的环境下需要对动力电池进行加热。由此可见，动力电池的性能与电池温度密切相关。

动力电池温度控制包含冷却和加热两个方面，即在电池温度过高时有效散热，在低温条件下快速加热。通过对动力电池进行冷却或加热，保持动力电池较佳的工作温度，以改善其运行效率并提高动力电池的寿命。目前对动力电池的冷却方式主要有水冷和风冷两种模式，如图 4－19 所示。

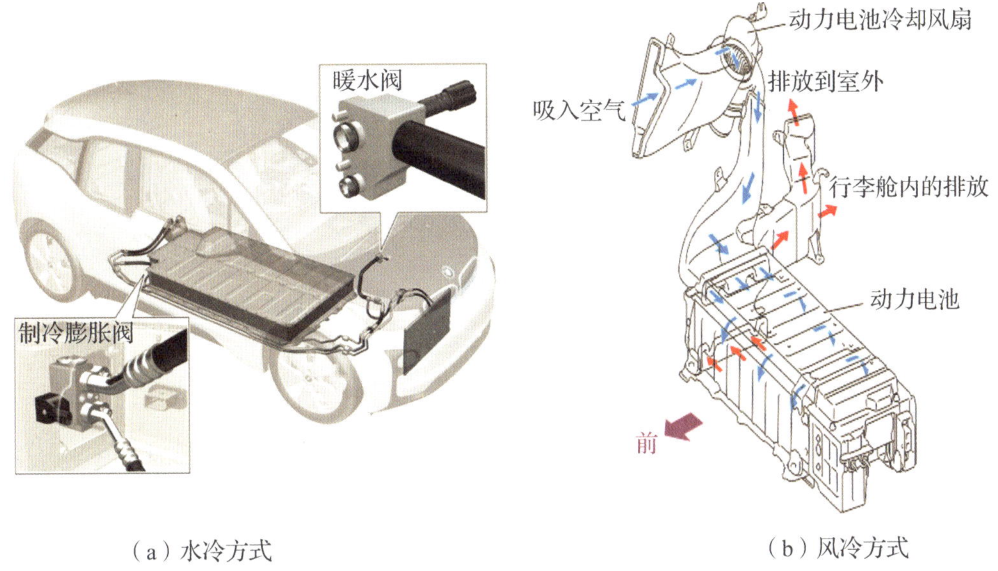

（a）水冷方式　　（b）风冷方式

图 4－19　动力电池的冷却方式

动力电池温度控制系统结构包括膨胀水壶、热交换器（动力电池冷却器）、电子水泵、水加热器、动力电池箱内部水路板（如液冷扁管）及相关连接水管等，如图 4－20 所示。

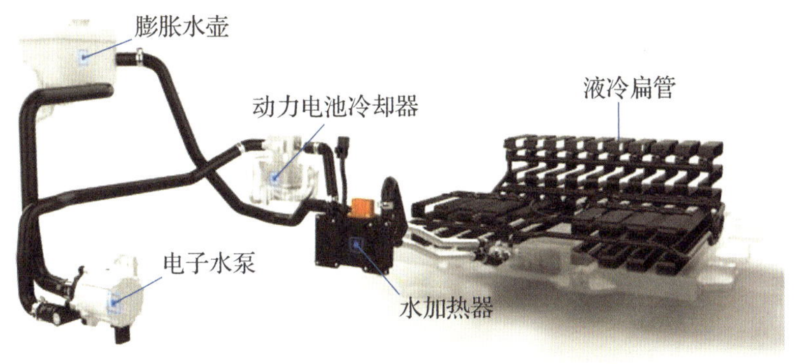

图 4－20　动力电池温度控制系统结构

任务实施

一、实训前准备

（1）为防止测量时手部被电池渗漏的电解液腐蚀，需要戴上防酸碱手套，如图 4－21 所示。

（2）准备数字万用表、绝缘电阻测试仪，并检查数字万用表、绝缘电阻测试仪电池是否缺电，检查数字万用表和绝缘电阻测试仪是否准确。

（3）准备动力电池举升支架及常用工具。

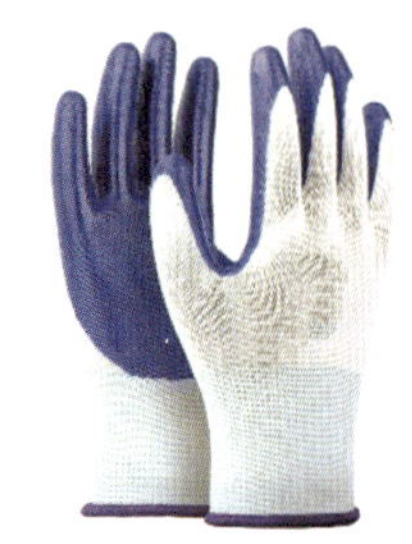

图 4－21　防酸碱手套

二、单体电池外观检查、极性试验

1. 单体电池外观检查

采用目测法，检查单体电池是否有裂纹、漏液、变形，极柱是否松脱，如图 4－22 所示。磷酸铁锂电池通常具有一个观察孔，用于观察电池内部的状态。观察孔一般位于电池外壳上，可以通过观察孔来检查电池的液位和电解液的颜色。正常情况下，液位应该在适当的范围内，不过低也不过高；电解液应该是透明的或略带淡黄色。如果电解液浑浊、变色或有明显的沉淀物，可能表示电池出现问题。

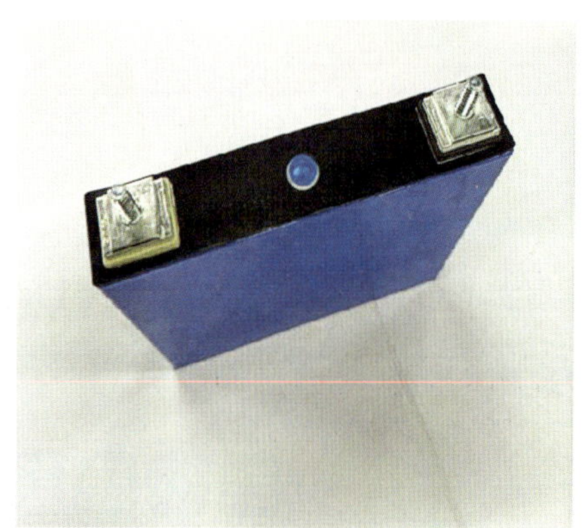

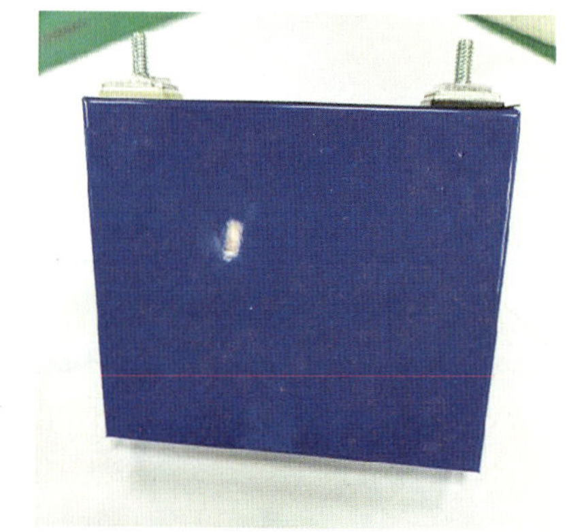

图 4－22　方形单体电池外观检查

2. 单体电池极性试验

用数字万用表电压挡检测单体电池的极性。当检测结果为正时，与红表笔相接触的为正极，与黑表笔相接触的为负极，此时数字万用表显示的数值则为单体电池电压，如图 4－23 所示。单体电池电压过高或过低都可能会造成动力电池故障，检测时需要记录所有单体电池的电压并进行对比。

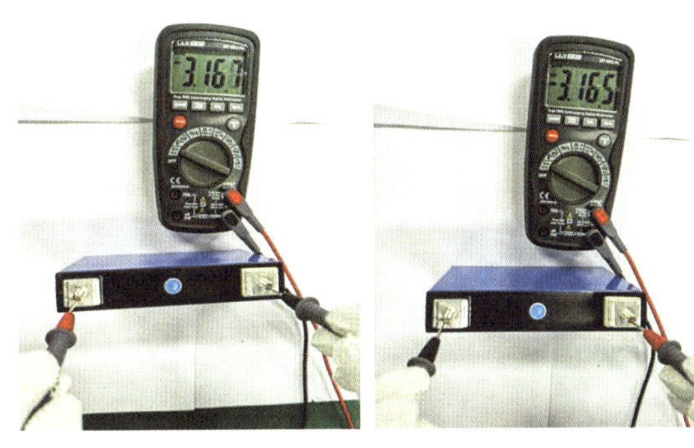

图 4－23　检测单体电池的极性

单体电池的检测

三、元器件的检测

1. 预充电阻的测量

使用数字万用表电阻挡测量预充电阻的阻值，具体操作如图 4－24 所示。标准阻值是 90 ～ 110Ω。若所测量数值不在标准范围内，则表明预充电阻损坏，应及时更换。

2. 温度传感器的检测

使用数字万用表电阻挡测量温度传感器的阻值，具体操作如图 4－25 所示。常温下标准阻值为 8 ～ 11kΩ。若所测量数值不在标准范围内，则表明温度传感器损坏，应及时更换。

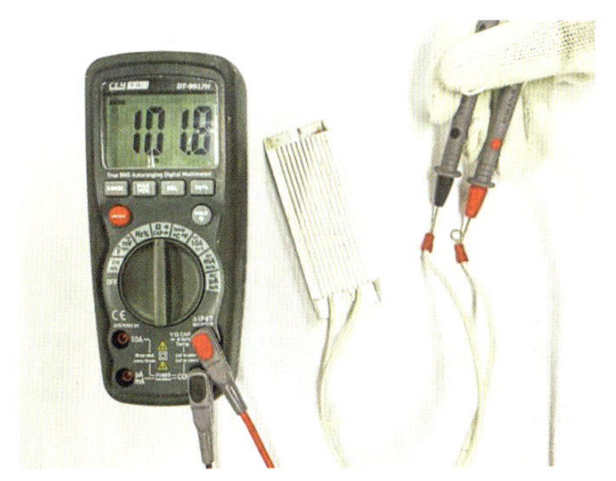

图 4－24　测量预充电阻的阻值

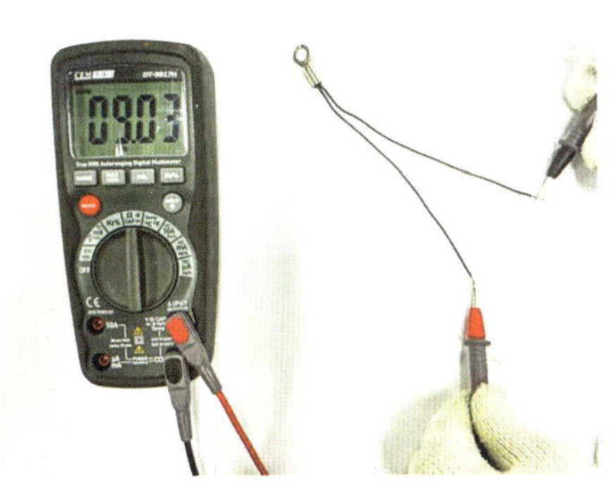

图 4－25　测量温度传感器的阻值

3. 接触器的检测

断开接触器线圈与动力电池管理系统连接线束的插接器，在接触器侧，用数字万用表测量其线圈电阻，标准值为 25 ～ 30Ω，如图 4－26 所示。若所测量数值不在标准范围内，则表明接触器损坏，应及时更换。

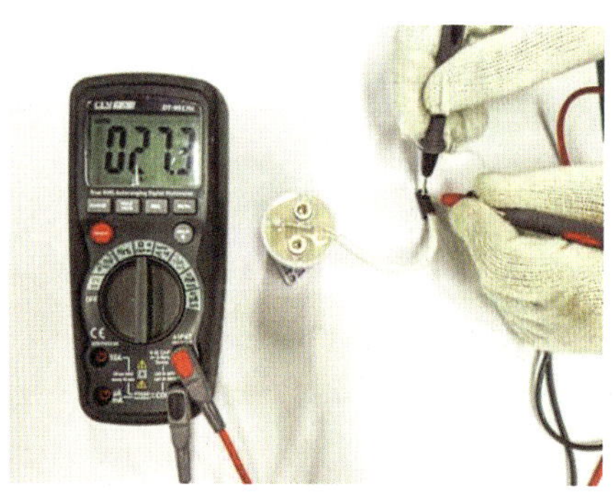

图 4 - 26　测量接触器的阻值

四、单体电池装配成组

（1）准备好单体电池和模组盒，如图 4 - 27 所示，应逐个目视检查单体电池有无漏液、鼓包，极柱螺栓有无异常。

图 4 - 27　单体电池和模组盒

（2）把单体电池按照串联的规则安放到模组盒中并检查，注意极柱正负极顺序，如图 4 - 28 所示。

图 4 - 28　安放单体电池

（3）为防止不同单体电池之间相互接触，安装单体电池分隔架，将各单体电池分开，如图 4－29 所示。

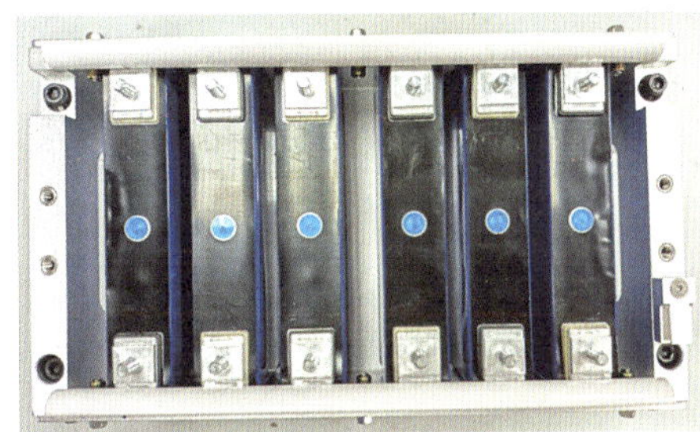

图 4－29　安装单体电池分隔架

（4）先安装极柱连接片，把各单体电池串联起来，然后安装单体电池固定板，如图 4－30 所示，防止单体电池受到振动而晃动。

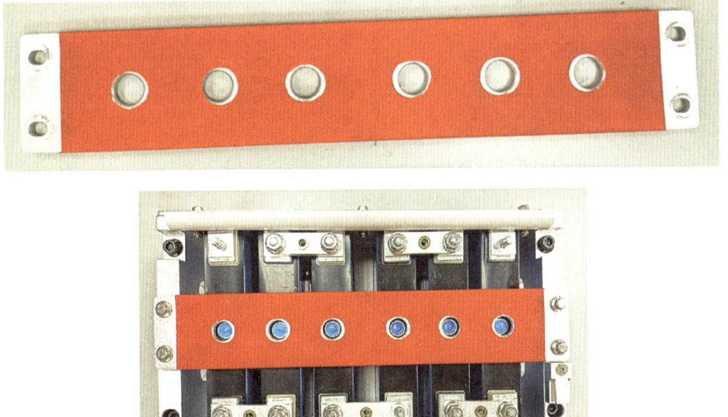

图 4－30　安装极柱连接片和单体电池固定板

（5）检查动力电池采样线是否有折断、破损、松动的地方，正确安装动力电池模块电压采样线束，如图 4－31 所示。

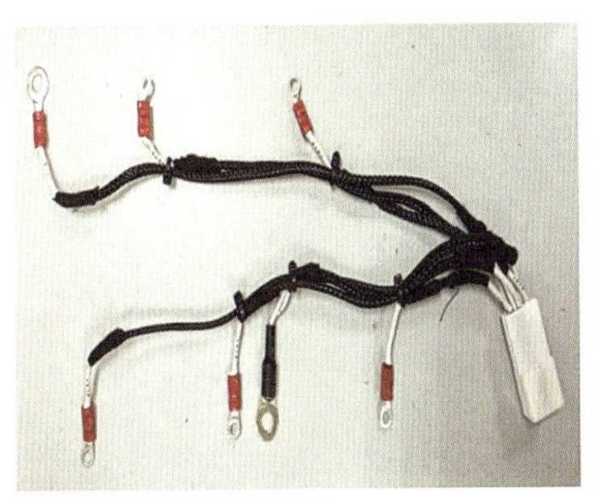

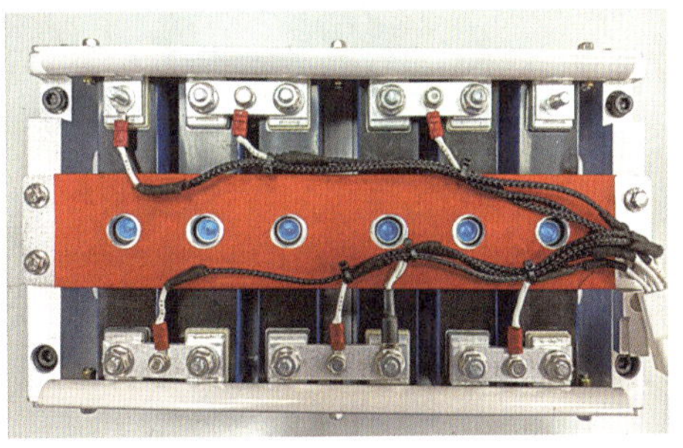

图 4－31　安装动力电池模块电压采样线束

五、动力电池模块的检测

1. 动力电池模块的极性检测

动力电池模块极性检测时，用电压表检测动力电池模块端子，端子极性应正确，并应有正负极的清晰标识，如图 4－32 所示。当读数为正值时，与红表笔接触的为正极，与黑表笔接触的为负极。

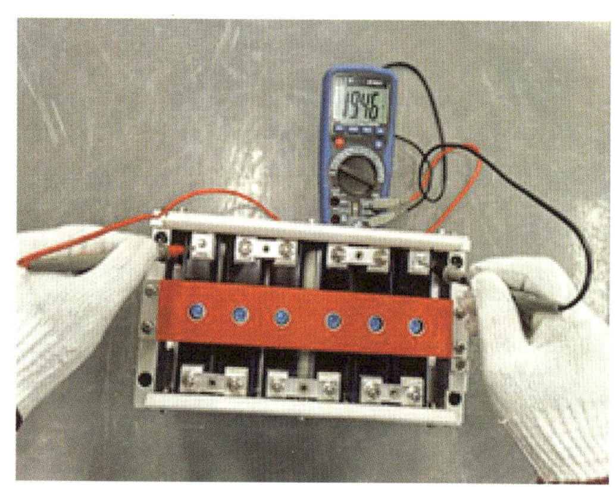

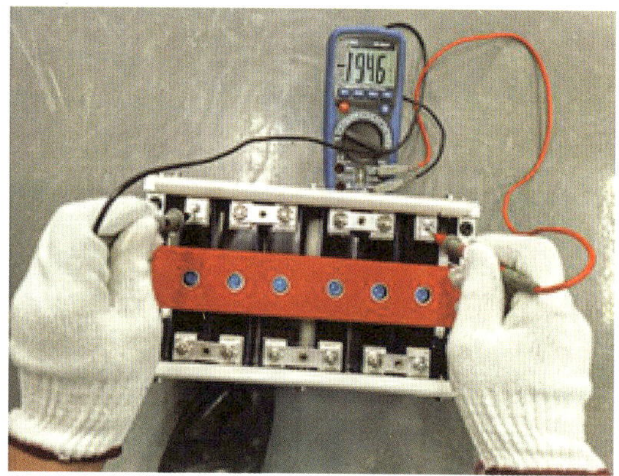

图 4－32　动力电池模块极性检测

2. 动力电池模块的电压一致性测量

（1）先校对数字万用表，然后采用直流电压 20V 挡。

（2）测量各动力电池模块的电压，如图 4－33 所示。检查各动力电池模块电压是否一致，若不一致，检查各模块单体电池电压，更换压差较大的单体电池。

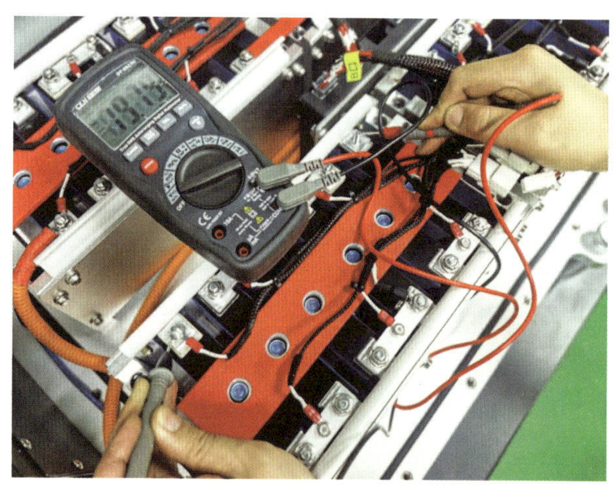

图 4－33　测量动力电池模块电压

3. 动力电池模块的绝缘性检测

（1）对绝缘电阻测试仪校零，并选择合适量程。

（2）分别测量动力电池模块 1、2、3、4 的对地绝缘性，注意绝缘电阻测试仪一支表笔接动力电池箱的接地点，另一支表笔接动力电池模块正极（或负极），检测其绝缘性，如图 4-34 所示。

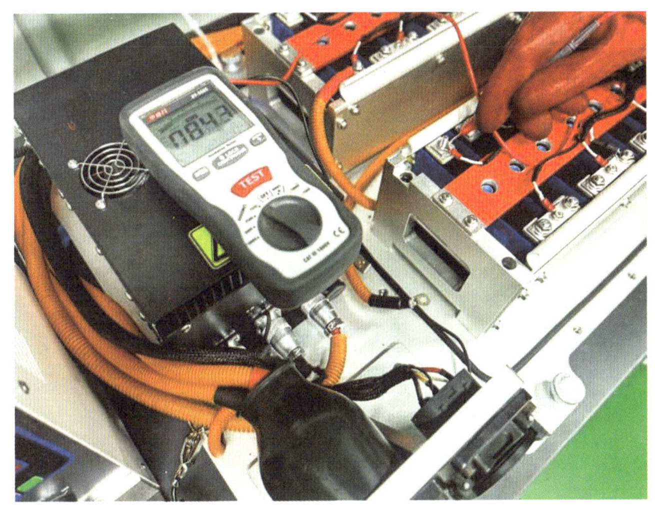

图 4-34　动力电池模块的绝缘性检测

素养微课堂：传统文化

心坚石也穿。

匠万物者以绳墨为正。

任务小结

本任务讲述了新能源汽车动力电池的组成、功能、性能指标和温度控制方式及原理，通过学习，学生应该掌握对单体电池进行性能检测的方法，能够正确使用工量具分解和组装动力电池，能正常识别动力电池内部部件。

新能源汽车动力电池管理系统的认知

学习目标

知识目标：1. 掌握动力电池管理系统的功能；

2. 掌握动力电池管理系统的组成和工作原理。

能力目标：1. 能根据维修手册和电路图，查找动力电池管理系统的部件位置；

2. 能检查动力电池管理系统的电源电路；

3. 能对动力电池管理系统进行更换。

素养目标：1. 培养工作中细致的习惯；

2. 培养工作中认真思考的习惯。

建议学时

6 个学时。

任务情境

一辆比亚迪秦纯电动轿车不能充电，检查发现诊断仪无法进入动力电池管理系统，需要排查动力电池管理系统相关电路是否正常，是否需要更换动力电池管理系统。

知识介绍

一、动力电池管理系统的功能

从早期的镍氢电池到如今的锂离子电池，动力电池的使用寿命、发热鼓包

和自动燃烧等一直是人们重点关注的核心问题，且由于动力电池能量和端电压的限制，需要采用多块电池进行串联、并联组合，加之在复杂的使用条件和苛刻的环境中使用，因此需对新能源汽车上的动力电池进行有效管理，使动力电池工作在合理的电压、电流、温度范围内。

动力电池管理系统的主要作用是监控动力电池状态、延长动力电池的使用寿命，其作为动力电池与整车控制器（VCU）及驾驶人沟通的桥梁，主要通过控制高压继电器的动作来控制动力电池的充放电，并向整车控制器上报动力电池系统的运行参数与故障信息等。

1. 电池状态监测

动力电池管理系统可实时监测电池的状态，包括电池的电量、电压、电流、温度等参数，并将这些数据反馈给车辆的电子控制单元。

2. 电池均衡控制和能量管理

动力电池管理系统可以监测动力电池模组中每个单体电池的电压和电量，并在需要时调整电池之间的电量差异，提升电池性能，以确保动力电池模组的均衡和延长使用寿命。它还能够优化动力电池的充放电过程，提高车辆的续驶里程。

3. 充电控制

动力电池管理系统可以监测动力电池包的温度和电量等参数，并根据这些信息自动调整或控制充电过程，包括充电功率和充电时间等参数，以确保充电效率和安全性。如图 5－1 所示，动力电池管理系统监测到当前充电状态、剩余电量、充电功率等信息，并将这些信息显示在仪表盘上。

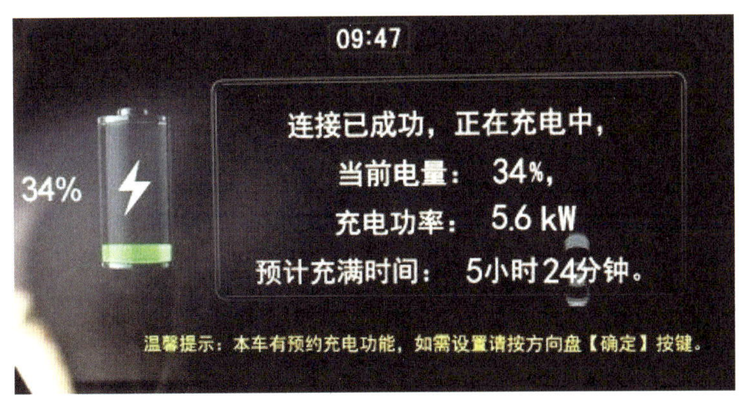

图 5－1　仪表盘显示充电信息

4. 故障诊断与处理

动力电池管理系统能够实时诊断动力电池的故障，及时进行处理，并向车辆的电子控制单元发送警报，以提示驾驶人采取适当的行动，保证车辆的正常运行。

5. 安全管理

动力电池管理系统能对动力电池进行全面的安全保护，防止动力电池出现过充、过放、过流、过温、漏电等危险情况。

6. 能量回收

在车辆制动或滑行过程中，动力电池管理系统能够回收制动能量，将其储存到电池中，从而提高车辆的能效。如图 5－2 所示，当开启功率回馈增强模式时，仪表盘会显示回馈模式，车辆进行回馈充电，动力电池管理系统会监测到回馈充电，通过功率显示。

图 5－2　功率回馈增强模式开启

7. 网络管理

动力电池管理系统能与其他车载电子设备进行网络通信，实现信息的共享和协同工作。

8. 远程监控

通过车载终端，动力电池管理系统能与云平台进行数据交互，实现远程监控和远程控制。

总之，新能源汽车动力电池管理系统是保障车辆安全、稳定、高效运行的关键技术之一。

二、动力电池管理系统的组成和工作原理

动力电池管理系统包括硬件系统和软件系统，硬件系统设计取决于动力电池管理系统需要实现的功能，确保对动力电池的有效管理，因此需要保证采集数据的准确性、系统通信的稳定性及抗干扰性。在具体实现过程中，根据设计

要求确定需要采集的动力电池数据类型，根据采集量以及精度要求确定前向通道的设计，根据通信数据量以及整车的要求选用合理的总线等。

动力电池管理系统的基本组成如图 5－3 所示。它主要由检测模块、均衡电源模块和控制模块三部分组成。检测模块能够对动力电池模组中各单体电池的电压、电流、温度等关键状态参数进行准确、实时的检测，并通过 SPI（串行外围接口）总线上报给控制模块；均衡电源模块能够平衡单体电池间的电压差异，解决动力电池模组“短板效应”；控制模块能够根据既定策略完成控制功能，实现 SOC 估计，同时将动力电池状态数据通过 CAN 总线发送给整车其他电子控制单元。

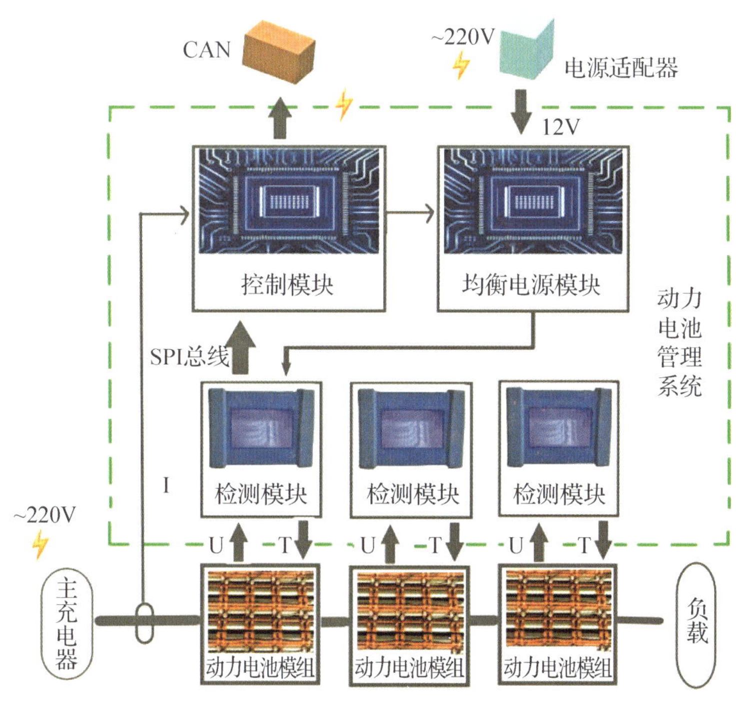

图 5－3　动力电池管理系统的基本组成

动力电池管理系统是连接电池和整车的纽带，其主要工作原理是通过检测动力电池模组中各单体电池的状态来确定整个动力电池系统的状态，并根据这些状态对动力电池系统进行对应的控制调整和策略实施，以确保动力电池系统安全稳定地运行，如图 5－4 所示。

动力电池管理系统处理的信号相当丰富，包括单体电池、碰撞、CAN、充电、水泵、高压、绝缘等。它要严格地控制充放电，避免过充、过放、过热等

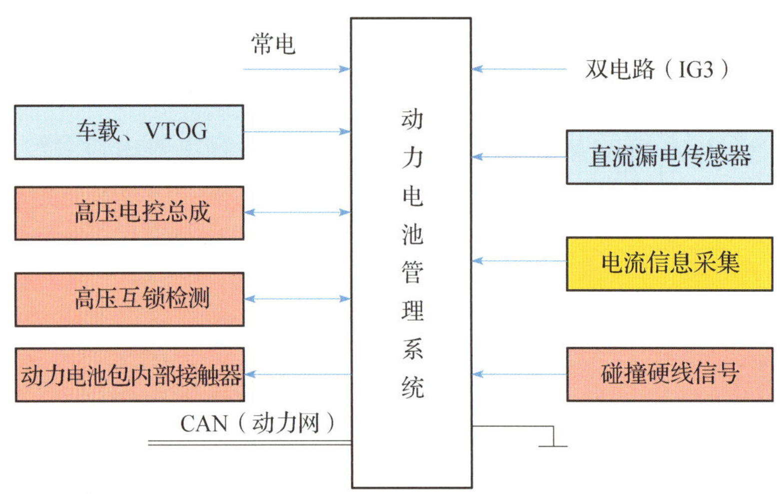

图 5-4 动力电池管理系统的工作原理图

情况，因为一次过充或过放电就可能造成动力电池的永久性损坏，极端情况下锂离子电池过热或者过充或过放电还会导致热失控、电池破裂甚至自燃爆炸等危险。

任务实施

一、实训前准备

（1）做好安全防护。

（2）工具及设备准备。新能源汽车专用工具套装（带绝缘拆装工具）、故障诊断仪、绝缘手套、数字万用表及测量线、车身和车内防护套装等。

（3）准备好实训车辆的维修资料。

二、动力电池管理系统的故障分析

由于汽车的运行工况十分复杂、运行环境的变化也很大，不仅会对动力电池管理系统产生影响，在汽车行驶时所产生的噪声和电波等还可能会使系统功能丧失，使其不能正常工作。因此，动力电池管理系统需要具备足够强的可靠性、通用性和经济性。在满足汽车动力性能的前提下，应能根据汽车动力系统的特性及实时的运行工况，保证电机的功率和转矩输出，以获得整车最优的经济性能、最低的能耗以及良好的驾驶性能。

动力电池管理系统的常见故障可分为高压互锁故障、CAN 系统通信故障、电源电路故障、SOC 异常、预充电故障、主继电器故障、绝缘报警、单体电池异常、电池温度异常及其他。本学习任务主要诊断表 5-1 所示的故障。

表 5-1　动力电池管理系统常见故障分析

故障名称	故障现象	故障原因
CAN 系统通信故障	无法上高压电，车辆无法运行，OK/READY 指示灯不亮，动力电池故障警告灯点亮，SOC 为 0，诊断仪进不了 BMS	CAN 线断路，CAN 端子松动、脱落
电源电路故障	无法上高压电，车辆无法运行，OK/READY 指示灯不亮，动力电池故障警告灯点亮，SOC 为 0，诊断仪进不了 BMS	BMS 供电熔断器烧断，供电线束短路或断路
SOC 异常	OK/READY 指示灯点亮，SOC 为 0	更换 BMS 后未匹配
预充电故障	无法上高压电，车辆无法运行，OK/READY 指示灯不亮	预充继电器开路，预充电阻开路
上电后主继电器不吸合	无法上高压电，车辆无法运行，OK/READY 指示灯不亮	预充未完成（预充继电器开路、预充电阻开路）或者主继电器故障
单体电池异常	无法上高压电，车辆无法运行，OK/READY 指示灯不亮，动力电池故障警告灯点亮	单体电池电压过低或过高、均衡失败，过充或过放电

对于以上故障，一般可以通过对动力电池管理系统的硬件和软件进行检查和诊断，以及对单体电池的状态进行监测和分析，来确定故障的原因和位置，然后采取相应的措施进行处理和修复。同时，也需要对动力电池管理系统进行定期的维护和保养，以确保其正常运行和延长使用寿命。

三、动力电池管理系统电源电路和通信电路的检查

动力电池管理系统是动力电池的电控单元，它通过接收充电温度信号、动力电池内部温度和电压信号等来控制接触器等执行器工作，动力电池管理系统和其他大多数电控单元一样有电源电路、通信电路等，如图 5-5 所示。动力电池管理系统有三个端子连接电源，BK51/4 连接来自 F1/4 5A 熔断器的 12V 常电，BK51/29 和 BK51/5 两个端子连接来自 F1/34 10A 熔断器的 IG3 电（来自 IG3 继电器），BK51/23 和 BK51/16 两个端子连接搭铁。动力电池管理系统还连接充电子网、动力网等通信线。

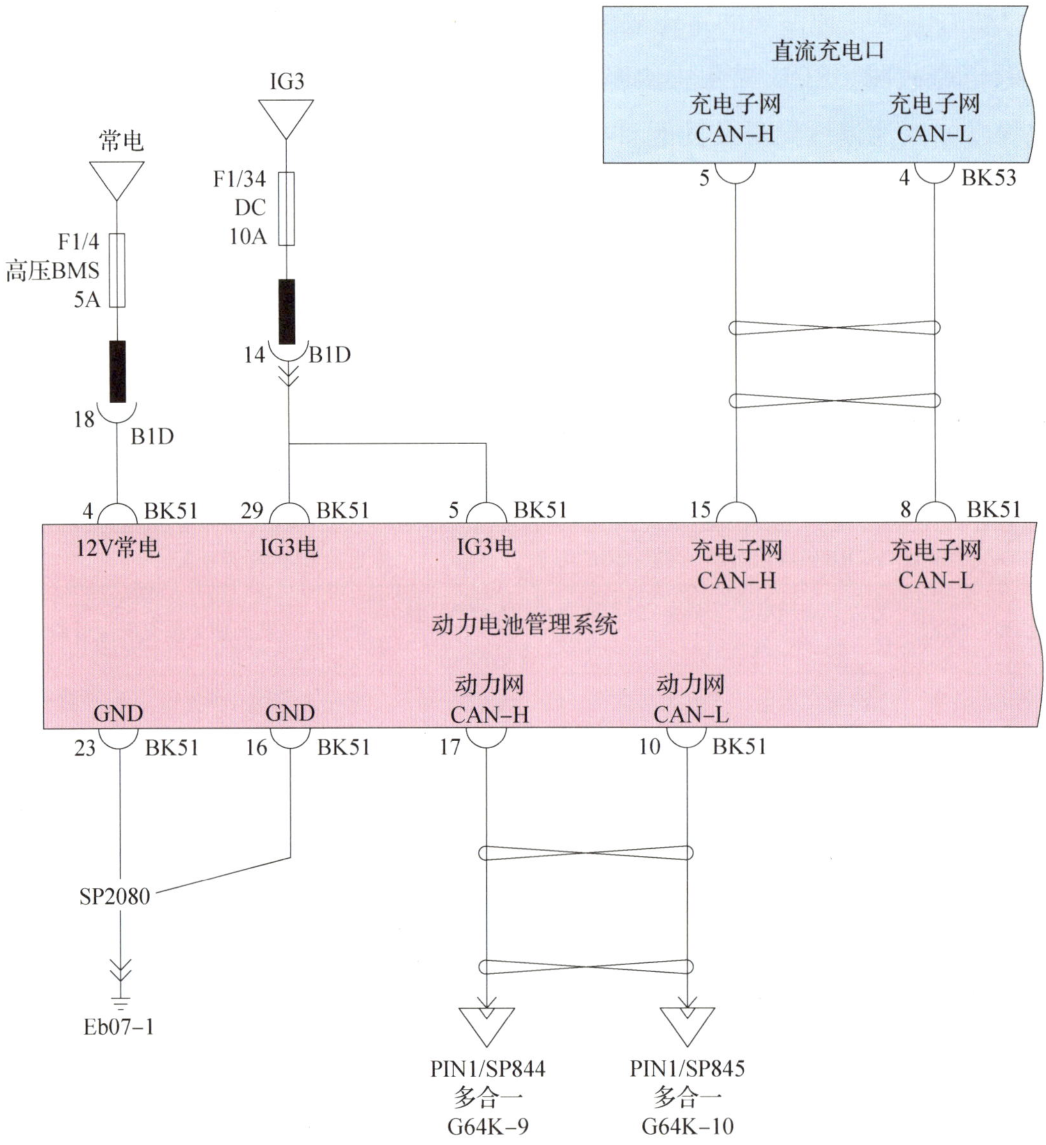

图 5-5　动力电池管理系统电源电路和通信电路

（1）检查常电。在断电的情况下，断开 BK51。检查 BK51/4 的电压，应为 12V 左右。如果测量值为 0V 左右，检查 F1/4 熔断器两个检测点的电压，应为 12V，否则检查 F1/4 熔断器是否熔断，检查熔断器到 BK51/4 之间的线束是否存在断路或短路。

（2）检查 IG3 电。上电后检查 BK51/29 和 BK51/5 的电压，应为 12V 左右。如果测量值为 0V 左右，检查 F1/34 熔断器两个检测点的电压，应为 12V，否则检查该熔断器是否熔断，检查 F1/34 熔断器到 BK51/29 和 BK51/5 之间的线束是否存在断路或短路。

（3）检查搭铁线。分别测量 BK51/23 和 BK51/16 两个端子与搭铁之间的电阻，阻值应小于 1Ω，否则检修或更换该线束。

（4）检查网络通信线。BMS 充电子网连接直流充电口和诊断口等处，动力网连接充配电总成和诊断口等处。此处介绍动力网的检查方法，检查充电子网可以参照。按图 5－6 所示，找到诊断口位置和连接电路。连接 BMS 开始上低压电，检查诊断口 12（动力网 CAN–H）的电压应为 2.5 ～ 3.5V，诊断口 13（动力网 CAN–L）的电压应为 1.5 ～ 2.5V。查找维修资料的动力网电路图，如图 5－7 所示。下电后，断开插接器 BK51，分别测量 BK51/17 和诊断口 G03/12 及 BK51/10 和 G03/13 之间的阻值，阻值应小于 1Ω，否则检修线束。动力网的终端电阻通常安装在 BMS 和网关里面，断开 BK51 插接器，检查 BK51/17 和 BK51/10 之间的电阻，应为 120Ω 左右。

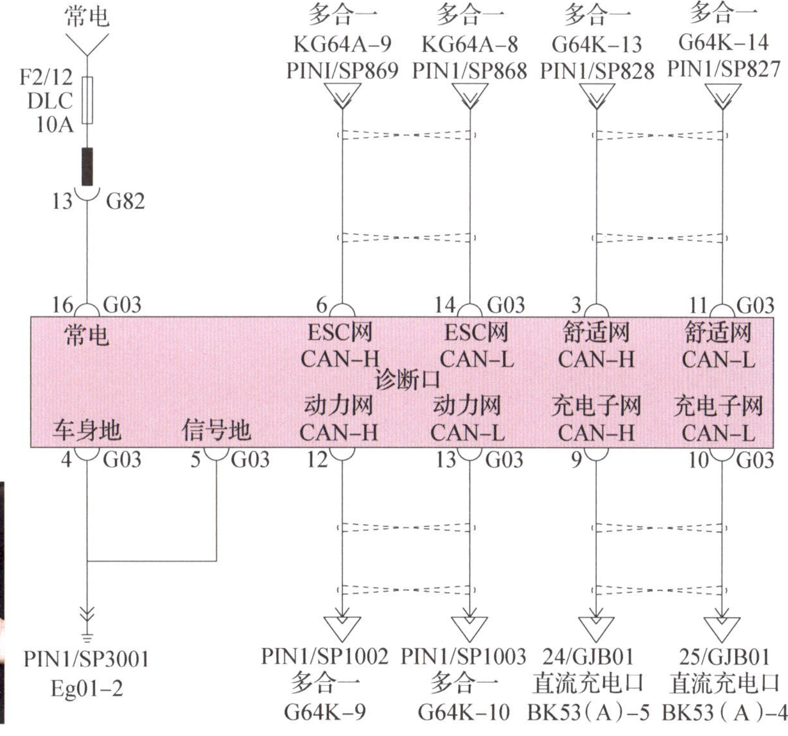

图 5－6　诊断口位置及连接电路

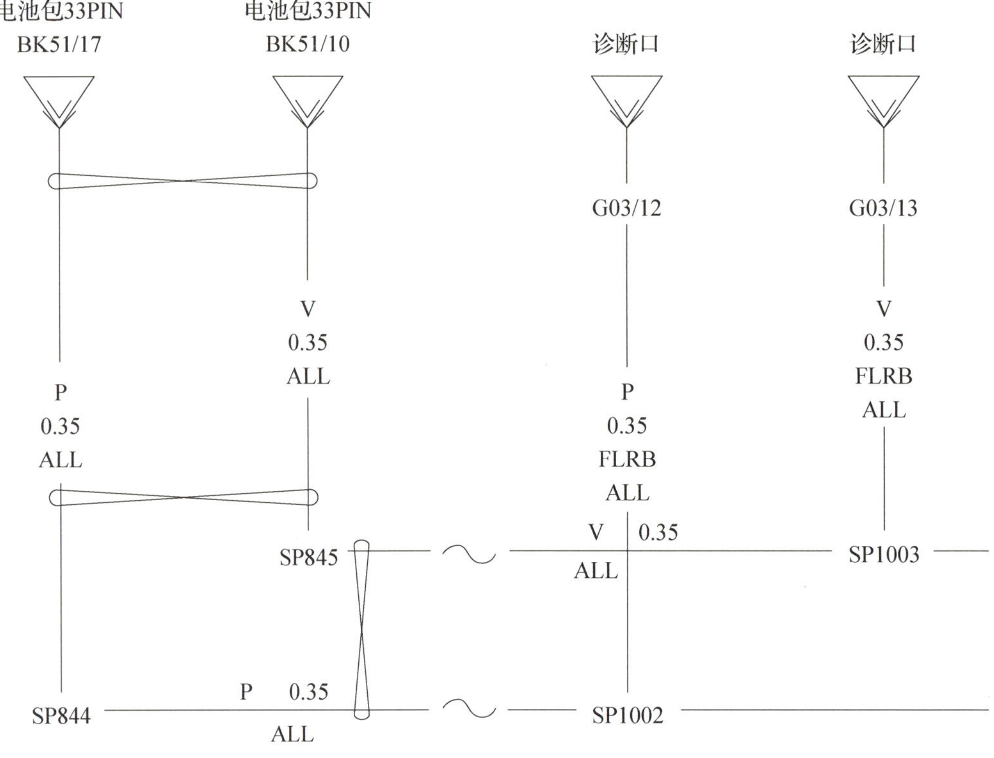

图 5－7　动力网电路（局部）

四、动力电池管理系统的更换

若确认动力电池管理系统有问题，导致车辆不能运行，以比亚迪秦 EV 为例，可按以下步骤进行拆卸和更换。

（1）将车辆退电至 OFF 挡，拆下等待 5min。

（2）打开前舱盖。

（3）拔掉动力电池管理系统上连接的动力电池采样线和整车低压线束插接器。动力电池管理系统位置如图 5－8 所示。

（4）将车辆举升到适当的高度，在车辆底部用 8 号套筒拆卸动力电池管理系统的四个固定螺栓，如图 5－9 所示。

（5）更换动力电池管理系统，插上动力电池采样线和整车低压线束插接器。

（6）用 8 号套筒拧紧动力电池管理系统的四个固定螺栓。

（7）整车上电再次确认问题是否解决，如已解决则可结束维修。

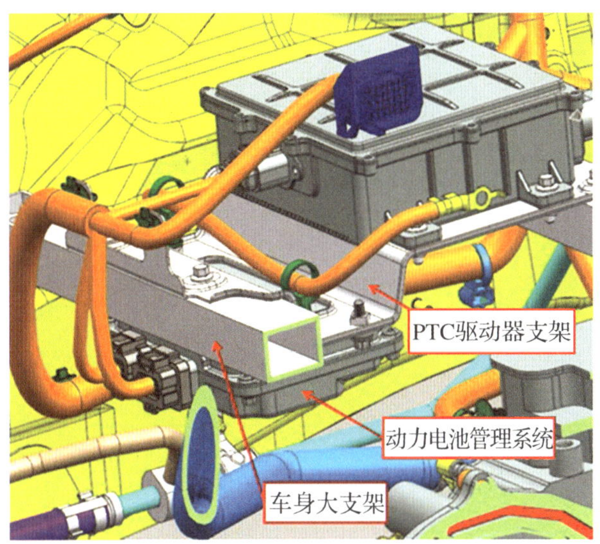

图 5-8 比亚迪秦 EV 动力电池管理系统位置示意图

素养微课堂：汽车品牌

2024 年 5 月，比亚迪发布了第五代 DM 技术以及秦 L DM-i、海豹 06 DM-i 两款车型。比亚迪第五代 DM 技术可实现高达 46.06% 的发动机热效率，且车辆百公里亏电油耗仅为 2.9L，综合续航达到 2 100km。

图 5-9 拆卸动力电池管理系统的四个固定螺栓

任务小结

本任务主要介绍了新能源汽车动力电池管理系统，通过学习，学生应该掌握动力电池管理系统的功能、组成和工作原理。能根据维修手册和电路图，查找动力电池管理系统的部件位置；能对动力电池管理系统总成部件进行拆装、调试、维护等操作。

新能源汽车动力电池管理系统的检修

学习目标

知识目标：1. 掌握动力电池管理系统采集的信号种类；

2. 掌握动力电池管理系统对接触器的控制策略；

3. 掌握漏电传感器的功能与工作原理。

能力目标：1. 能通过诊断仪对动力电池管理系统进行检测；

2. 能对动力电池管理系统相关功能和线路进行检修诊断。

素养目标：1. 培养工作中的安全意识；

2. 培养工作中的环保意识。

建议学时

6 个学时。

任务情境

一辆比亚迪秦纯电动轿车停放一段时间后发现无法上电行驶，需要你对其进行检查和维修。

知识介绍

一、动力电池管理系统接收温度信号的作用

动力电池的温度是判断动力电池能否正常使用的关键性参数之一，如果动力电池的温度超过一定范围，有可能造成动力电池的电量供应不稳定和不可恢

复性破坏。动力电池模组之间的温度差异还会造成动力电池模组中单体电池之间的不均衡，从而造成动力电池寿命的降低。

如图 6－1 所示，温度采样线将采集到的信号传输给 BMS 或温度传感器，有的汽车中没有与温度传感器相关的电路，其信号是动力电池包通过 CAN 线传输给 BMS 的。采用温度采样线采集单体电池的温度信号，通常是采用 NTC（负温度系数电阻）来采样。

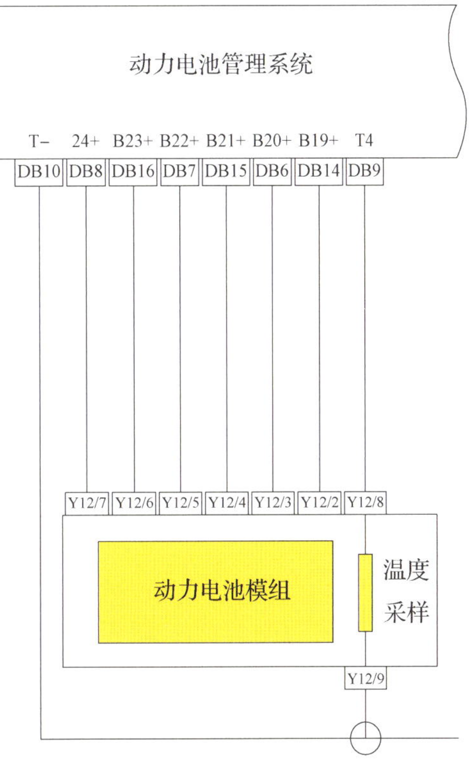

图 6－1　动力电池模组的采样电路

单体电池的温度范围在 0 ～ 55 ℃，才可以充电，当有某点温度高于 55℃或低于 0℃时，动力电池管理系统将自动切断充电回路，此时将无法充电。动力电池管理系统根据采样温度，进行如下的控制。

（1）充电状态下，如果动力电池过热一般报警，即动力电池温度 65 ℃ ≤ T <70℃，动力电池管理系统会进行如下控制：控制充电设备降低当前充电电流；控制大功率设备（驱动电机、空调压缩机和 PTC）减小当前电流；让仪表盘显示报警信息。

素养微课堂：汽车名人

所有的机遇都是从困惑开始的。

——徐小平（大国工匠）

（2）充电状态下，如果动力电池过热严重报警，即动力电池温度 T ≥ 70℃，动力电池管理系统会进行如下控制：控制充电设备关断充电，直到清除报警；控制大功率设备停止用电；控制延迟一定时间切断主接触器、负极接触器；控制仪表盘指示灯点亮，仪表盘显示报警信息。

（3）充放电状态下，如果动力电池低温一般报警，即动力电池温度 −20℃≤ T <−10℃，动力电池管理系统会限功率充电，仪表盘显示报警信息。

（4）充放电状态下，如果动力电池低温严重报警，即动力电池温度 T <−20℃，动力电池管理系统也会限功率充电，仪表盘显示报警信息。

有的动力电池带有加热系统，在充电前检测箱体内部温度，若有低于 0℃的温度点，启动加热模式，闭合加热片，进行加热内循环，待所有单体电池温度高于 5℃，停止加热；启动充电程序，过程中加热片温度差高于 20℃，则间歇停止加热，待加热片温度差低于 15℃，则重新开始加热。加热过程中，正常情况下充电桩电流显示为 4 ～ 6A。

二、动力电池管理系统接收电压信号的作用

动力电池内部一般配备接触器和动力电池信息采集器（BIC），动力电池管理控制器（BMC）通过电平信号控制接触器通断，通过 CAN 与 BIC 通信接收动力电池模组基本信息。电压是判断动力电池模组好坏的重要依据，系统要求能得到动力电池模组在同一时刻的电压值变化参数，通过算法来找出有问题的动力电池模组，因此电压的采集精度要求比较高。动力电池管理系统的电压采集电路如图 6－2 所示。动力电池管理系统通过 CAN 线采集单体电池电压信号，监控动力电池放电和充电时单体电池电压，进行如下控制。

（1）放电状态时，如果单体电池电压一般过低，即 $2.5V < U < 2.75V$（标准值为 3.3V），动力电池管理系统通过 CAN 和相关系统让大功率设备（驱动电机、空调压缩机和 PTC）减小当前电流，限功率工作；仪表盘显示报警信息。电压低于 2.5V 时，SOC 显示为 0。

（2）放电状态时，如果单体电池电压严重过低，即 $U \leqslant 2.5V$，动力电池管理系统通过 CAN 和相关系统让大功率设备（主电机、空调压缩机和 PTC）停止放电；延迟一定时间切断主接触器，断开负极接触器；仪表盘指示灯点亮；仪表盘显示报警信息。

（3）充电状态时，如果单体电池电压一般过高，即 $3.8V \leqslant U < 3.9V$，动力电池管理系统禁止动力电池充电，仪表盘显示报警信息，电压达到一定值时，SOC 修正为 100%，电机能量回馈禁止。

（4）充电状态时，如果单体电池电压严重过高，即 $U \geqslant 3.9V$，动力电池管理系统延迟一定时间，断开预充接触器，断开负极接触器，禁止充电；仪表盘指示灯点亮；仪表盘显示报警信息。

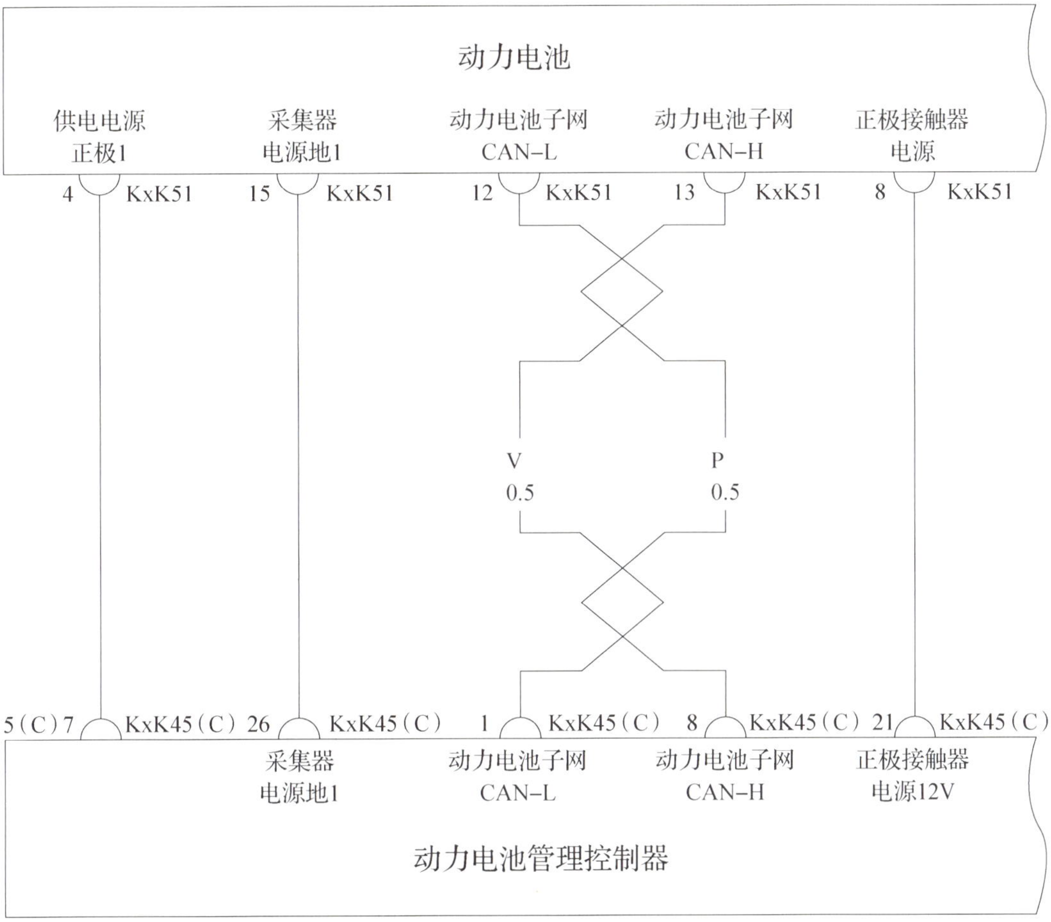

动力电池

供电电源正极1　采集器电源地1　动力电池子网CAN-L　动力电池子网CAN-H　正极接触器电源

4 KxK51　15 KxK51　12 KxK51　13 KxK51　8 KxK51

V 0.5　P 0.5

5(C)7 KxK45(C)　26 KxK45(C)　1 KxK45(C)　8 KxK45(C)　21 KxK45(C)

采集器电源地1　动力电池子网CAN-L　动力电池子网CAN-H　正极接触器电源12V

动力电池管理控制器

图 6-2　比亚迪 e5 动力电池管理系统的电压采集电路

三、动力电池管理系统接收电流信号的作用

在动力电池充放电过程中，动力电池管理系统可以通过霍尔电流传感器，实时采集动力电池模组中每块单体电池的充放电电流，防止电池发生过充电或过放电现象。此外，依靠霍尔电流传感器，动力电池管理系统还能检测电池用电状况，有效杜绝出现电池漏电、绝缘受损以及局部短路的情况，进而挑选出有问题的电池，保持整组电池运行的可靠性和高效性。在电动汽车和混合动力电动汽车中，霍尔电流传感器主要用在动力电池系统、电机系统及充电系统。

霍尔电流传感器可以直接将磁环感应部件套在高压正极或负极母线上。如图 6-3 所示，根据霍尔效应，从霍尔元件的控制电流端通入电流 I_p，并在霍尔元件平面的法线方向上施加磁感应强度为 B 的磁场，那么在垂直于电流和磁场方向（即霍尔输出端之间），将产生一个电势 V_H，称为霍尔电势，其大小正比于通入电流 I_p，最终通过相关电路输出一个信号电压 V_{out}，该电压的大小随 I_p 的变化而成正比变化，因此可以计算得出 I_p 的大小。

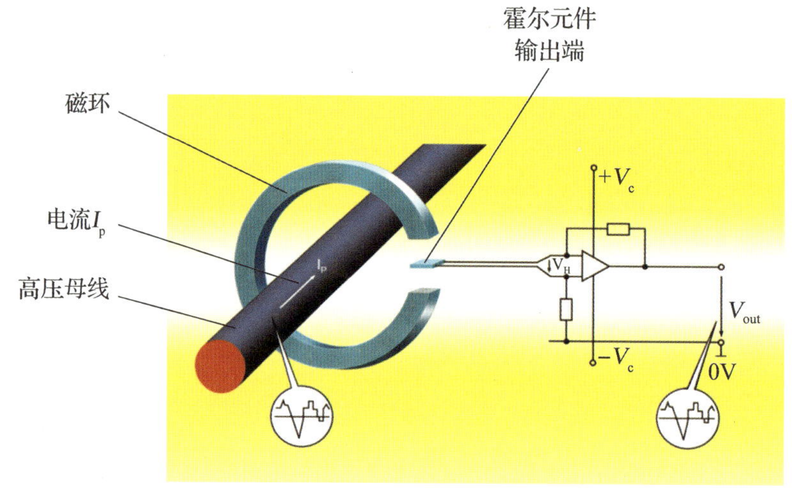

图 6－3　霍尔电流传感器的工作原理图

四、动力电池管理系统收集碰撞信号的作用

1. 碰撞保护

当车辆发生碰撞，动力电池管理系统检测到碰撞信号大于一定阈值时，会切断高压系统主回路的电气连接，同时通知驱动电机控制器激活主动泄放，从而使发生碰撞时的短路危险、人员电击危险降到最低。在充电状态下，动力电池管理系统接收安全气囊系统的碰撞信号后，会立即断开主接触器、分压接触器。

2. 主动泄放

驱动电机控制器中含有主动泄放回路，当检测到车辆发生较大碰撞、高压回路中某处插接器存在拔开状态或高压电控部件存在开盖情况时，可在 5s 内将高压回路直流母线电压泄放到 60V 以下，迅速释放危险电能，最大限度保证人员安全。

3. 碰撞传感器电路

碰撞传感器可将汽车碰撞的强度转换为相应的电压信号，安全气囊电子控制单元可根据碰撞传感器的信号强弱来判断汽车的碰撞强度，并做出相应的控制。碰撞传感器有压敏电阻式、电阻应变计式、压电效应式等不同的结构形式，目前汽车上采用较多的是压敏电阻式碰撞传感器。压敏电阻式碰撞传感器的传感元件是受力变形后电阻值会相应改变的电阻应变片，电阻应变片通过改变其电阻值来改变其输出电压。很多车辆在汽车前横梁（见图 6－4）、前纵梁、左右前立柱等处安装了碰撞传感器。

图 6－4　前横梁碰撞传感器

五、动力电池管理系统对接触器的控制策略

新能源汽车上常用的接触器通常包括在高压电控总成的接触器和在动力电池包内的接触器。动力电池包内的接触器电路如图 6－5 所示，它由若干接触器和控制线路组成，动力电池管理系统根据工作模式要求控制动力电池包的通断，工作模式主要包含五种。为了检测接触器开关是否烧结短路，有的动力电池管理系统对接触器有烧结检测信号。

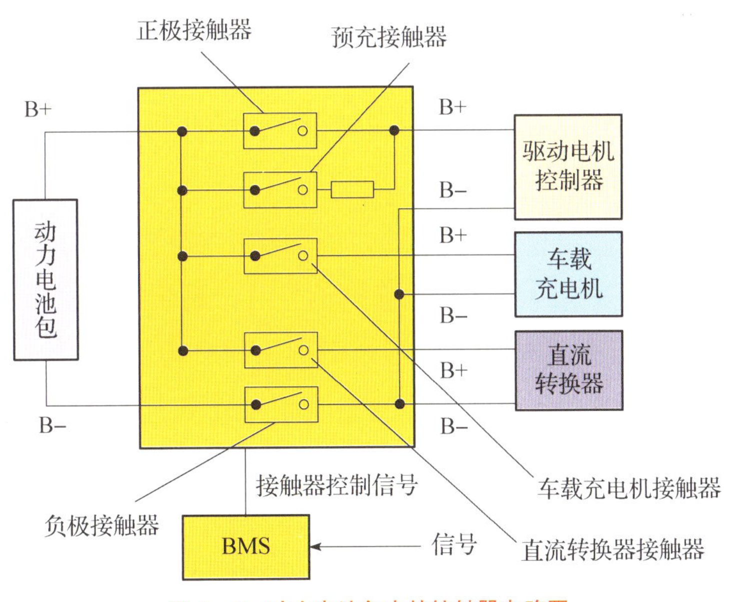

图 6－5　动力电池包内的接触器电路图

1. 下电模式

下电模式是整个系统的低压与高压部分处于不工作状态的模式。在下电模式下，动力电池管理系统控制的所有高压接触器均处于断开状态，低压蓄电池处于不供电状态。下电模式也属于省电模式。

2. 准备模式

在准备模式下，系统所有的接触器均处于未吸合状态。在该模式下，系统可接收外界的点火开关、整车控制器、驱动电机控制系统、充电插头开关等部件发出的信号或 CAN 报文控制的低压信号来驱动控制各高压接触器，从而使动力电池管理系统进入所需工作模式。

3. 放电模式

当动力电池管理系统监测到点火开关的高压上电信号（Key-ST 信号）后，系统首先闭合负极接触器，由于驱动电机是感性负载，为防止过大的电流冲击，负极接触器闭合后即闭合预充接触器进入预充电状态；当预充电容两端电压达到母线电压的 90% 时，立即闭合正极接触器并断开预充接触器，进入放电模式。目前轿车常用低压电源由 12V 的蓄电池提供，不仅可为低压控制系统供电，还需为助力转向电动机、刮水器电动机、安全气囊及后视镜调节电动机等提供电源。为保证低压蓄电池能持续为整车控制系统供电，低压蓄电池需有充电电源，开启直流转换器接触器即可满足这一需求，因此，当动力电池系统处于放电状态时，正极接触器闭合后即闭合直流转换器接触器，以保证低压蓄电池持续供电。

4. 充电模式

当动力电池管理系统检测到充电唤醒信号时，系统进入充电模式。在该模式下，负极接触器与车载充电机接触器闭合，同时为保证低压蓄电池持续供电，直流转换器接触器仍需处于工作状态。在充电模式下，系统不响应点火开关发出的任何指令，充电插头提供的充电唤醒信号可作为充电模式的判定依据。对于磷酸铁锂电池，由于其低温下不具备很好的充电特性，甚至还伴随有一定的危险性，因此基于安全考虑，还应在系统进入充电模式之前对系统进行一次温度判别。当动力电池温度低于 0℃时，系统进入充电预热模式，此时可通过接通直流转换器接触器对低压蓄电池进行供电，并为预热装置供电以对动力电池组进行预热。当动力电池内的温度高于0℃时，系统可进入充电模式，闭合负极接触器。

无论是在充电模式还是在放电模式，动力电池的电压不均衡与温度不均衡将极大地妨碍动力电池性能的发挥。在充电模式下，极易出现电压、温度不均衡的情况，充电过程中可通过电压比较及控制电路使得电压较低的单体电池充电电流增大，电压较高的单体电池充电电流减小，进而实现电压均衡。温度的不均匀性会大大降低动力电池组的使用寿命，因此，当单体电池温度传感器监测出各单体电池温度不均衡时，可选择强制风冷的方式，实现动力电池内气流的循环流动，以实现温度均衡。

5. 故障模式

故障模式是系统中常出现的一种状态。由于车用动力电池的使用关系到车上人员人身安全，因而系统对于各种响应模式总是采取“安全第一”的原则。动力电池管理系统对于故障的响应还需根据故障等级而定。当故障级别较低时，系统可采取报错或者发出报警信号的方式告知驾驶人；当故障级别较高，甚至伴随有危险时，系统将采取断开高压接触器的控制策略。低压蓄电池是整车控制系统的供电来源，无论是处于充电模式、放电模式还是处于故障模式，闭合直流转换器接触器都可使低压蓄电池处于充电模式，从而保证低压控制系统正常工作。

六、漏电传感器的功能与工作原理

1. 漏电传感器的功能

漏电传感器主要监测和动力电池输出相连接的正极或负极母线与车身之间的绝缘电阻，判定高压系统是否存在漏电。漏电传感器含有CAN通信功能，它将漏电数据信息通过CAN信号发送给动力电池管理系统，采取相应保护措施，见表6－1。漏电传感器安装在高压电控总成内，如图6－6所示。它主要由漏电传感器控制盒、动力电池直流母线、漏电传感器低压线路组成。

表 6－1　比亚迪秦 EV 绝缘阻值 *R* 的检测标准

<table>
<tr><th>R（Ω/V）</th><th>漏电状态</th><th colspan="2">措施</th></tr>
<tr><td>R ＞ 500</td><td>正常</td><td colspan="2">无</td></tr>
<tr><td>100 ＜ R ＜ 500</td><td>一般漏电报警</td><td colspan="2">记录保存故障码，此时仪表盘指示灯亮，报动力系统故障</td></tr>
<tr><td rowspan="3">R≤100</td><td rowspan="3">严重漏电报警</td><td>行车中</td><td>仪表盘指示灯亮，断开主接触器、分压接触器、动力电池包内接触器和负极接触器</td></tr>
<tr><td>停车中</td><td>禁止上电；仪表盘指示灯亮，报动力系统故障</td></tr>
<tr><td>充电中</td><td>断开交流充电接触器、分压接触器、动力电池包内接触器和负极接触器；仪表盘指示灯亮，报动力系统故障</td></tr>
</table>

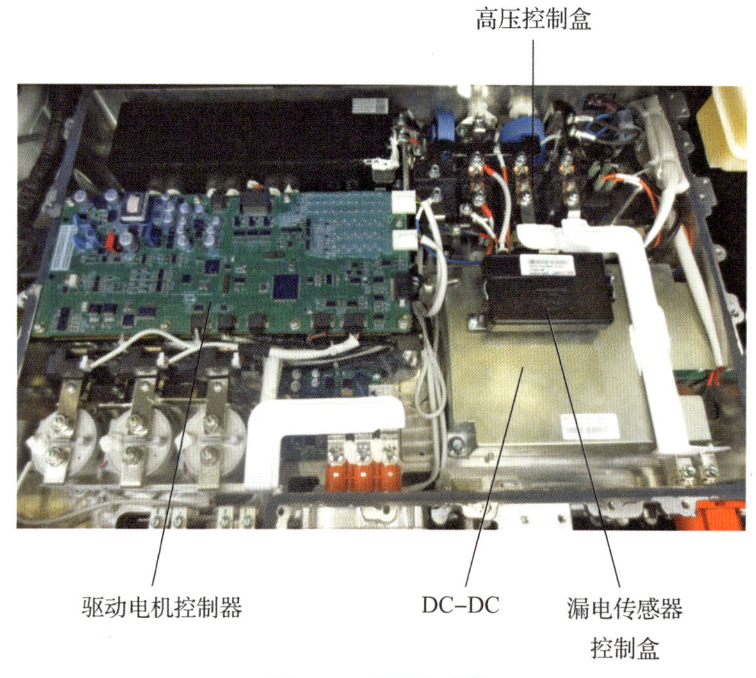

图 6－6　漏电传感器

2. 漏电传感器的工作原理

漏电传感器通过霍尔式平衡原理监测负载电路中的电流变化。如图 6－7 所示，从动力电池流出的电流 I_+，流经全部负载后，返回负极直流电路，此时电流为 I_-，当漏电支路没有接地电路时，$I_+=I_-$。漏电传感器不输入漏电信号给动力电池管理系统，动力电池正常工作。

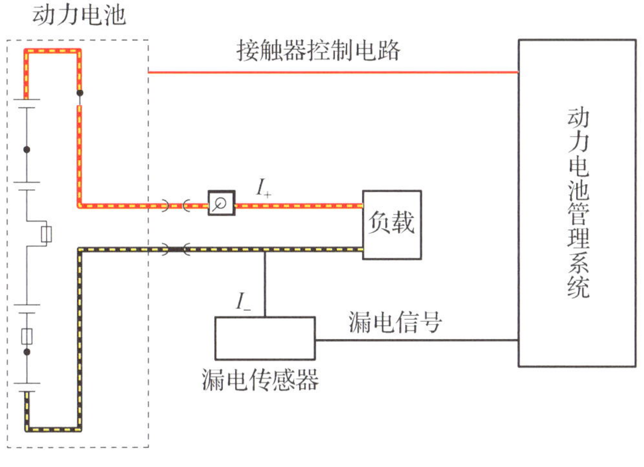

（a）不漏电

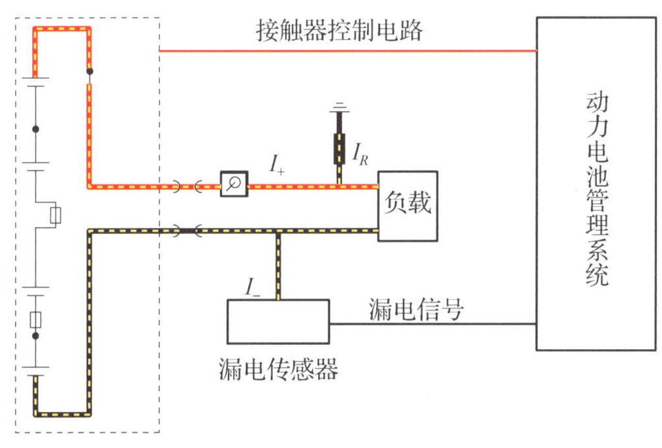

（b）漏电

图 6－7　漏电传感器检测原理

当发生接地故障时，假设接在正极母线上的支路经电阻 R 接地，接地电流为 I_R，则 $I_+=I_-+I_R$，流经漏电传感器的电流大小不等，漏电传感器输出一个反映该差值 I_R 大小和方向的信号，据此判断出接地电阻的大小和接地支路的极性。

3. 漏电传感器的电路

比亚迪 e5 漏电传感器电路如图 6－8 所示。该传感器有七条接线：一条连接动力电池负极母线，一条连接内部负极线，一条连接来自 F2/32 15A 熔断器的“双路电”，一条连接搭铁线（GND），一条用于向动力电池管理系统传感器传送严重漏电信号，两条连接动力网的网络通信线 CAN–H 和 CAN–L。

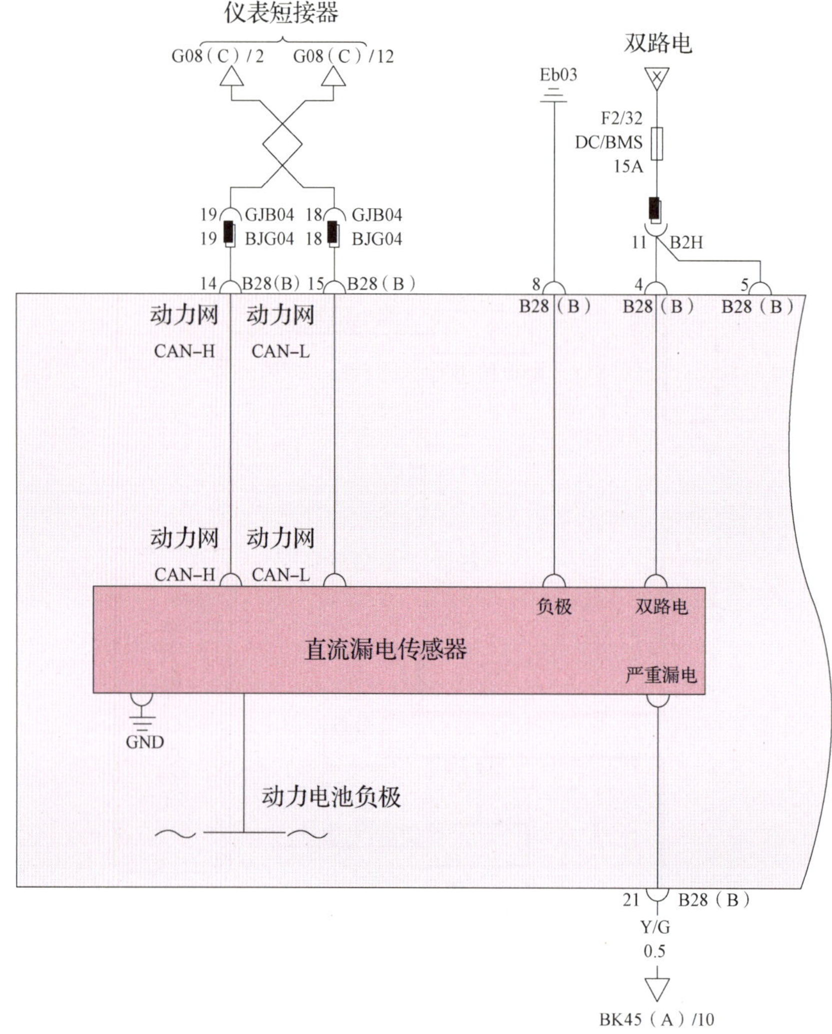

图 6－8　比亚迪 e5 漏电传感器电路

任务实施

一、实训前准备

（1）做好安全防护。

（2）工具及设备准备。新能源汽车专用工具套装（带绝缘拆装工具）、故障诊断仪、绝缘手套、数字万用表及测量线、车身和车内防护套装、带有接触器的实训台架等。

（3）准备好实训车辆的维修资料。

二、动力电池管理系统部分常见故障的诊断

动力电池管理系统出现电压异常、温度异常、绝缘故障、预充电故障等，可以参照表 6－2 进行检测。通过故障诊断仪可以读取数据流，通过查看数据流中满电次数、荷电状态、动力电池当前总电压、动力电池当前总电流、最大允许充电功率、充电次数、最大允许放电功率、累计充电电量、累计放电电量、预充状态、负极接触器状态、预充接触器状态、主接触器状态、充电接触器状态、正极接触器状态等数据，可以推断故障的方向。

表 6－2　动力电池管理系统部分常见故障的检测方法

常见故障	故障范围	检测方法
电压异常	动力电池电压过低	检测实际电压，与监测电压进行比较
	线路终端连接不良导致的电压采集不准确	检测采样线是否松动或接触不良
	电压采样线无法对电阻进行准确测量	检查电压采样线阻值等
	电路板故障无法监测实际电压	比较实测电压与采集电压是否一致
温度异常	温度传感器故障导致单个温度数据丢失	检测是否连接松动或线路脱落
	BMS 无法准确收集温度数据	检测控制线束、转接头是否处于正常状态，若正常，则为硬件问题
绝缘故障	动力电池或其他高压部件漏电	断电后使用兆欧表进行部件实测
	漏电传感器无法将绝缘阻值传输到 BMS 进行绝缘判断	检测是否连接松动或线路脱落
预充电故障	外部高压部件损坏	分段实施检查高压接线盒
	主板无法及时关闭预充继电器	检查预充继电器的实际电压是否正常
	熔断器或预充电阻断路导致线路故障，预充失败	检查熔断器或预充电阻的通断情况

三、温度传感器和电压传感器的检查

图 6－9 所示为动力电池模组的采样线，温度采样线和电压采样线不同，电压采样线只需要用导线连接单体电池即可以采集单体电池的电压，而温度采样线需要温度传感器才能采样，温度传感器采用了两条连接线。

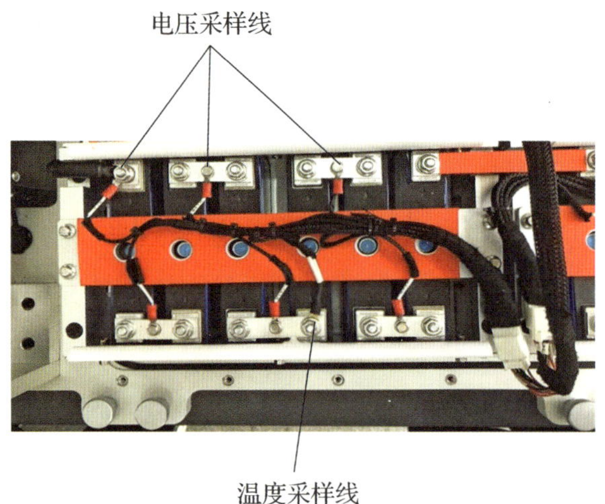

图 6－9　动力电池模组的采样线

（1）检查电压采样线。检查所有电压采样线固定是否松动，检查导线是否折断，导线和连接垫圈之间是否松动。在断电的情况下，检查电压采样线是否断路和短路。电压采样线到传感器之间的阻值应小于 1Ω。检查电压采样线之间是否相互短路，分别测量电压采样线与其他导线和搭铁之间阻值，应大于 10MΩ。

（2）检查温度传感器。温度传感器体积极小，它安装于温度采样线端头，并和单体电池极柱接触。在温度值相同的情况下，检查所有温度传感器电阻，阻值不能偏大或偏小。在断电的情况下，检查温度采样线是否断路和短路。

（3）检查传感器的电源电路和通信电路。传感器工作正常才能保证正常采集电压和温度信号，传感器通信正常才能将采集到的信号传送给动力电池管理系统。

四、电流传感器的检查

电流传感器出现故障后，仪表盘显示的 SOC 值不准确，有可能显示为 100%。电流传感器一般安装在电控总成里面，如图 6－10 所示。比亚迪 e5 电流传感器电路如图 6－11 所示。电流传感器有三条连接线连接 BMS。

（1）BMS BK45（A）/27 给电流传感器提供 15V 电源。上电后，在高压控制盒低压插接器 B28（B）/16 处检查电压，应为 15V 左右，否则检查 BMS。

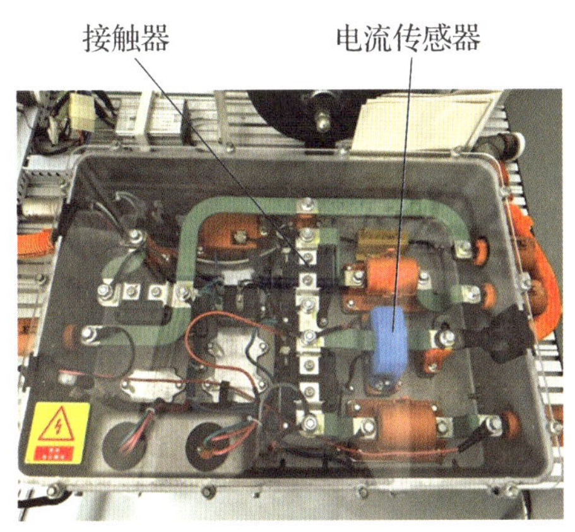

图 6－10　电流传感器安装位置

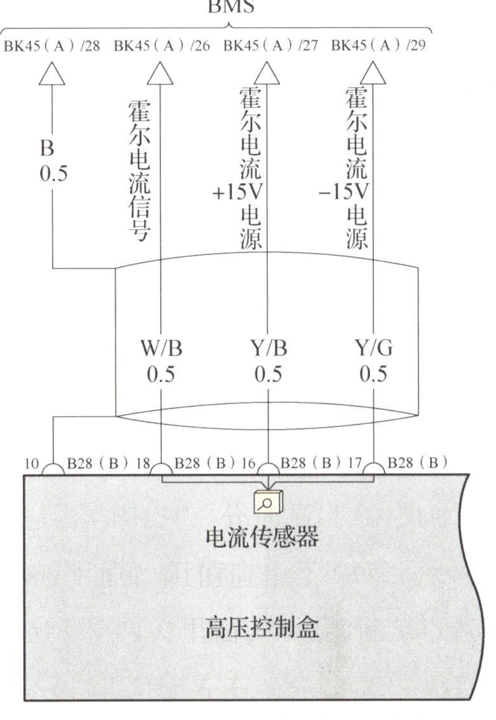

图 6－11　比亚迪 e5 电流传感器电路

（2）断电后，断开高压控制盒低压插接器 B28（B），断开 BMS BK45（A）。分别测量 BMS BK45（A）/26 和高压控制盒 B28（B）/18、BMS BK45（A）/27 和高压控制盒 B28（B）/16、BMS BK45（A）/29 和高压控制盒 B28（B）/17 之间的阻值，都应小于 1Ω，否则说明线束有断路，需要检修或更换。分别检查 B28（B）/16、B28（B）/17、B28（B）/18 与其他端子、搭铁之间的阻值，应大于 10kΩ，否则说明线束有短路，需要检修或更换。

（3）电流传感器线束上有屏蔽线，检查屏蔽线是否有破损。

五、碰撞信号的检查

比亚迪秦 EV 安全气囊电子控制单元（SRS ECU）接收右前碰撞传感器、右侧碰撞传感器、右后侧（后立柱）碰撞传感器、右后碰撞传感器、左前碰撞传感器、左后碰撞传感器、左后侧（后立柱）碰撞传感器、左侧碰撞传感器等的信号，将上述信号处理后使用单独的连接线分别将碰撞信号传送给 BMS、“多合一”、驱动电机控制器、整车控制器，上述电路的局部如图 6－12 所示。

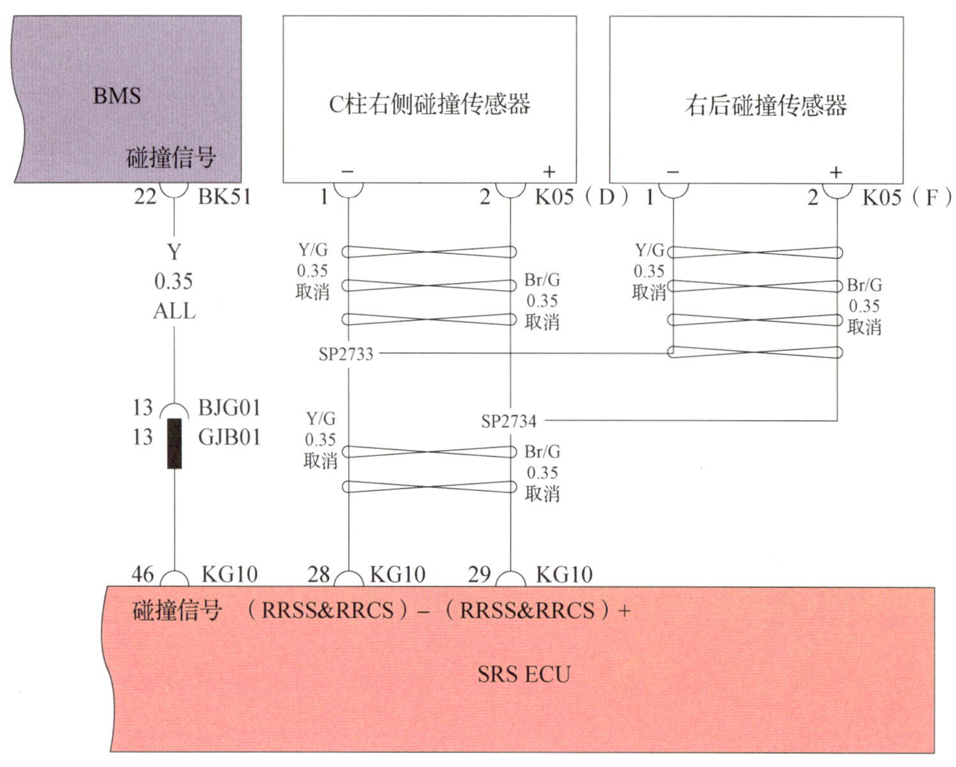

图 6－12　比亚迪秦 EV BMS 碰撞信号电路图

（1）在断电的情况下，断开 BMS 插接器 BK51，断开 SRS ECU 的插接器 KG10，检查 BK51/22 和 KG10/46 之间的电阻，应小于 1Ω。如果阻值过大，检查该线束之间的插接器 BJG01 和 GJB01 是否松动。

（2）如果出现某碰撞传感器的故障码，出现右后碰撞传感器对地短路的故障，可以断开传感器插接器 K05（F）和 SRS ECU 插接器 KG10，检查右后碰撞传感器和 SRS ECU 之间的线束是否相互短路，是否对地短路。

（3）在检修安全气囊故障时，要断开整车电源，在测量相关线束阻值时，要拔掉相关模块，切勿用数字万用表直接测量安全气囊模块，因为数字万用表内有电流及电压，会导致安全气囊误触发。

六、接触器的检查

图 6－13 所示为接触器控制电路。比亚迪 e5 等新能源汽车在高压电控总成内通常有五个接触器，分别是主接触器、交流充电接触器、直流正极接触器（图 6－13 中为直流充电接触器 +）、直流负极接触器（图 6－13 中为直流充电

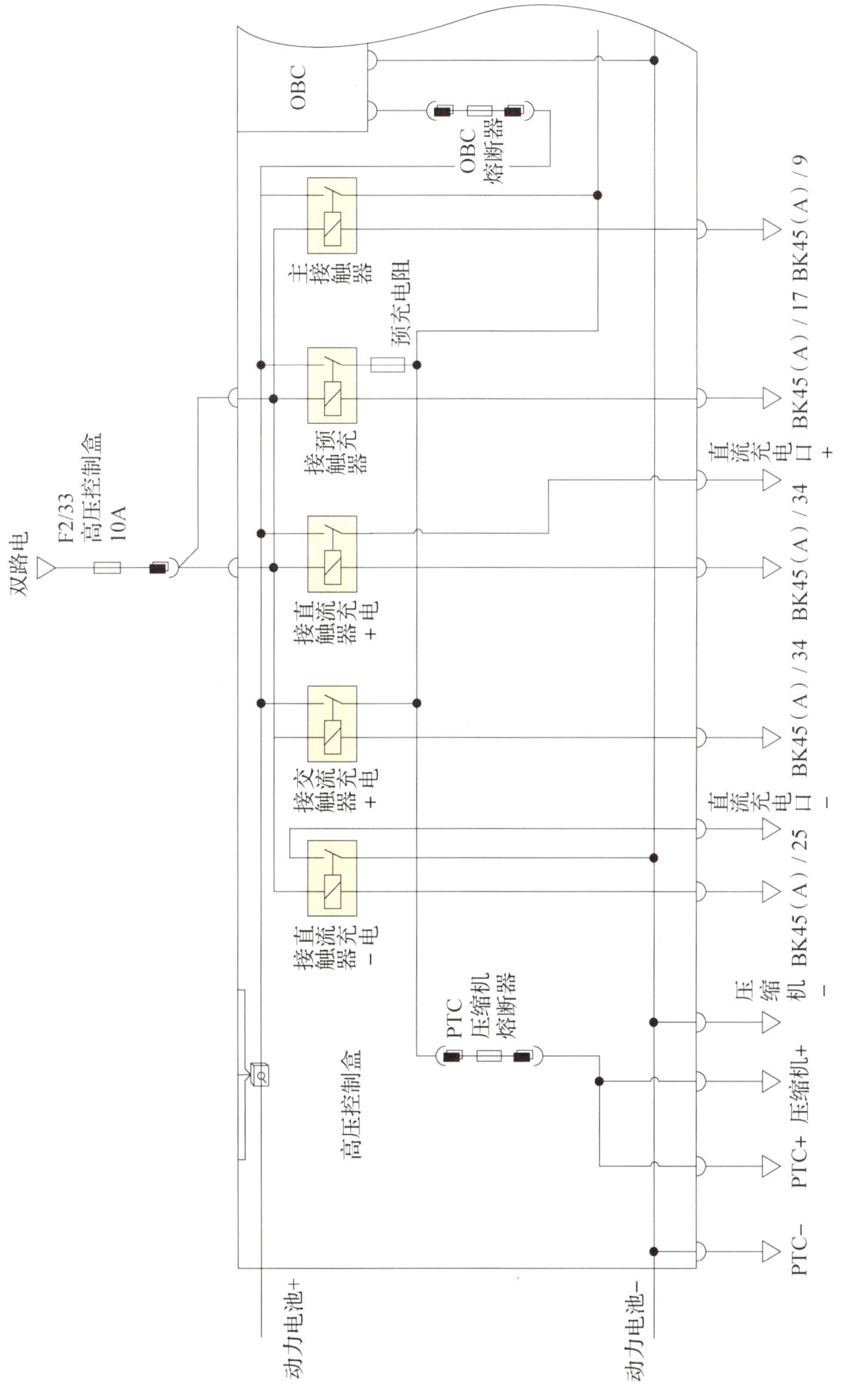

图 6－13　接触器控制电路

接触器 -）、预充接触器。比亚迪 e5 等新能源汽车动力电池包内有正极接触器、负极接触器、两个分压接触器，分压接触器影响动力电池模组是否可以串联，这四个接触器都有控制端子和电源端子，伸出动力电池包八条线，分别连接到 BMS。BMS 通过控制线连接动力电池包内的接触器，如果控制线断路或其他故障，将会引起动力电池包内的接触器工作异常。

以下以预充接触器为例，介绍其检测方法。预充接触器的触点下游串联了预充电阻，如图 6 - 14 所示。为方便预充电阻散热，通常预充电阻都带有散热片。

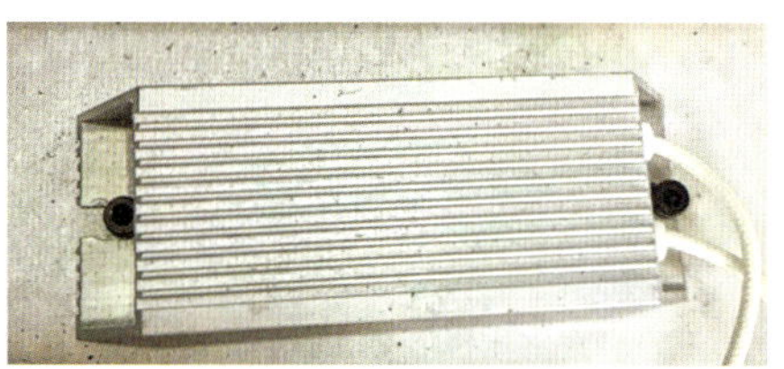

图 6 - 14　预充电阻

检查接触器时需要下高压电，验证高压电完全下电才可进行操作。如图 6 - 15 所示，检查接触器固定是否松动，外壳是否裂开。检查接触器高压连接线、低压连接线是否松动。

图 6 - 15　检查接触器

检查预充接触器开关输入极与电控总成输入正极之间的阻值，应小于 1Ω。检查并记录预充接触器开关输出极与电动压缩机和 PTC 正极之间的阻值，应为 10 ～ 100Ω，此阻值为预充电阻的阻值。

在预充接触器线圈的正极和负极上施加 12V 电源，正极可以在 F2/33 熔断器上施加，负极可以在插接器 BK45（A）/17 上施加。检查电控总成输入正极与电动压缩机和 PTC 正极之间的阻值，应为 10 ～ 100Ω，并且阻值和上一步测量的阻值基本相同，否则说明预充接触器损坏，需要更换。

七、高压绝缘的检查

纯电动汽车高压部分漏电会使动力电池剩余电量（SOC）下降变快，BMS 会报出“严重漏电”等相关的故障码；混合动力电动汽车还会因为高压部件漏电而停止使用纯电功能，仪表盘会报出“ EV 功能受限”等类似故障提示。当出现严重漏电故障时，通过诊断仪表盘查看是 ON 挡漏电，还是车辆上电以后

漏电，在 ON 挡时，高压部件工作的部分主要是动力电池；车辆上电以后，高压部件基本上都工作。

若车辆是上 OK 电后才漏电的，可以使用排除法，依次检查空调电动压缩机、PTC 加热器、车载充电机、驱动电机、驱动电机控制器等的绝缘电阻，通常绝缘电阻大于 1MΩ 为正常。

当出现“高压继电器闭合的前提下，绝缘故障”“高压继电器断开的前提下，绝缘故障（严重）”等故障时，可以按以下的步骤检修。

（1）关闭点火开关，断开蓄电池负极电缆（使用胶布包裹），高压下电。

（2）断开维修开关或维修隔离开关，等待 5min 使静电电压下降。

（3）验电。戴上绝缘手套，用数字万用表检查正极母线和负极母线的电压，电压值应该小于或等于 5V，否则继续等待。

（4）检测高压部分的绝缘阻值。分段检测高压部分的绝缘阻值，排除绝缘故障位置。如图 6－16 所示，断开直流充电口到动力电池的插接器，分别在插座与插头端做如下测量：将绝缘电阻测试仪的挡位调到 1 000V，分别测量“快充＋”“快充－”与车身接地之间的电阻，电阻不能小于 20MΩ，否则修理或更换高压线束。按照此方法，依次检查交流充电高压线、动力电池母线、驱动电机上高压线等，最终确定故障位置。

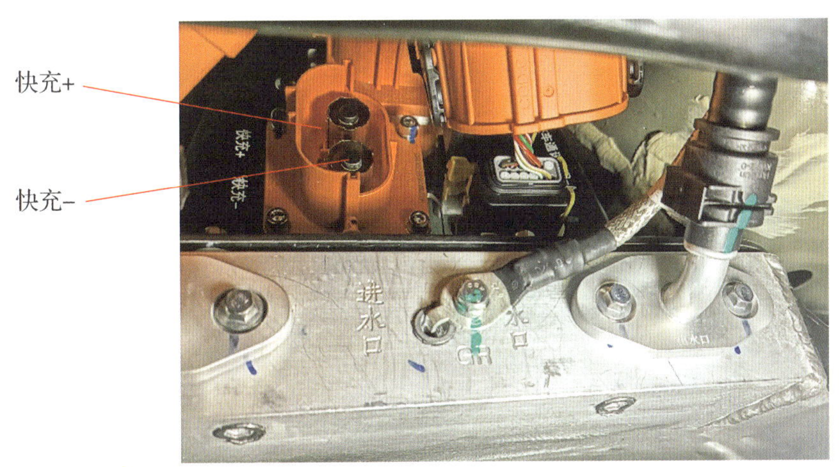

图 6－16　直流充电线束插接器

（5）如果上述检查未发现故障，可能是漏电传感器故障，检查漏电传感器与动力网通信是否正常，线束是否存在接触不良或其他故障。检查漏电传感器电路，电源线和搭铁线之间的电压是否正常。检查漏电传感器和 BMS 之间的信号线有无短路或断路的故障。

任务小结

本任务主要介绍了新能源汽车动力电池管理系统的检修，通过学习，学生应该掌握动力电池管理系统采集的信号种类，能通过故障诊断仪对动力电池管理系统进行检测，能对动力电池管理系统相关功能和线路进行检修诊断。

新能源汽车动力电池热管理系统的认知

学习目标

知识目标：1. 掌握动力电池发热的原因；
2. 掌握动力电池热管理系统的功能；
3. 掌握动力电池热管理系统的组成。

能力目标：1. 能检查冷却液的液位；
2. 能检查冷却液的冰点；
3. 能更换冷却液；
4. 能对冷却液进行排空作业。

素养目标：1. 培养工作中的安全意识；
2. 培养工作中的环保意识。

建议学时

6 个学时。

任务情境

一辆比亚迪秦纯电动轿车在维护中发现动力电池冷却液液位较低。车主反馈不久前添加过冷却液，怀疑动力电池热管理系统存在漏冷却液的可能，需要你对其进行检查和维修。

知识介绍

动力电池热管理系统的认知

一、动力电池发热的原因

动力电池是为新能源汽车提供能量的电力储存和供给系统。目前用于新能源汽车的锂离子电池原材料主要为磷酸铁锂和三元锂两种类型，锂离子电池的特点是高能量、高功率、高密度、高倍率，部分荷电状态下可多次循环使用，工作温度范围宽（一般要求在 -30 ～ 65℃），使用寿命长，安全可靠等。

动力电池在正常工作时也会产生一定的热量，需要借助热管理系统进行调节以保证动力电池在合适的温度范围内工作，动力电池主要在放电和充电工作过程中会产生较大的热量。

1. 放电发热

当动力电池的输出负载较大，输出电流大且持续时间较长，动力电池内部的电化学反应速度加快导致电量消耗过快时，将会出现明显的放电发热现象，如图 7 - 1 所示。此外，环境温度过高或动力电池内部出现故障等情况也会影响动力电池的散热，从而导致动力电池过热。

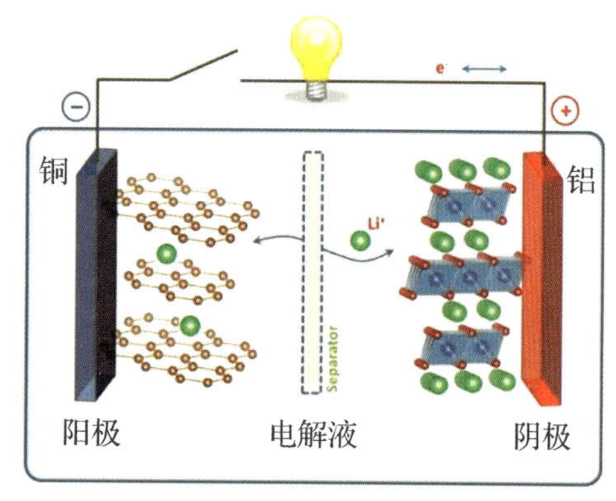

图 7 - 1　动力电池放电发热

2. 充电发热

当动力电池的充电功率较大导致充电电流过大且持续时间较长，动力电池内部的电化学反应速度加快时，将会出现充电发热现象。此外，环境温度过高、动力电池自身故障（如动力电池衰老、内阻变大、内部短路等）、车载充电机故障（如无法正常控制充电电流）等情况也会导致明显的充电发热现象。

二、动力电池的冷却方式

温度因素对动力电池性能、寿命、安全性有着重要的影响。一般来说，动力电池系统的温度应保持在 15 ～ 35℃的区间内运行，从而实现最佳的功率输出和输入、最大的可用能量，以及最长的循环寿命。

目前新能源汽车动力电池系统的冷却方式主要有四类：自然冷却、风冷、液冷、直冷。其中自然冷却是被动式的热管理方式，而风冷、液冷、直冷是主动式的，这三者的主要区别在于换热介质的不同。

1. 自然冷却和风冷

自然冷却没有额外的装置进行换热，也叫被动风冷。风冷采用空气作为换热介质，常见的有两种，第一种为被动风冷，直接采用外部空气换热，如图 7－2 所示；第二种为主动风冷，可预先对外部空气进行加热或冷却后再进入动力电池系统，如图 7－3 所示。

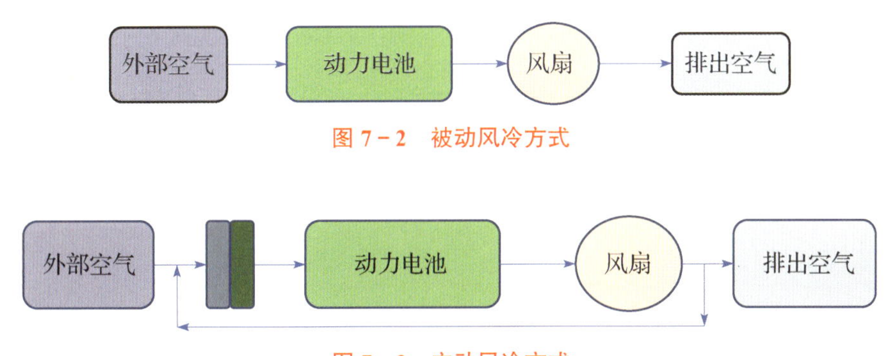

图 7－2　被动风冷方式

图 7－3　主动风冷方式

2. 液冷

液冷是采用冷却液作为换热介质的冷却方式，冷却液泵让冷却液循环流动，电控单元根据需要控制，如图 7－4 所示。一般会有多路不同的换热回路，如散热回路、空调回路、PTC 回路，动力电池热管理系统根据热管理策略进行相应调节和切换。

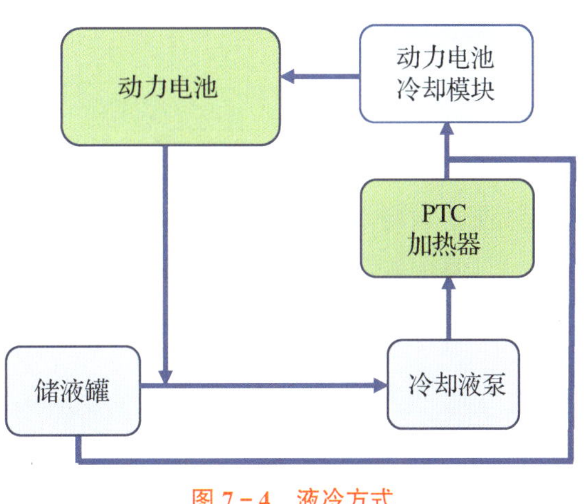

图 7－4　液冷方式

3. 直冷

直冷采用制冷剂（变相材料）作为换热介质，如图 7－5 所示。制冷剂能在气液相变过程中吸收大量的热，相比液冷而言换热效率可大幅提升，更快速地将动力电池系统内部的热量带走。

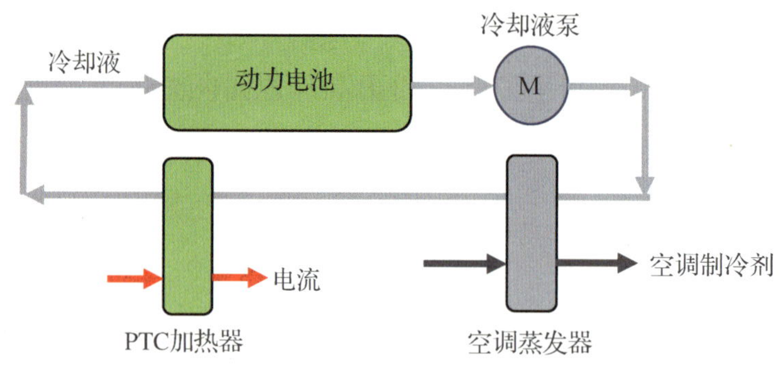

图 7－5　直冷方式

总的来看，液冷是目前最为主流的方式。首先，动力电池发展的趋势始终朝着能量密度更高的方向迈进，而高能量密度的动力电池其安全性问题需要更加重视，热失控后产生的负面影响会越来越大，液冷方案在换热能力、换热一致性、密封性、NVH 等方面都有着不错的表现。其次，液冷在传统汽车上早已成熟应用，有着完善的供应链，当动力电池系统的设计方案和工艺稳定后成本也可得到有效控制。

三、动力电池热管理系统的功能

动力电池热管理系统的主要功能是可以维持动力电池一定的工作温度。一般动力电池的适宜工作温度为 0～40 ℃，最佳工作温度是 25 ℃。动力电池热管理系统有监测动力电池中冷却液的温度传感器，当动力电池温度过低时，PTC 加热器加热冷却液，冷却液泵让冷却液在动力电池冷却液管路（见图 7－6）中循环流动，以加热动力电池；当动力电池温度过高时，冷却液会带走动力电池的热量，流入散热器中散热。

图 7－6　动力电池冷却液管路

动力电池热管理系统在夏季的主要作用是散热，在冬季的主要作用就是加热。在充电过程中，动力电池热管理系统在电池冷却液回路里串联 PTC 加热器，通过调节 PTC 加热器的功率，控制进水温度及流量，以此来保证动力电池

在冬季也能在适宜温度下充电，保证最佳的充电效率和动力电池活性。如果车辆在低于0℃的环境下长时间停放，则在下一次起动车辆时，动力电池热管理系统会启用动力电池包加热功能，尽量让动力电池升温至适宜工作温度。

动力电池热管理系统能防止因低温导致动力电池包内部的电解液活性降低，充放电性能下降，影响车辆的动力输出、续航能力以及充电效率等。如果车辆长期在低温环境下使用，没有动力电池包加热功能或者该功能异常，就可能对动力电池造成不可逆的损伤，影响其使用寿命和容量。

四、新能源汽车动力电池热管理系统的组成

新能源汽车动力电池热管理系统一般由储液罐、冷却液泵、动力电池冷却模块、PTC加热器、动力电池、冷却液管路等组成，如图7-7所示。

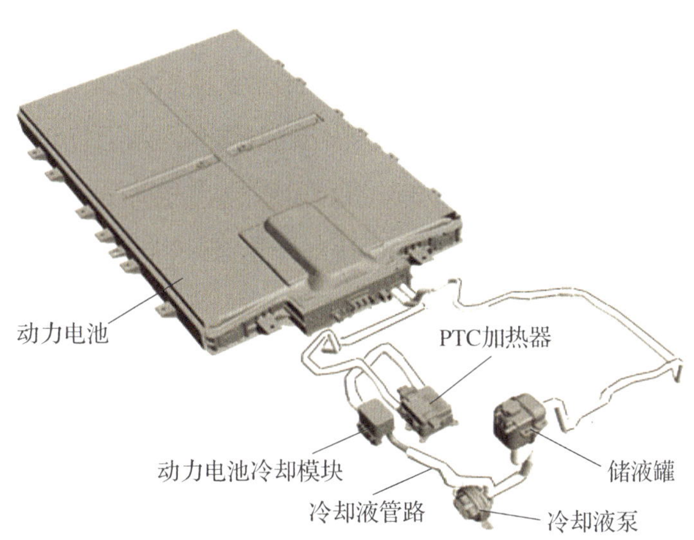

图7-7　动力电池热管理系统的组成

1. 冷却液泵

很多新能源汽车用微型自吸水泵作为水循环的动力源，这种微型自吸水泵统称为冷却液泵，其结构如图7-8所示。驱动电机做圆周运动带动机械装置使冷却液泵内部的隔膜做往复式运动，在单向阀作用下，在排水口处形成正压（实际输出压力大小跟泵排水口受到的助力和泵的特性有关），在抽水口处形成真空，从

图7-8　冷却液泵

而与外界大气压间产生压力差。在压力差的作用下，将水压入进水口，再从排水口排出。在驱动电机传递的动能作用下，水持续不断地被吸入、排出，形成较稳定的流量。

2. 动力电池冷却模块

动力电池冷却模块是动力电池热管理系统的一个关键部件，它负责将动力电池维持在一个适当的工作温度，使动力电池的放电性能处于最佳状态。动力电池冷却模块（如图 7－9 所示）主要由热交换器、带电磁阀的膨胀阀、管路接口和支架等组成。热交换器主要用于动力电池冷却液和制冷系统制冷剂的热交换，将动力电池冷却液中的热量转移到制冷剂中。

图 7－9　动力电池冷却模块

3.PTC 加热器

在加热方式上，比亚迪在动力电池散热回路里串联了 PTC 加热器（见图 7－10），通过调节 PTC 加热器的功率，控制进水温度及流量，以此来保证动力电池在冬季也能工作在适宜温度，确保充电速度和放电的能量。

4. 冷却液管路

动力电池热管理系统一般使用常见的圆形冷却液管路，有的还采用了蛇形水冷扁管。为了更好地传递热量，蛇形水冷扁管布置在动力电池模组的底部或者侧面，如图 7－11 所示。为减轻质量，扁管材料较薄，且管路完全贴在动力电池侧壁，保证能对每块单体电池进行温度控制，实现非常好的轻量化效果。从工艺制造的角度来看，蛇形水冷扁管对材料及工艺的要求都比较高。

图 7-10　PTC 加热器

图 7-11　蛇形水冷扁管

任务实施

一、检查动力电池热管理系统的安全注意事项

（1）实训工具设备准备。准备新能源汽车专用工具套装（带绝缘拆装工具），故障诊断仪，绝缘手套，万用表及测量线，照明电筒，车身、车内防护套装，冰点检测仪，冷却系统检漏仪等。

（2）在打开冷却液储液罐之前，必须确认冷却液以及储液罐均已冷却。在冷却液未完全冷却时打开冷却液储液罐，可能会导致冷却液喷出，造成严重烫伤。

（3）切勿向动力电池热管理系统内添加任何防锈剂或其他添加物。因为添加物可能与冷却液或驱动电机组件不相容。

（4）如果溢出冷却液，应用干布或纸将其擦拭干净，以防损坏部件或漆面。

（5）动力电池热管理系统使用专用电池冷却液，严禁自行加注其他型号冷却液或添加其他物质，否则可能造成动力电池损害。

二、检查冷却液液位

冷却液是新能源汽车动力电池热管理系统的主要介质，因此需要定期检查液位，而且应在每次充电时检查储液罐冷却液液位。纯电动汽车有很多个冷却液储液罐，都位于前舱内。别克微蓝 6EV 的冷却液储液罐位置如图 7-12 所示，前舱内有三个冷却液储液罐，分别是电控模块冷却液储液罐、动力电池冷却液储液罐和舱室加热冷却液储液罐。比亚迪秦 EV 的冷却液储液罐位置如图 7－13 所示，前舱内有两个冷却液储液罐，分别是电机冷却液储液罐和动力电池冷却液储液罐。

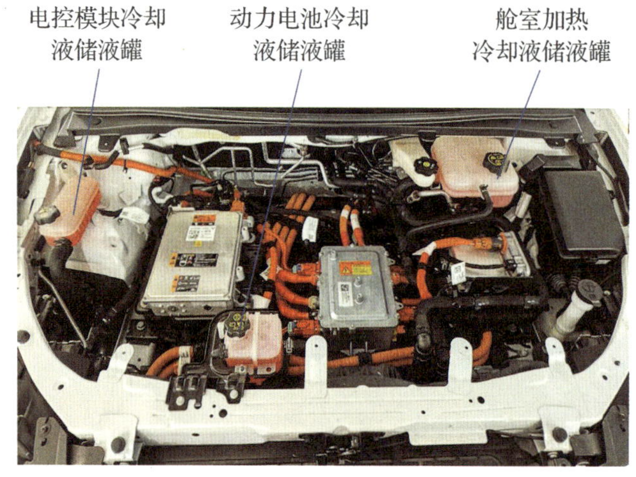

图 7－12 别克微蓝 6EV 的冷却液储液罐位置

图 7－13 比亚迪秦 EV 的冷却液储液罐位置

检查冷却液液位的步骤如下：

（1）将车辆停放在水平地面上，并将车辆关闭。

（2）在系统完全冷却后，检查能否看到冷却液储液罐中的冷却液。

（3）如果无法看到冷却液或冷却液液位低于储液罐侧面的 MIN（最低）标记，则需要先检查系统是否存在泄漏故障。

（4）如无泄漏故障，确认液位处于 MAX（最高）标记和 MIN 标记之间。

（5）如果储液罐中冷却液的液位处于或略低于 MIN 标记，则向储液罐中添加冷却液，直至液位处于 MAX 标记，并再次检查系统有无泄漏。冷却液应始终使用与原厂相同规格的冷却液，且无须添加任何混合剂，不同品牌和型号的冷却液不能混合使用。

三、检查冷却液冰点

冷却液是新能源汽车主要的冷却介质之一，它能有效控制动力电池、驱动电机和电控系统的工作温度，以保护相关系统不受损伤。在使用过程中除定期检查冷却液的液位以外，还需要检测冷却液的冰点，因为冷却液性能降低或者调配比例不对，会导致车内的冷却液在气温低于 0℃的地区长时间停留时结冰膨胀，从而发生冷却液管路爆裂泄漏等故障。因此在定期检查冷却液液位时也需要对冷却液的冰点进行检测。

冰点检测仪是常见的冷却液冰点检测设备，冰点检测仪主要由检测棱镜、校准螺栓、镜筒和手柄、目镜等部件组成，如图 7－14 所示。

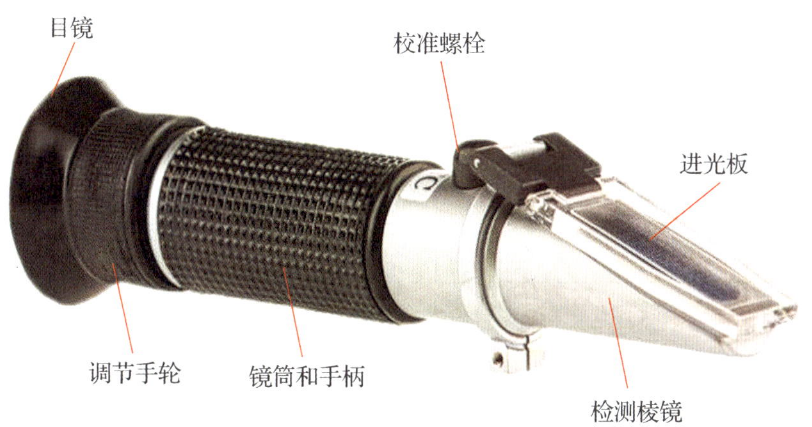

图 7－14　冰点检测仪的组成

首先，如图 7－15 所示，打开进光板，将纯净水滴在检测棱镜上，用纯净水对冰点检测仪进行对零，检查纯净水的冰点是否为 0℃，如果不为 0℃，则要在校准螺栓处进行误差校准。

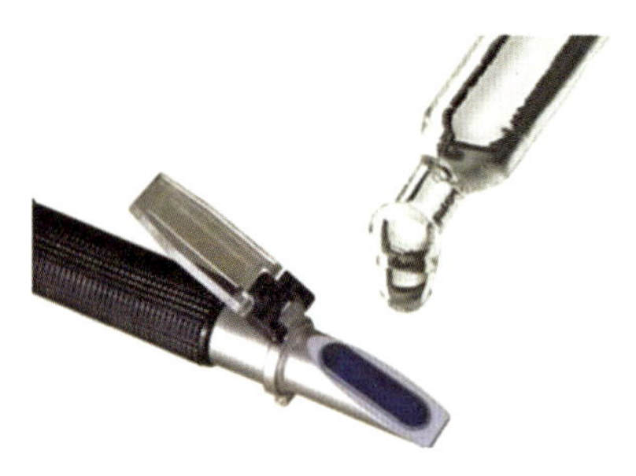

图 7－15　将纯净水滴至冰点检测仪的检测棱镜上

其次，擦干净检测棱镜上的纯净水，将数滴被测冷却液滴至检测棱镜上，将进光板对准光源，转动调节手轮，通过目镜观察冰点值，如图 7－16 所示，并记录冰点值。若冰点比当地最低气温低 10℃以上，则该冷却液可以继续使用，否则需要进行更换。

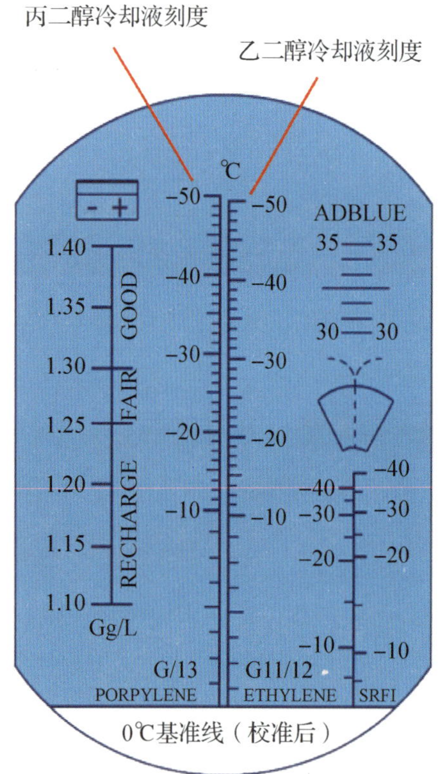

图 7－16　通过目镜内的刻度值读取冰点值

素养微课堂：名人

中国有能力跳过一个台阶，直接进入汽车的新时代。

——钱学森

最后，检测完成后，用布条沾纯净水对冰点检测仪的检测棱镜进行清洁操作，复位并妥善保管。

四、排查冷却液液位过低的原因

动力电池热管理系统正常工作时，冷却液液位不会明显降低或增加，当系统发生泄漏或者温度过高、管路堵塞等故障时，储液罐中的冷却液液位则会发生改变。因此，需要定期检查冷却液的液位，并根据液位的变化情况进行补充或检修。

比亚迪秦 EV 动力电池热管理系统的工作原理如图 7－17 所示。当动力电池需要冷却时，电控单元控制空调系统的电子膨胀阀 2 开启，空调的板式换热器中制冷剂就可以带走冷却液的热量，低温的冷却液被冷却液泵带到动力电池包的冷却板后，将热量带走。此时四通水阀 AB 导通、CD 导通。当动力电池需要加热时，电控单元控制四通水阀 AC 导通、BD 导通，经过 PTC 加热器加热的冷却液被暖风水泵带到动力电池的冷却板，加热动力电池。

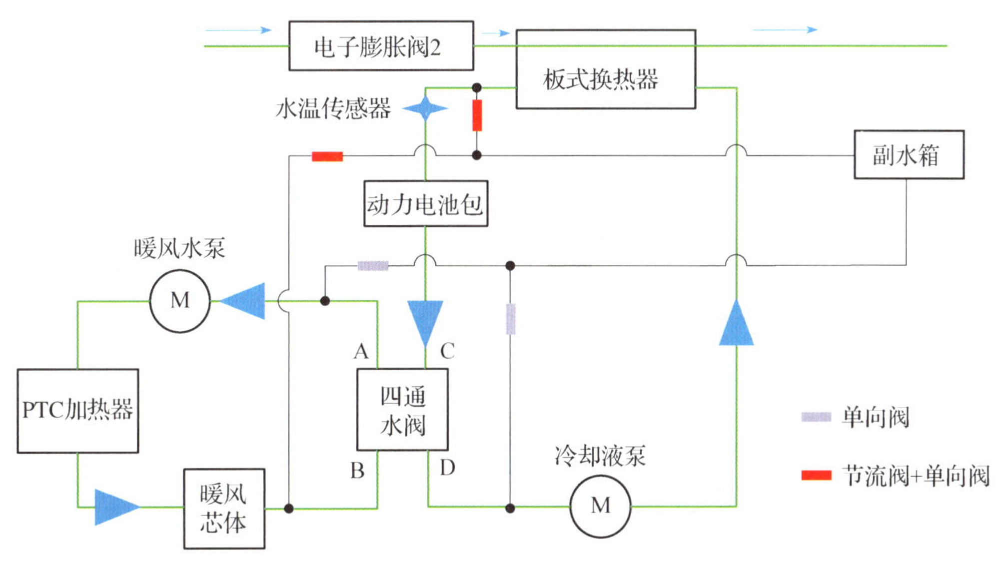

图 7－17　比亚迪秦 EV 动力电池热管理系统的工作原理

1. 动力电池热管理系统的泄漏检查

动力电池热管理系统的冷却液液位明显降低，通常是由于系统发生了泄漏，可先通过目视检查以下部件，判断是否泄漏：

（1）冷却液储液罐（副水箱）及其管路接头；

（2）冷却液管路及其接头；

（3）暖风水泵、PTC 加热器、动力电池冷却模块及其管路接头；

（4）板式换热器、四通水阀及其管路接头；

（5）动力电池包外观及管路接头等。

2. 动力电池热管理系统的加压泄漏测试

当需要检查动力电池热管理系统的储液罐盖时，或检查动力电池热管理系统在有压力的情况下是否有漏冷却液的情况，需要使用类似图 7－18 所示的检漏仪。使用检漏仪前，检查配套部件应齐全，气压表指针运转自如，加压、卸压正常。

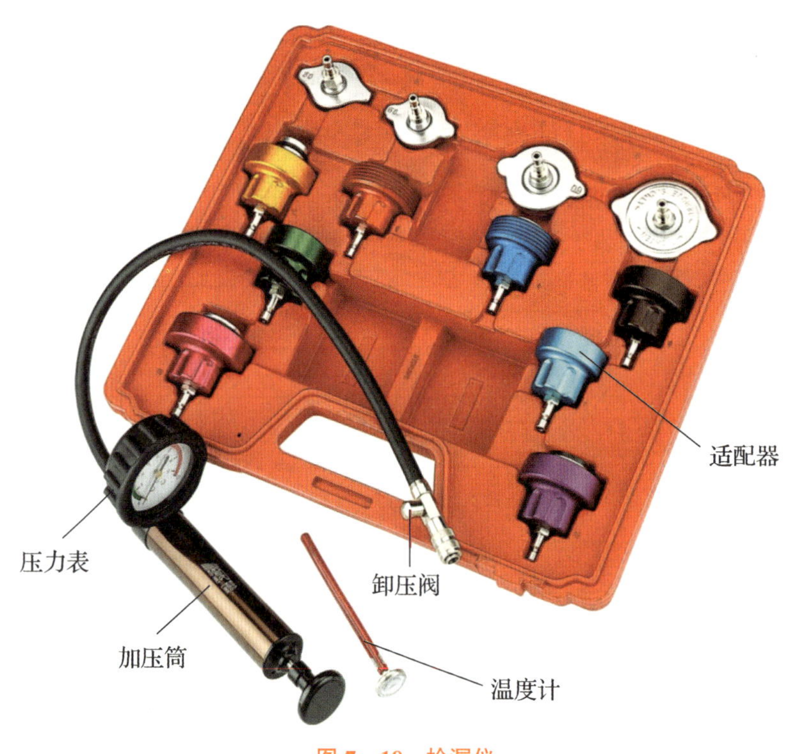

图 7－18　检漏仪

需要特别注意：在有较高压力的情况下，冷却液储液罐内的冷却液温度会很高，但一般不会沸腾。当冷却液温度很高（压力高）时，拆卸储液罐盖将导致溶液瞬间沸腾，并产生爆炸性力量。冷却液有可能喷射到发动机、翼子板和附近维修人员身上，可能导致严重的人身伤害。为避免烫伤，未冷却前，切勿拆下储液罐盖。如果盖拆下得太早，可能会喷出滚烫的高压液体和蒸汽。

（1）拆下储液罐盖，用水冲洗压力盖密封面，利用检漏仪测试储液罐盖的工作情况，如图 7－19 所示。当测得压力超过储液罐盖的额定压力时，应释放储液罐盖压力；保持额定压力至少 10s，记录压力损失率。如果储液罐盖不能在高压下释放压力，或者保持额定压力，则需要更换储液罐盖。

（2）将检漏仪与散热器开关和储液罐测试适配器一起使用，向动力电池热管理系统施加 15 ～ 45kPa 的压力，但不得超过储液罐盖的额定压力，如图 7－20 所示。

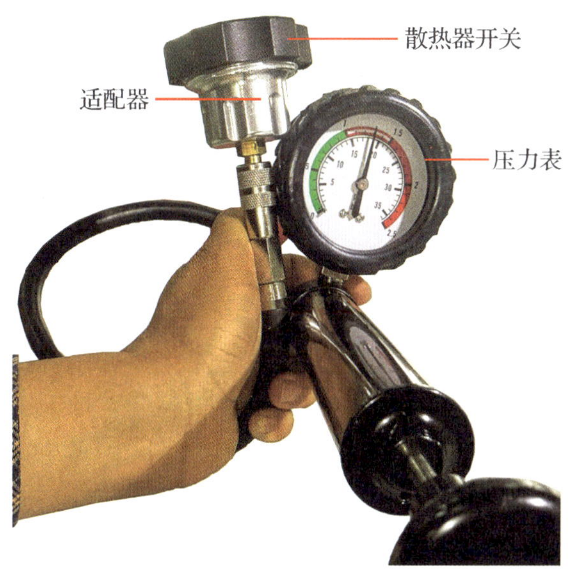

图 7－19　储液罐盖的测试

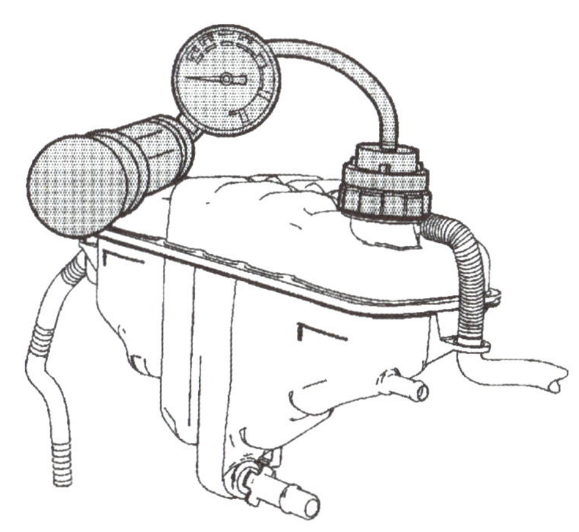

图 7－20　利用检漏仪向动力电池热管理系统施加压力进行检漏

（3）动力电池热管理系统应该保持额定压力至少 2min，观察压力表的压力损失。

（4）根据加压后的检测情况，观察是否有冷却液泄漏，若有则修理所有泄漏。

五、更换冷却液和排除冷却液内空气

根据维修手册要求进行更换冷却液和排空作业。比亚迪秦 EV 动力电池冷却液更换周期如下：首次 2 年或 40 000km 更换 EV 动力电池冷却液，以先到者为准；非首次 2 年或 100 000km 更换 EV 动力电池冷却液，以先到者为准。使用 EV 动力电池专用冷却液，加注量为 5.0L。注意：不要混用电机冷却液，电机冷却液使用的是乙二醇型长效防锈防冻液。

1. 冷却液排放程序

（1）断开动力电池负极电缆，解除高压。

（2）拧下动力电池冷却液储液罐盖（高温时需等待降温后方可操作）。

（3）举升并顶起车辆，拆下动力电池冷却液软管。别克微蓝 6EV 中动力电池冷却液软管接口如图 7－21 所示。

图 7－21　动力电池冷却液软管接口

（4）在车下放置一个接水盆，待冷却液不再流出，安装动力电池冷却液软管，移开接水盆。

（5）降下车辆。

2. 冷却液加注及排空程序

（1）向动力电池冷却液储液罐中加入厂家指定型号的冷却液至 MAX 标记。

（2）连接动力电池负极，高压上电。

（3）让冷却液泵运转 5min，运转过程中，如果动力电池冷却液储液罐中冷却液下降，同步加注冷却液，加至 MAX 标记。

（4）重复上电、下电至少三个循环，每个循环冷却液泵运转 5min，同步观察储液罐中冷却液液位情况，若有下降则进行补充，动力电池热管理系统的容量约为 4.72L。

（5）盖上动力电池冷却液储液罐盖并拧紧，完成冷却液的加注和排空作业。

任务小结

本任务主要介绍了新能源汽车动力电池热管理系统，通过学习，学生应该掌握动力电池发热的原因，掌握动力电池热管理系统的功能和组成，掌握动力电池的冷却方式；能检查冷却液的液位、冷却液的冰点，能更换冷却液，能对冷却液进行排空作业。

新能源汽车动力电池热管理系统的检修

学习目标

知识目标：1. 掌握冷却液泵的工作原理；
2. 掌握冷却液温度传感器的工作原理；
3. 掌握动力电池冷却控制器的工作原理；
4. 掌握电子膨胀阀、冷却风扇等部件的工作原理。

能力目标：1. 能检查动力电池热管理系统主要部件的工作状态；
2. 能更换动力电池热管理系统的主要部件；
3. 能对动力电池热管理系统进行故障检修。

素养目标：1. 培养工作中的安全意识；
2. 培养工作中的环保意识。

建议学时

8 个学时。

任务情境

一辆比亚迪秦纯电动轿车在维护中发现动力电池热管理系统工作异常，动力电池温度偏高，冷却液液位过低，需要你对其进行检查和维修。

知识介绍

一、冷却液泵的工作原理

冷却液泵是冷却液循环的动力部件，一般由 12V 蓄电池驱动，其工作原理主要是通过无刷电机带动叶轮旋转，使液体压力升高，从而带动水、冷却液等液体进行循环。这样能够实现冷却液散热或者加热，保证动力电池在最佳工作状态。冷却液泵可耐温范围为 -45 ～ 125℃，在 6 ～ 28V 宽电压运行，一般还配备保护功能以适应不同工况，延长使用寿命。

冷却液泵可让冷却液循环流过散热器、驱动电机、充配电总成和相关电源模块等，以控制这些总成的温度。动力电池冷却液泵的控制电路如图 8－1 所示。当冷却液泵的启用电路为高电平时，允许泵按照控制电路信号的规定运行。来自蓄电池能量控制模块的脉宽调制控制电路信号确定冷却液泵的转速。占空比越高，泵转速就越高。冷却液泵通过反馈电路将脉宽调制信号发送给蓄电池能量控制模块。在正常操作中，反馈电路向蓄电池能量控制模块提供泵转速信息。若冷却液泵确定存在内部故障，则在相同的反馈电路上提供此信息，而不是其转速信息。

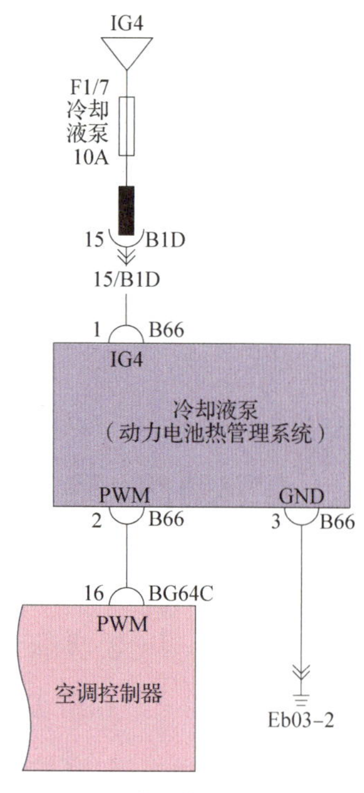

图 8－1　动力电池冷却液泵的控制电路

二、冷却液温度传感器的工作原理

冷却液温度传感器由细长的金属探头与冷却液接触，它的内部装有负温度系数的热敏电阻，如图 8－2 所示，当冷却液温度逐渐升高时，热敏电阻的阻值将逐渐下降，反之则增大。当冷却液温度发生变化时，该传感器的输出电压也相应变化。控制模块接收冷却液温度传感器传来的信号后，控制冷却风扇和相关执行器执行相关操作。

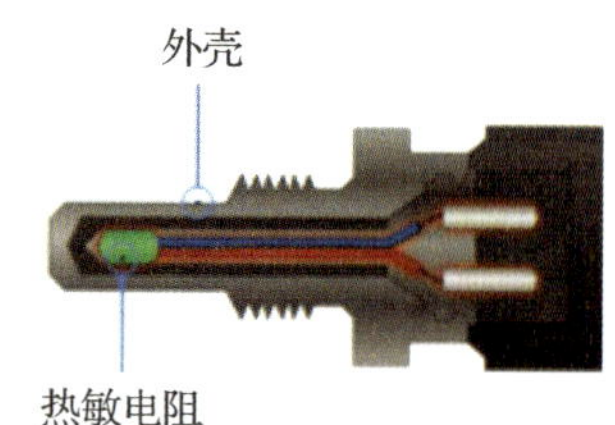

图 8－2　冷却液温度传感器内部结构

三、动力电池冷却控制器的工作原理

动力电池冷却控制器是动力电池热管理系统的控制元件。当动力电池温度过高或者过低时，冷却控制器接收到冷却液温度传感器的信号，控制冷却液泵、电子膨胀阀等部件的工作，通过散热器或板式换热器调节冷却液的温度从而保证动力电池在合适的温度范围内工作，其电路如图 8－3 所示。比亚迪新款车型已经没有动力电池冷却控制器，而是采用“八合一”控制器对动力电池的冷却进行控制。

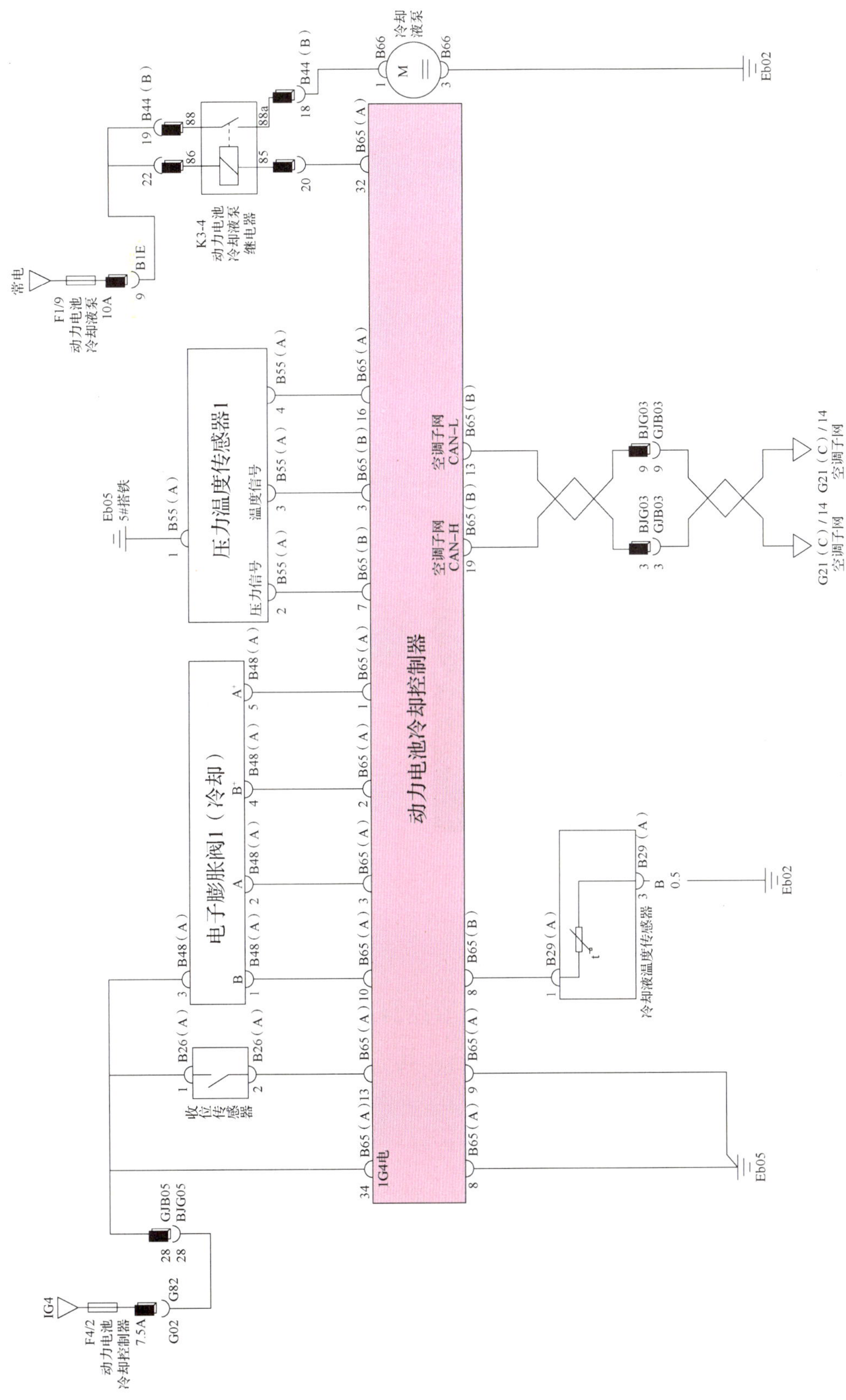

图 8-3　动力电池冷却控制器电路图

四、电子膨胀阀的工作原理

> **素养微课堂：汽车名人**
>
> 饶斌（1913—1987年），原名饶鸿熹，出生于吉林省吉林市，毕业于同济大学，祖籍江苏南京。中国汽车工业奠基人，享有“中国汽车之父”的盛誉。

电子膨胀阀是一种用于新能源汽车空调制冷系统中的流量调节装置，其安装在制冷管路中，如图8－4所示。电子膨胀阀由转子、电磁阀线圈、阀杆、阀针等组成，如图8－5所示。当制冷系统运行时，电磁阀线圈接收空调控制器的脉冲电压信号，控制电子膨胀阀的开与关。当需要提高制冷剂流量时，电子膨胀阀开启，增大制冷剂通过蒸发器的流量；反之，当需要降低制冷剂流量时，电子膨胀阀关闭，减小制冷剂通过蒸发器的流量，从而实现空调温度和制冷效果的调节。

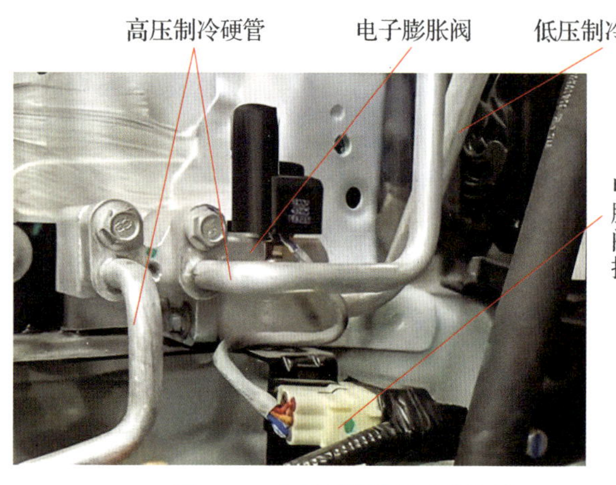

图8－4　电子膨胀阀的安装位置

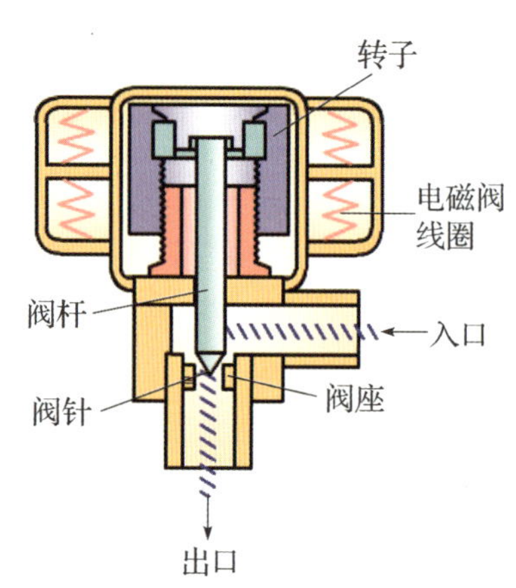

图8－5　电子膨胀阀的结构

五、冷却风扇的工作原理

新能源汽车的冷却风扇一般安装在散热器内侧，为新能源汽车驱动电机冷却系统和空调制冷系统的重要组成部分，其安装位置如图8－6所示。当控制模块检测到驱动电机温度、空调制冷剂压力变化或接收到相关控制指令时，就会控制冷却风扇的开启、关闭和转速调节等。

冷却风扇运转时吸进空气，并使空气通过散热器的电子部件。通过提高流经散热器的空气流速和流量，来增强散热器的散热能力，加速冷却液的冷却过程。比亚迪秦EV冷却风扇控制电路如图8－7所示。整车控制器根据驱动电机、驱动电机控制器、空调等的相关参数，控制冷却风扇的高速继电器和低速继电器，对冷却风扇进行两挡调速。

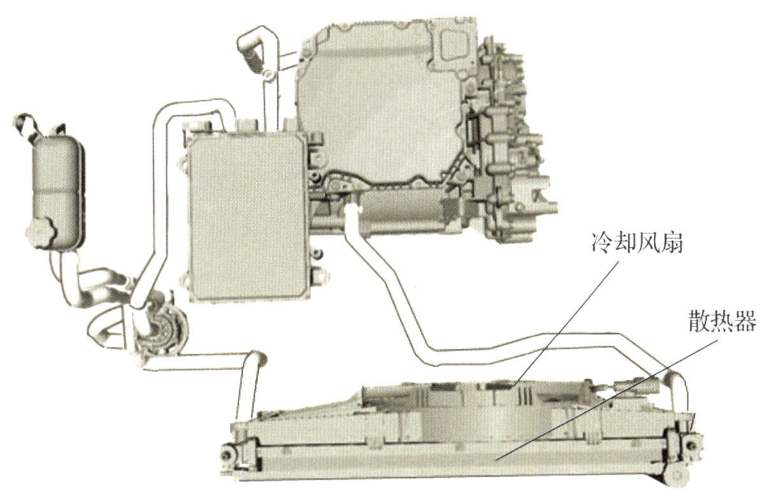

图 8－6　冷却风扇的安装位置

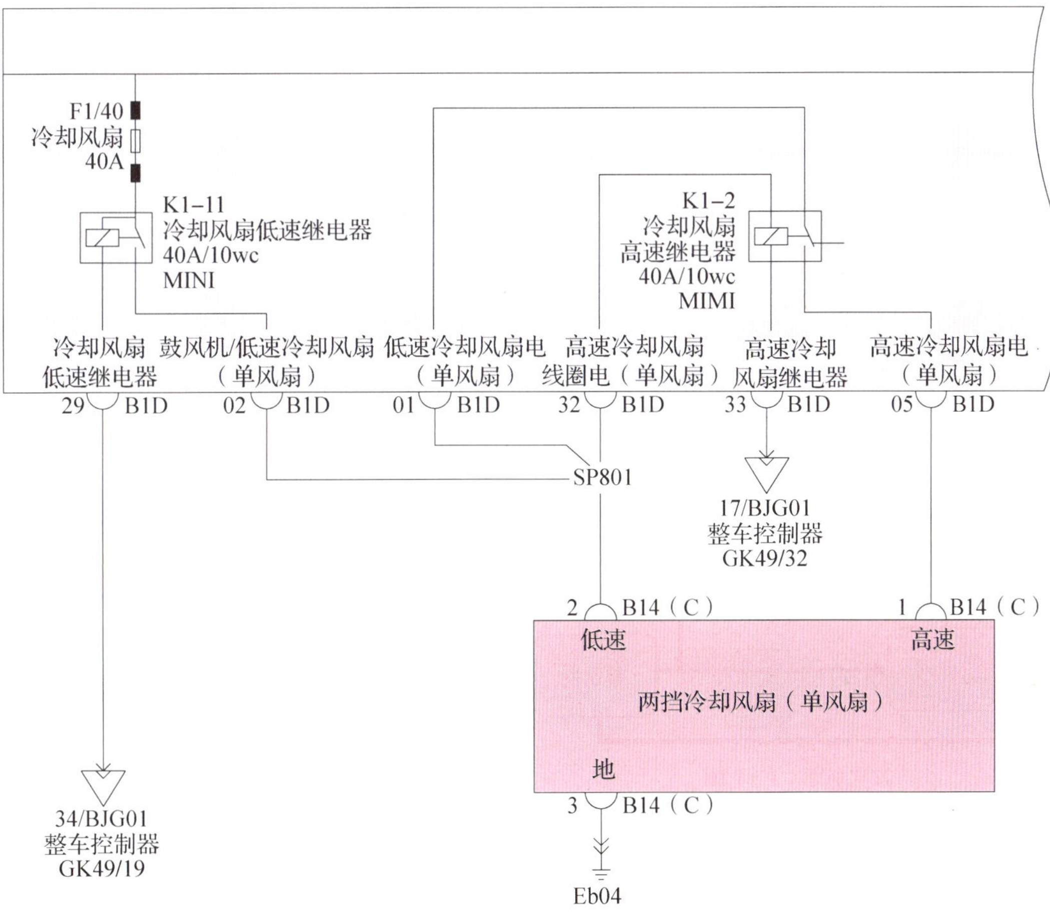

F1/40
冷却风扇
40A
K1–11
冷却风扇低速继电器
40A/10wc
MINI
K1–2
冷却风扇
高速继电器
40A/10wc
MIMI
冷却风扇
低速继电器
鼓风机/低速冷却风扇
（单风扇）
低速冷却风扇电
（单风扇）
高速冷却风扇
线圈电（单风扇）
高速冷却
风扇继电器
高速冷却风扇电
（单风扇）
29 B1D
02 B1D
01 B1D
32 B1D
33 B1D
05 B1D
SP801
17/BJG01
整车控制器
GK49/32
2 B14（C）
1 B14（C）
低速
高速
两挡冷却风扇（单风扇）
地
3 B14（C）
Eb04
34/BJG01
整车控制器
GK49/19

图 8－7　比亚迪秦 EV 冷却风扇控制电路

六、动力电池热管理系统常见故障及原因

动力电池热管理系统常见的故障是冷却液温度过高或冷却液温度过低，冷却液温度过高时仪表盘会出现如图 8－8 所示的指示灯。冷却液温度过高和过低故障常见原因见表 8－1。

图 8－8　冷却液温度过高指示灯

表 8－1　动力电池热管理系统冷却液温度过高和过低故障常见原因

故障现象	故障原因	元件失效原因
冷却液温度过高	冷却液泄漏	冷却液管路破裂或连接处松动
	动力电池热管理系统堵塞	灰尘和杂物进入管路或散热器
	冷却液温度传感器故障	温度传感器虚接或内部断路
	冷却液循环故障	冷却液泵或电子膨胀阀失效
	隔热材料损坏	材料老旧或因外力冲击而破损
	动力电池冷却控制器故障	动力电池冷却控制器虚接或内部断路
冷却液温度过低	冷却液泄漏	冷却液管路破裂或连接处松动
	动力电池热管理系统堵塞	灰尘和杂物进入管路或散热器
	冷却液循环故障	材料老旧或因外力冲击而破损
	隔热材料损坏	冷却液泵或电子膨胀阀失效
	PTC 加热器失效	加热电阻断路
	冷却液温度传感器故障	温度传感器虚接或内部断路

任务实施

一、实训前准备

（1）实训工具设备准备。准备新能源汽车专用工具套装（带绝缘拆装工具），故障诊断仪，绝缘手套，数字万用表及测量线，照明电筒，车身、车内防护套装，冰点检测仪，检漏仪等。

（2）在打开冷却液储液罐之前，必须确认冷却液以及散热器均已冷却。在冷却液未完全冷却时打开冷却液储液罐，可能会导致冷却液喷出，造成严重烫伤。

（3）查看冷却风扇标贴，如图 8 - 9 所示。冷却风扇可能因为动力电池加热或冷却需求或故障而自动开启，注意安全防护，小心风扇叶片伤及手部等人体部位。

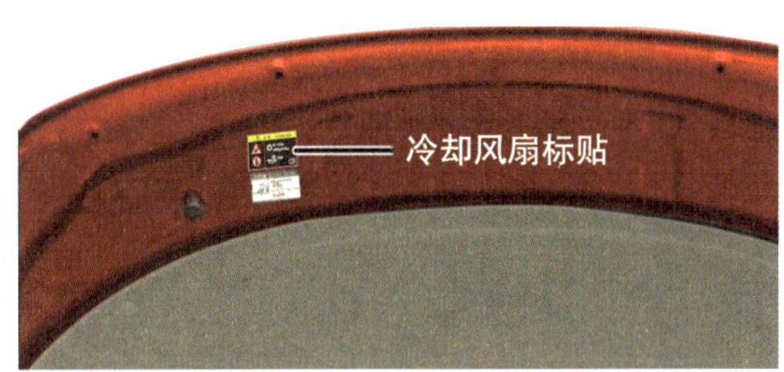

图 8 - 9　冷却风扇标贴

二、比亚迪秦 EV PTC 加热器的更换

1. 检查 PTC 加热器

比亚迪秦 EV PTC 加热器是利用加热电阻来加热冷却液，用冷却液来加热动力电池的。PTC 加热器电路如图 8 - 10 所示。PTC 加热器上有四条连接线，分别是电源线、搭铁线和两条 CAN 线。

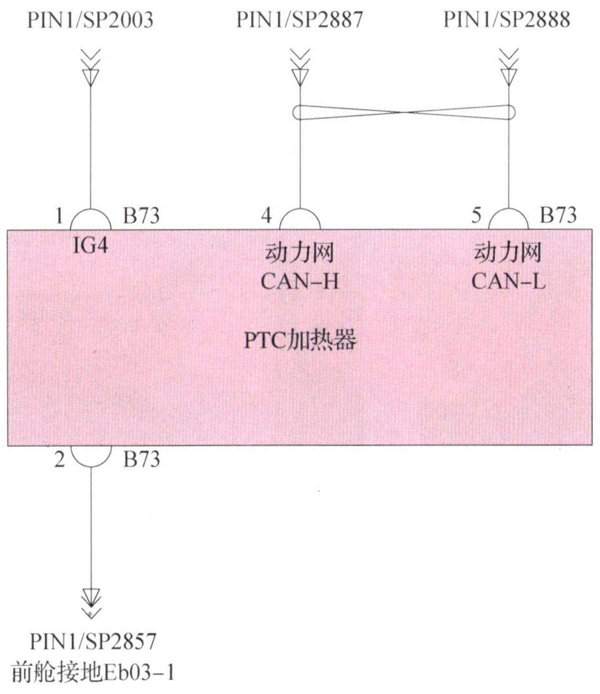

图 8 - 10　PTC 加热器电路

（1）不要上电，断开 B73 插接器。

（2）按下一键起动开关等上电，检查插接器 B73/1 和 B73/2 之间的电压，应为 12V。如果电压为 0V，检查搭铁线和车身的阻值，应小于 1Ω，否则检修搭铁线。如果搭铁线正常，检查 F1/18 7.5A 熔断器。

（3）检查动力网 CAN 线。

2. 更换 PTC 加热器

通过读取故障码和初步检测判断，若确认 PTC 加热器有问题，按以下步骤进行拆卸。

（1）将车辆退电至 OFF 挡，等待 5min，取下高压维修开关。

（2）打开前舱盖，确认高压电源已切断。

（3）拔掉 PTC 加热器接充配电总成一端的高压线束插接器和 PTC 加热器端的低压线束插接器，拆掉 PTC 加热器高压线束卡扣和低压线束卡扣。PTC 加热器的安装位置如图 8－11 所示。

（4）用 10 号套筒拆卸 PTC 加热器的搭铁线，如图 8－12 所示。用接水盘放置在 PTC 加热器下方，取下加热器的进出口冷却液软管，再用套筒拆卸 PTC 加热器支架的两个固定螺母和一个双头螺栓，拆下 PTC 加热器。

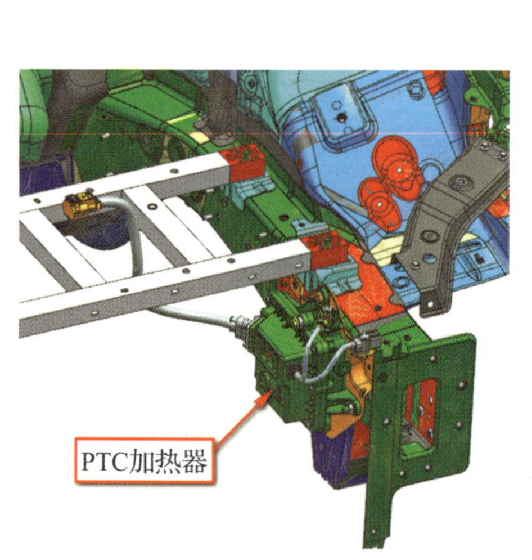

图 8－11　比亚迪秦 EV PTC 加热器的安装位置

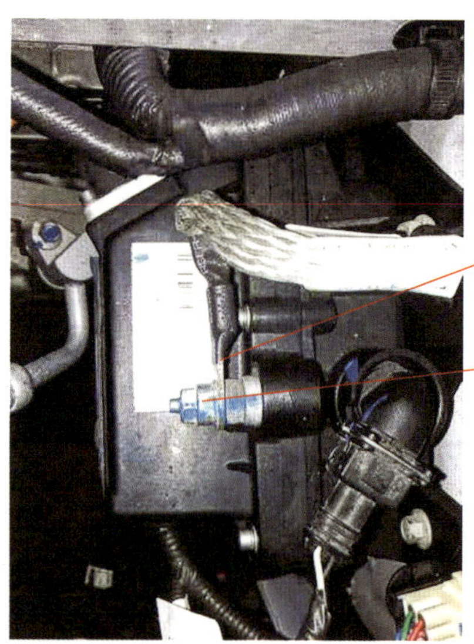

图 8－12　比亚迪秦 EV PTC 加热器搭铁线

（5）拆卸并更换 PTC 加热器，将新的 PTC 加热器装在 PTC 加热器支架

上，用 10 号套筒锁紧 PTC 加热器支架的两个固定螺母和一个双头螺栓，装上 PTC 加热器的搭铁线，再用套筒拧紧搭铁线的固定螺母。

（6）卡上 PTC 加热器低压线束卡扣和高压线束卡扣。

（7）接上高压线束插接器和低压插接器。

（8）整车上电，再次确认问题是否解决。

三、冷却液泵的检查

比亚迪秦 EV 有动力电池冷却液泵、暖风冷却液泵和电机冷却液泵，其作用都是建立冷却液压力，检修方法基本类似。

（1）检查冷却液泵壳体是否开裂，进出水口是否有裂纹，紧固螺栓安装处是否有裂纹，如图 8 - 13 所示。

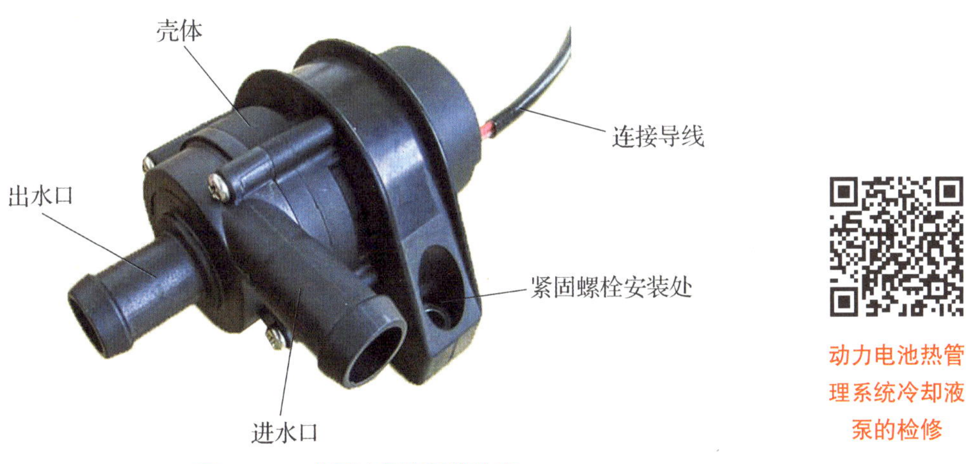

图 8 - 13　电子冷却液泵的检查

（2）在冷却液泵两条连接导线上施加 12V 电压，冷却液泵应能正常运转。

（3）检查冷却液泵供电电路，断开冷却液泵 B66 插接器，检查 B66/1 和 B66/3 之间的电压应为 12V，否则根据电路检修或更换线束。

（4）检查冷却液泵线束。检查 B66/3 与搭铁之间的阻值，应小于 1Ω。检查 B66/1 和 F1/7 10A 检测点之间的阻值，应小于 1Ω。检查 B66/2 与空调控制器 BG64C/16 之间的阻值，应小于 1Ω。如果测量值过大，应检修或更换线束。

四、冷却液温度传感器的检查

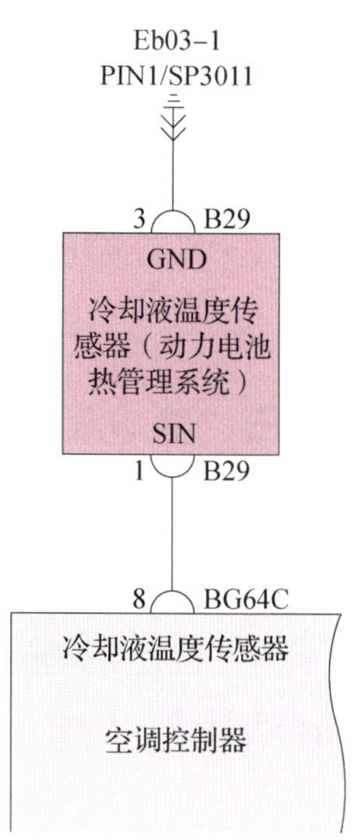

图 8-14　冷却液温度传感器电路

冷却液温度传感器电路如图 8-14 所示。它的一条连接导线将冷却液温度信号传送给空调控制器，另一条连接导线连接负极。

（1）断开冷却液温度传感器的 B29 插接器，使用数字万用表电阻挡 20kΩ 或 200kΩ 量程检查冷却液温度传感器的阻值，并用数字万用表或温度枪检查冷却液温度传感器安装位置的温度，使用热风机加热该传感器，再次测量冷却液温度传感器的阻值和安装位置的温度，测量值应符合维修手册标准值，否则更换此冷却液温度传感器。

（2）断开 B29，上电后检查 B29/1 和 B29/3 之间的电压，应为 5V 左右，否则检修线束是否存在断路或短路故障。

（3）检查线束。检查插接器 B29/3 和搭铁之间的阻值，应小于 1Ω；检查插接器 B29/1 和空调控制器 BG64C/8 之间的阻值，应小于 1Ω。若测量值为无穷大，说明存在断路故障。检查插接器 B29/1 与搭铁之间的电阻，应大于 10kΩ，否则说明 B29/1 和搭铁之间存在短路故障。

（4）使用故障诊断仪读取冷却液温度传感器的数据流，该传感器可能发生偶发故障，在某一温度下发生阻值漂移。电阻阻值漂移是指电阻器在使用过程中，阻值发生变化的现象。这种现象通常是由于材料老化、温度变化、电磁干扰、机械振动等原因引起的。

五、电子膨胀阀的检查

比亚迪秦 EV 有两个电子膨胀阀，检修时和查阅电路时，需要注意区别，用于车内制冷的电子膨胀阀在电路中名称为“电子膨胀阀（蒸发器）”，用于动力电池热管理系统的电子膨胀阀在电路中名称为“电子膨胀阀（板块处）”，如图 8-15 所示。

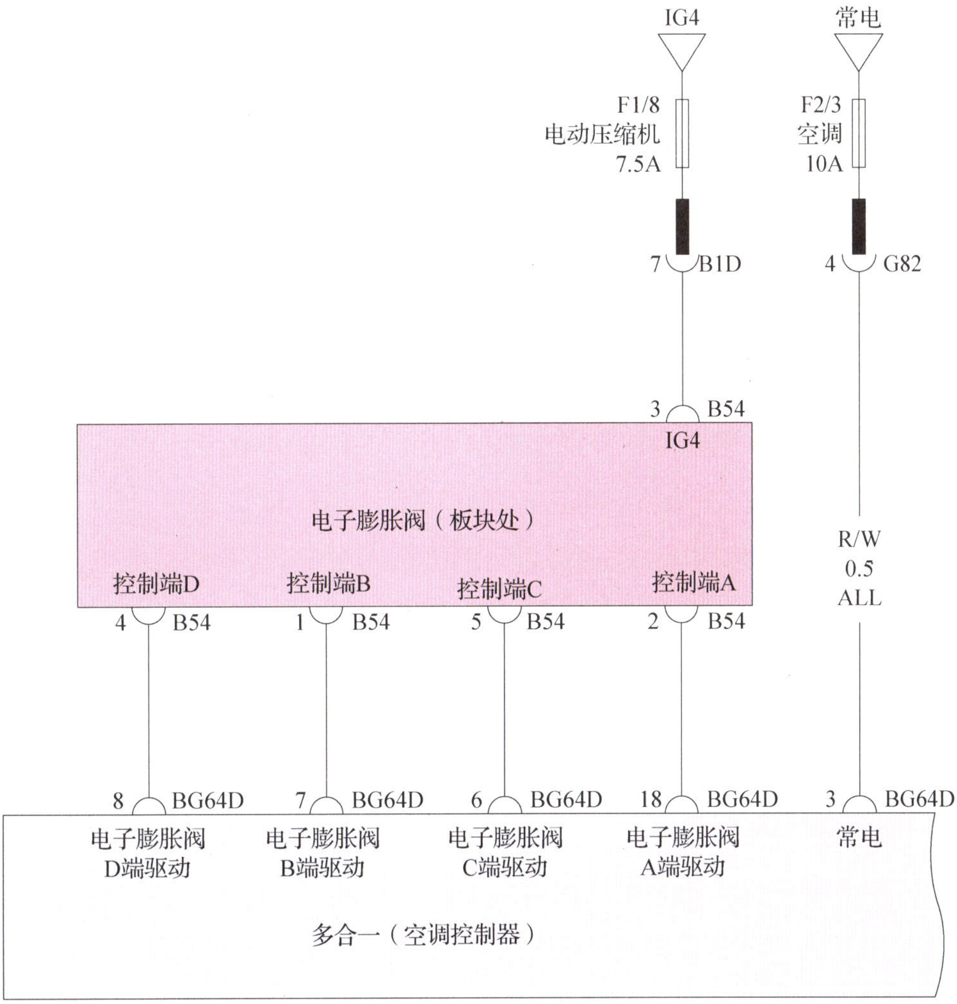

IG4
常电
F1/8
电动压缩机
7.5A
F2/3
空调
10A
7 B1D
4 G82
3 B54
IG4
电子膨胀阀（板块处）
R/W
0.5
ALL
控制端D
控制端B
控制端C
控制端A
4 B54
1 B54
5 B54
2 B54
8 BG64D
7 BG64D
6 BG64D
18 BG64D
3 BG64D
电子膨胀阀
D端驱动
电子膨胀阀
B端驱动
电子膨胀阀
C端驱动
电子膨胀阀
A端驱动
常电
多合一（空调控制器）

图 8－15　电子膨胀阀（板块处）电路

（1）检查电子膨胀阀外观应清洁，没有明显污垢，如果有污垢可能是有泄漏，随制冷剂流出的冷冻液会吸附污垢。

（2）检查电子膨胀阀电源线的电压。断开电子膨胀阀的插接器 B54，上电后检查 B54/3 的电压，应为 12V 左右，否则检查 F1/8 熔断器及相关线束。

（3）该电子膨胀阀有四条控制线，分别检查 B54/2、B54/5、B54/1、B54/4 和空调控制器 BG64D/18、BG64D/6、BG64D/7、BG64D/8 之间的阻值，应小于 1Ω；分别检查 B54/2、B54/5、B54/1、B54/4 对地阻值，应大于 10kΩ。

（4）在 B54/3 上施加 12V 正电压，分别将 B54/2、B54/1、B54/5、B54/4 端子连接搭铁，电子膨胀阀应运转，否则应更换。

六、冷却风扇电路的检查

（1）检查冷却风扇外观是否正常，检查固定是否正常无松动，检查冷却风扇叶片有无损坏。

（2）检查 F1/40 40A 熔断器是否正常。

（3）检查冷却风扇低速继电器、冷却风扇高速继电器是否正常。注意：检查继电器时，需要取下继电器，在继电器线圈两端施加 12V 电源，测量开关的阻值应小于 1Ω。

（4）检查冷却风扇本体，分别在 B14（C）/2 和 B14（C）/1 施加 12V 电源，在 B14（C）/3 搭铁，冷却风扇电机应低速、高速运转自如。

（5）检查所有的线束应无短路或断路情况。例如，检查前舱配电盒 B1D/29 和整车控制器 GK49/19 之间的线束阻值应小于 1Ω，B1D/29 与搭铁之间的阻值应大于 10kΩ。

（6）检查整车控制器及电源电路和相关温度传感器。

任务小结

本任务主要介绍了动力电池热管理系统冷却液泵的工作原理、温度传感器的工作原理、动力电池冷却控制器的工作原理，以及电子膨胀阀、冷却风扇等部件的工作原理。通过本任务的学习，学生熟悉动力电池热管理系统工作原理，学会检查动力电池热管理系统主要部件的工作状态，掌握更换动力电池热管理系统的主要部件的方法，能对动力电池热管理系统进行故障检修。

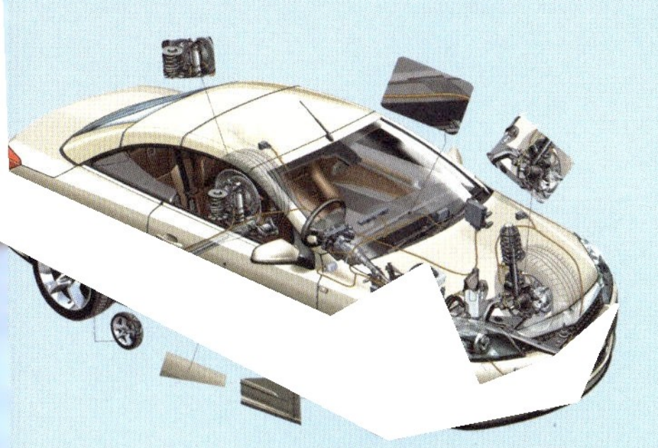

新能源汽车动力电池直流充电系统的检修

学习目标

知识目标：1. 掌握直流充电系统的组成；
2. 掌握直流充电系统的工作原理；
3. 掌握直流充电系统的电路分析。

能力目标：1. 能就车认识直流充电系统的组成；
2. 能独立检查直流充电系统故障。

素养目标：1. 培养工作中的安全意识；
2. 培养工作中的责任意识；
3. 培养工作中的服务意识。

建议学时

6 个学时。

任务情境

新能源汽车高级维修工小李接到一张任务工作单：车主驾驶一辆比亚迪秦纯电动汽车时发现仪表盘显示剩余电量 20%，就将车开到附近的充电站进行快充，结果发现接入快充桩后车辆无法充电，重复操作了几次，均存在同样的问题。如果你是小李，应该如何检修该故障呢？

知识介绍

一、直流充电系统的组成

充电系统是新能源汽车主要的能源补给系统，它根据动力电池的实时状态控制启动充电和停止充电，并根据动力电池的电量和温度控制充电电流的大小和动力电池的加热。新能源汽车充电系统主要包括快速（直流）充电系统和慢速（交流）充电系统。充电系统从功能上分为快充（直流充电）、慢充（交流充电）、低压充电和制动能量回收四项。

新能源汽车对充电系统的基本要求如下：

（1）安全性。包括驾乘人员和维修人员的人身安全和动力电池的安全。

（2）易用性。操作简单便捷，具有较高的智能性，维修人员不需要过多地干预充电过程。

（3）高效性。能够高效率地完成充电过程是对新能源汽车充电系统最为重要的要求之一。

（4）经济性。价格低廉、性能优异的充电设备有助于降低新能源汽车的整体成本，增强新能源汽车的市场竞争力。

直流充电系统通过直流充电桩内逆变器将电网交流电逆变为直流电，电流经过电表的计量和非车载充电机对充电电流等的控制，对动力电池进行快速充电，以实现对动力电池快速、高效、安全和合理的电量补给。如图 9－1 所示，直流充电系统包括车外的直流充电桩、连接电缆、动力电池、逆变器、直流充电口、电量表等。

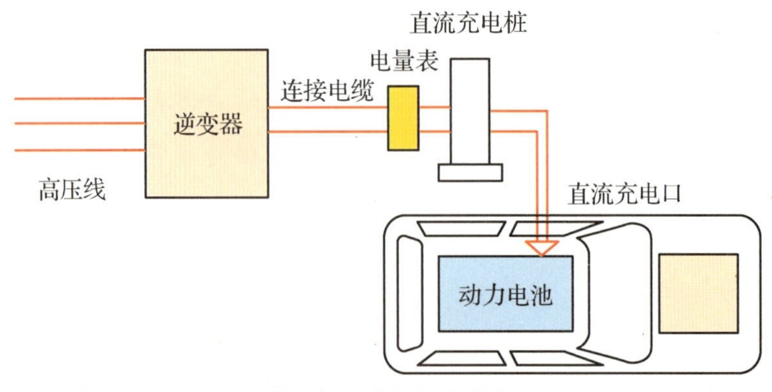

图 9－1　直流充电系统

1. 直流充电桩

直流充电桩主要由人机交互界面、充电枪、急停开关等部分组成，如图 9－2 所示。交流电通过直流充电桩的输入端口输入，经过直流充电桩变压器调整电压，以适应充电桩内部电路的需求。交流电经过整流过程转换为直流电，这个过程通常由整流模块完成。为了提高灵活性，可能多个模块会并联工作，并通过 CAN 总线实现均流。充电桩的控制单元是其核心部分，负责控制充电模块的开机、关机、输出电压和输出电流等。控制单元通常由嵌入式硬件和软件构成。

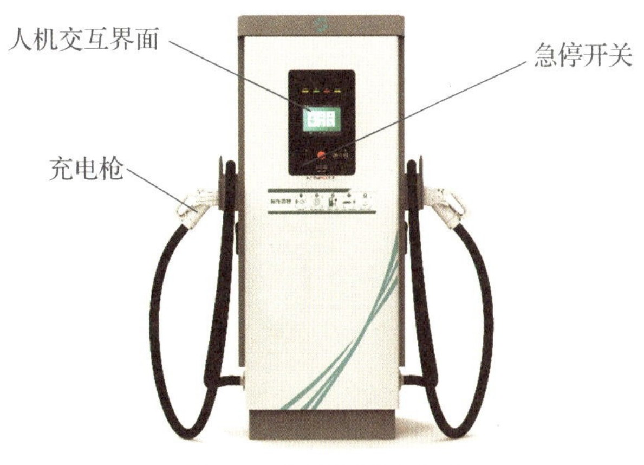

图 9－2　双枪直流充电桩

2. 电量表

纯电动汽车没有燃油量表，驾驶人通过观察电量表预估汽车的续驶里程，提前规划充电方案。纯电动汽车电量表如图 9－3 所示。整车电源挡位处于 OK 挡时，此表指示当前车辆动力电池预计剩余的电量，如图 9－3 中电量表显示 60%，代表剩余电量为完全充满时的 60%。当指示条将要或已进入红色区，需尽快对动力电池充电。当动力电池电量低于 30% 时，动力电池电量低警告灯亮起，如图 9－4 所示，表示动力电池电量不足，可能不能满足驾驶里程的需求。此时，需要及时充电。当动力电池电量高于 35% 时，动力电池电量低警告灯就会熄灭。

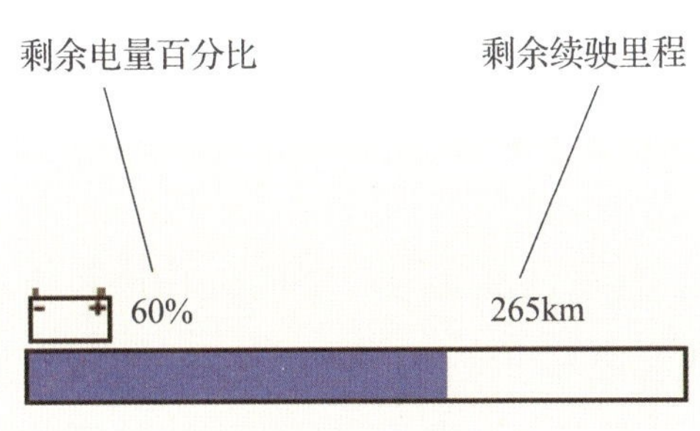

图 9－3　电量表

图 9－4　动力电池电量低警告灯

续驶里程是指剩余电量所能支持的行驶距离，如图 9－3 中剩余续驶里程为 265km，它是根据剩余电量并结合车辆行驶工况计算出来的，该距离可能与实际行驶的距离有所不同。续驶里程显示在仪表盘上，当续驶里程显示数值过低时，需及时对车辆充电。

3. 充电口盖和充电口指示灯

充电口盖一般位于车辆头部车标的内部或车辆右后部，如图 9－5 所示。打开充电口盖，即可以看到直流充电口和交流充电口。有的充电口盖带有执行器，按下充电口盖开关即可以打开充电口盖。充电口盖执行器是一个电动机，通过“多合一”车身控制器进行控制，“多合一”车身控制器可以控制充电口盖执行器解锁或闭锁，如图 9－6 所示。

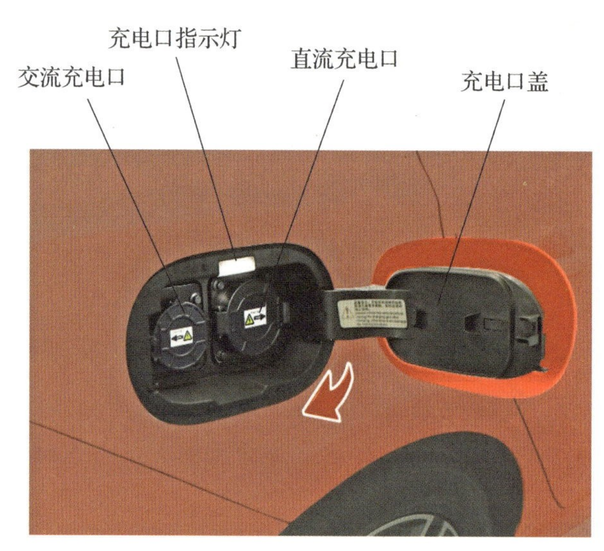

图 9－5　充电口盖

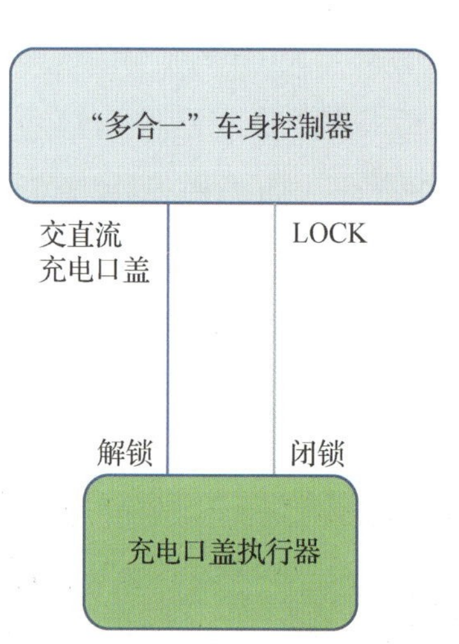

图 9－6　充电口盖执行器

素养微课堂：学习党的二十大报告

坚持把发展经济的着力点放在实体经济上，推进新型工业化，加快建设制造强国、质量强国、航天强国、交通强国、网络强国、数字中国。

当充电口盖执行器故障或蓄电池亏电，不能打开充电口盖时，可通过手动应急解锁，尝试打开充电口盖。应急打开充电口盖的步骤如下：打开行李舱盖，内侧行李舱右护面板设有充电口盖应急拉索，如图 9－7 所示；打开应急拉索卡扣，拉起应急拉索，可解锁充电口盖；解锁完成后复位应急拉索卡扣。

有的直流充电口和交流充电口都有充电口指示灯，通过“多合一”或 BCM 对直流充电口指示灯和交流充电口指示灯进行控制，其电路如图 9－8 所示。

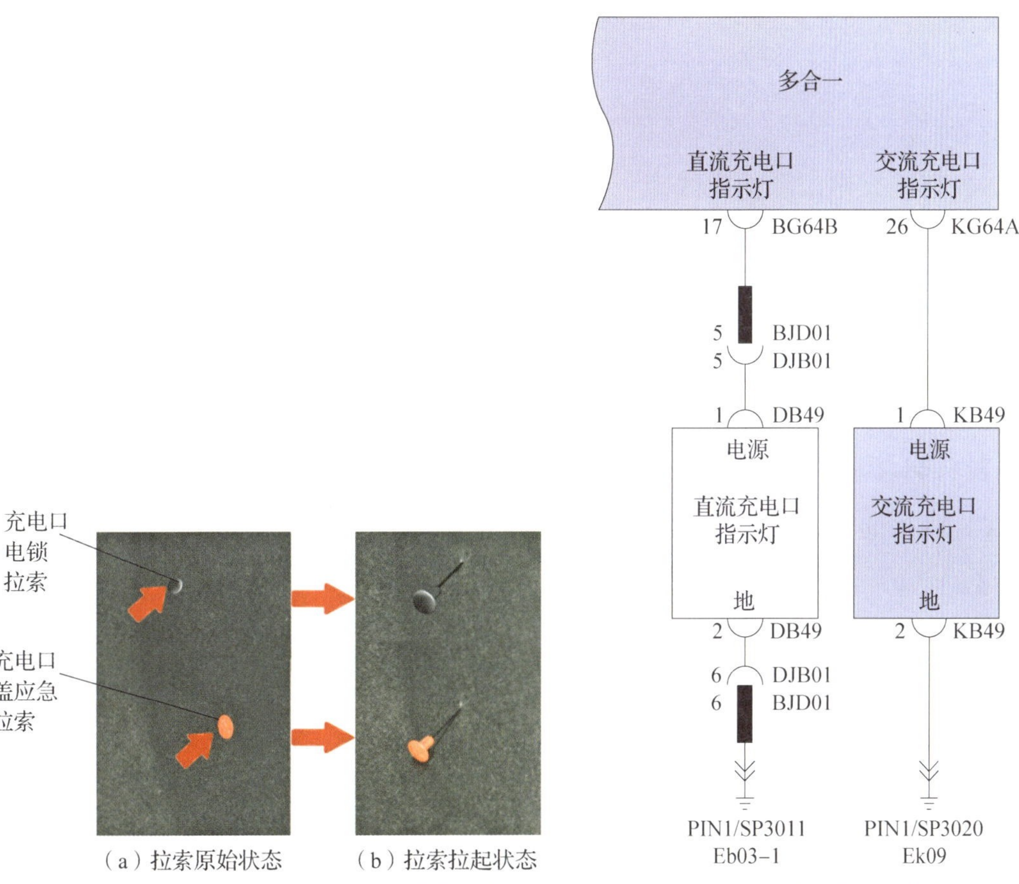

（a）拉索原始状态　（b）拉索拉起状态

图 9－7　充电口盖应急拉索和充电口电锁拉索

图 9－8　充电口指示灯电路

充电口指示灯工作情况如下：

（1）当动力电池处于未充电的状态时，打开充电口盖，BCM 立即驱动充电口指示灯工作 3min，工作期间检测到充电枪插入 3s 后或充电口盖关闭则立即停止驱动充电口指示灯。

（2）当充电口盖为打开状态，车门状态由关闭变为打开状态时，BCM 也立即驱动充电口指示灯工作 3min，工作期间当动力电池转变为充电状态 3s 后或充电口盖关闭则立即停止驱动充电口指示灯。

（3）OFF 挡时，当充电口盖为打开状态，BCM 接收到 PEPS 发送的解锁信号时，立即驱动充电口指示灯工作 3min，工作期间若收到车辆上锁信息或充电口盖变为关闭状态则立即停止驱动充电口指示灯。

（4）OFF 挡时，当充电口盖为打开状态，BCM 接收到 PEPS 发送的遥控寻车信息时，立即驱动充电口指示灯工作 3min，工作期间当收到车辆上锁信息 3s 后或充电口盖变为关闭状态则立即停止驱动充电口指示灯。

（5）任意情况下，若充电口盖关闭或车速大于 2km/h 则立即停止驱动充电口指示灯。

4. 直流充电口和快充线束

直流充电口是充电桩与新能源汽车快充口进行物理连接，完成充电和控制引导的插接器，如图 9－9 所示。直流充电口一共有 9 个端子，其含义见表 9－1。其中 S+ 和 S− 是 CAN–H 和 CAN–L 通信端子，CC1 为充电桩连接确认端子，CC2 为车辆连接确认端子，DC+ 和 DC－为直流高压电源端子，A+ 和 A− 是低压辅助电源端子（A+ 也称为快充唤醒信号，A− 也称为快充唤醒接地）。快充线束是连接快充口与高压控制盒之间的线束，在充电时，快充线束发热属于正常现象。

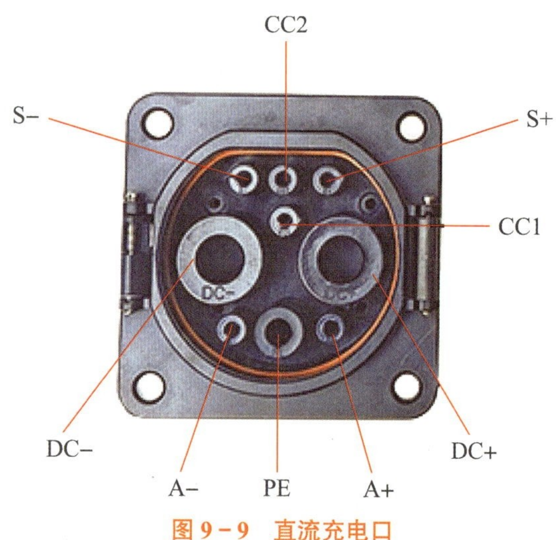

图 9－9　直流充电口

表 9－1　直流充电口各端子的含义

编号 / 标识	额定电压与额定电流	功能定义
DC+	750V/1 000V 80V/125A/200V/250A	直流高压电源正极
DC−	750V/1 000V 80V/125A/200V/250A	直流高压电源负极
PE	—	保护接地
S+	30V/2A	充电通信 CAN–H
S−	30V/2A	充电通信 CAN–L
CC1	30V/2A	充电连接确认 1（充电桩）
CC2	30V/2A	充电连接确认 2（车辆）
A+	30V/2A	低压辅助电源正
A−	30V/2A	低压辅助电源负

5. 高压控制盒

不同车身快充接触器安装在不同的位置，它可以安装高压控制盒或充配电总成（包括车载充电机、电源分配盒、DC–DC 转换器）等不同的电控总成。高压控制盒一般安装在动力舱，它对整车高压配电进行管理，实现对各路输出的分别控制，并具备过流、过压、过温保护功能，同时具备 CAN 通信功能，实时交换数据。高压控制盒（见图 9－10）也是直流充电系统中的一部分，高压控制盒内有快充接触器、车载充电机熔断器，直流充电电流经过高压控制盒再到动力电池。

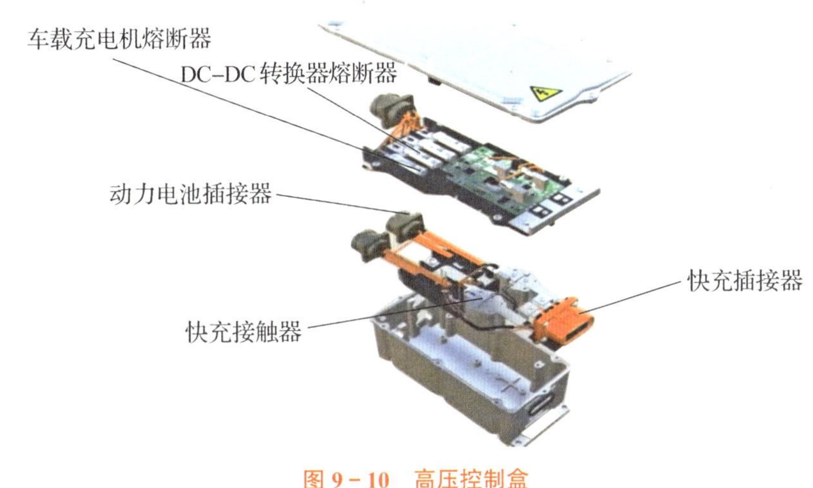

图 9－10　高压控制盒

二、直流充电系统的工作

1. 直流充电系统的充电条件

为保证车辆及充电线路的安全，提高车辆的使用寿命，直流充电系统完成正常充电需要满足以下条件：

（1）充电连接确认信号 CC1、CC2 正常。

（2）车载充电机供电电源正常。

（3）充电唤醒信号 12V 输出正常。

（4）充电桩、整车控制器、动力电池管理系统之间通信正常。

（5）动力电池单体电池温度在 5 ～ 45℃。

（6）单体电池最高电压与最低电压之差小于 0.3V。

（7）单体电池最高温度与最低温度之差小于 15℃。

（8）绝缘电阻大于 20MΩ。

（9）实际单体电池最高电压不大于单体电池额定电压 0.4V。

（10）高低压电路连接正常。

2. 直流充电系统的工作原理

直流充电系统工作原理图如图 9－11 所示。K1、K2 是充电桩高压正、负极继电器，K3、K4 是充电桩的低压唤醒正、负极继电器，可以输入低压电给整车控制器（VCU）唤醒 VCU；K5、K6 是动力电池包高压正、负极继电器。检测点 1 是充电桩检测快充插接器与车辆连接状态的识别信号，检测点 2 是 VCU 检测快充插接器与车辆连接状态的识别信号。

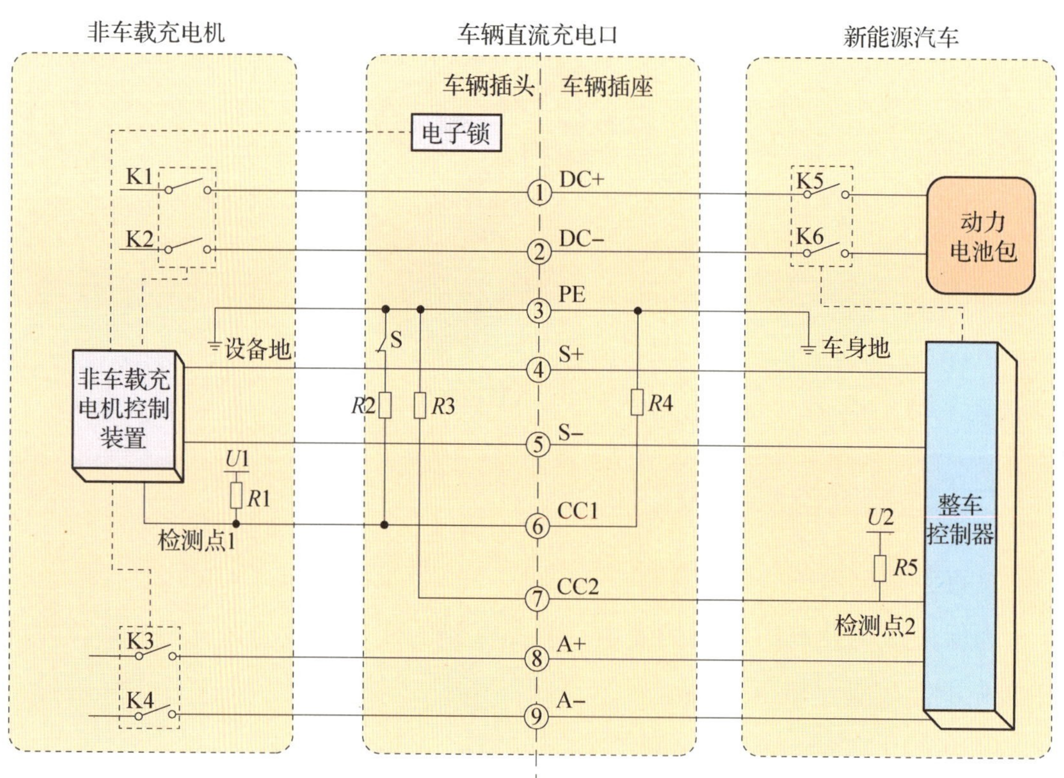

图 9－11　直流充电系统工作原理图

K1—充电桩高压正极继电器；K2—充电桩高压负极继电器；K3—充电桩低压唤醒正极继电器；K4—充电桩低压唤醒负极继电器；K5—动力电池包高压正极继电器；K6—动力电池包高压负极继电器

当 CC1、CC2 检测到电压值符合要求之后，即认为充电桩与车辆可靠连接，K3、K4 闭合，充电桩输出 12V 低压唤醒电源至 VCU，两者辨认成功之

后，VCU 报送动力电池的充电需求，充电桩报送供电能力，两者成功匹配。继而 VCU 和 BMS 控制 K5、K6 闭合，充电桩控制 K1、K2 闭合，这时进入充电阶段，VCU 发送充电请求及充电状态报文，充电桩反馈充电状态报文。当车辆及充电桩判断充电结束后，断开 K1、K2、K5、K6，充电截止，断开 K3、K4，充电完成。

3. 直流充电系统的工作过程

（1）检测检测点 1 和检测点 2 电压是否符合要求，当电压符合要求后，充电桩与车辆互认连接可靠。

按下充电枪枪头按键，插入车辆插座，再放开充电枪枪头按键。这时，CC1 将检测到 12V—6V—4V 的电压变化，一旦检测电压达到 4V，充电桩将判断充电枪插入成功，车辆接口完全连接，并将充电枪中的电子锁进行锁定，防止充电枪枪头脱落。

（2）K3、K4 吸合，充电桩输出 12V 的低压唤醒信号，通过 A+ 和 A- 给 VCU，唤醒 VCU。

（3）VCU 会发送动力电池直流充电的需求，充电桩会报送要输出的充电参数。VCU（整车控制器）发送允许直流充电信号后直流充电系统才能工作，VCU 控制直流充电开始过程如图 9－12 所示。VCU 通过 CAN 线与驱动电机控制器（IPU）、BMS 进行通信。

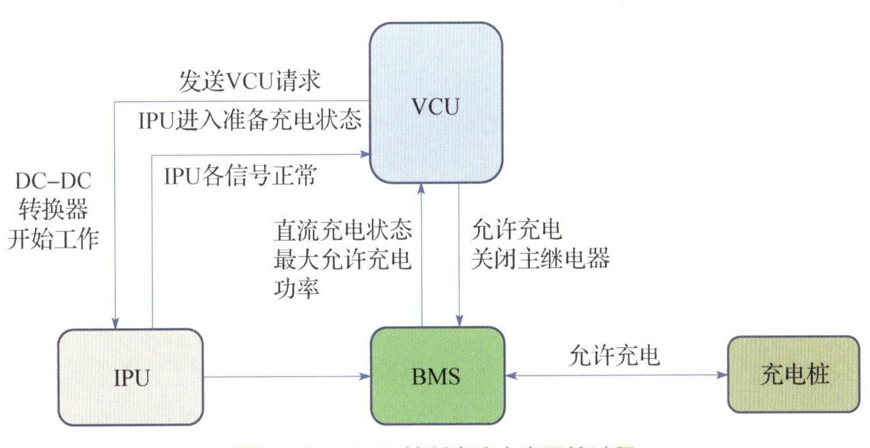

图 9－12　VCU 控制直流充电开始过程

（4）VCU 和充电桩进行匹配之后，动力电池的 BMS 会控制动力电池 K5、

K6 继电器吸合一次，充电桩会控制 K1、K2 吸合一次，进行漏电检测，自检各自绝缘情况。

（5）VCU 和充电桩绝缘符合要求后，K1、K2、K5、K6 继续吸合，正式进入充电阶段。

（6）VCU 发出充电请求和充电报文状态，充电桩反馈充电报文状态，当充电桩和车辆之间判定充电结束后，就会断开 K1、K2 和 K5、K6，充电停止，K3、K4 也随即断开，充电结束。

VCU 控制直流充电结束过程如图 9－13 所示。VCU 收到充电桩消耗功率为 0 和 BMS 结束充电的信号时，通知 IPU 结束 DC-DC 转换器的工作，通知 BMS 断开高压继电器（接触器）。

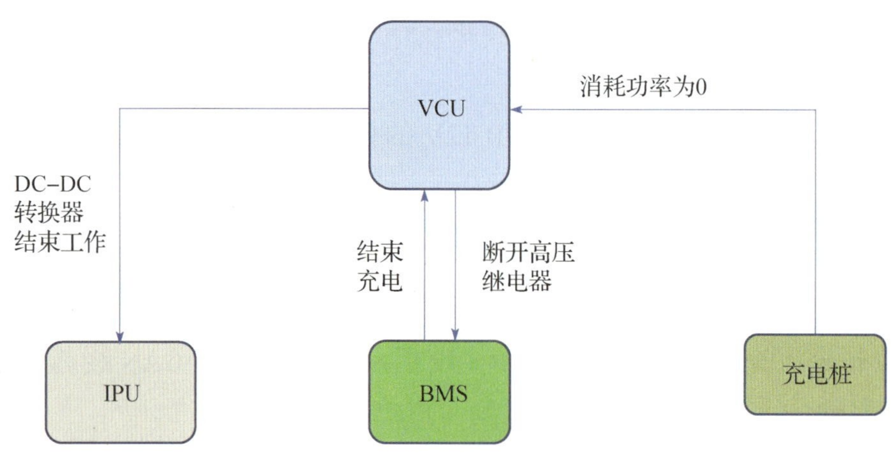

图 9－13　VCU 控制直流充电结束过程

三、直流充电系统的电路分析

（1）比亚迪秦 EV 直流充电口连接电路如图 9－14 所示。BMS 通过 BK51/14 端子连接直流充电口“直流充电口温度 1”BK53（A）/7 端子，直流充电口内部的温度传感器将 DC+ 正极充电电缆的温度传输给 BMS。BMS 通过 BK51/20 端子连接直流充电口“直流充电口温度 2”BK53（A）/9 端子，直流充电口内部的温度传感器将 DC- 负极充电电缆的温度传输给 BMS。当正负极充电电缆温度过高时，BMS 会减小充电功率或停止充电。

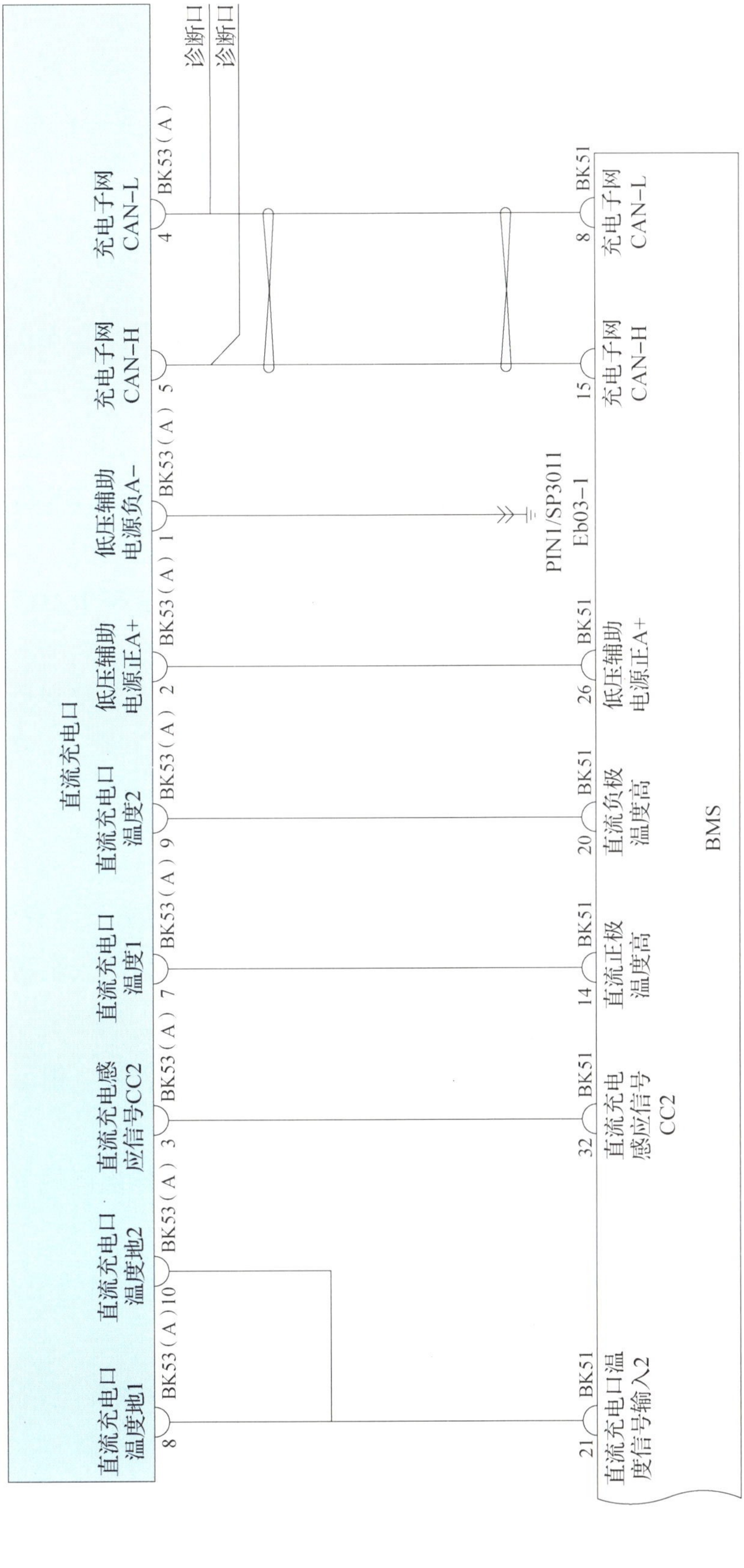

图9－14　比亚迪秦EV直流充电口连接电路

（2）充电口 S+、S- 即充电口 BK53（A）/5、BK53（A）/4 分别是充电子网 CAN-H 和 CAN-L，BK53（A）/5、BK53（A）/4 分别连接 BMS 的 BK51/15 和 BK51/8，用来传递充电需求等信号；BK53（A）/5、BK53（A）/4 同时连接到诊断口，便于车辆诊断时传输信息。

（3）直流充电感应信号 CC2 通过直流充电口 BK53（A）/3 端子和导线连接 BMS BK53（A）/3 端子。

（4）充电口 A+ 和 A- 为低压辅助电源正极和负极，分别为 BK53（A）/2 和 BK53（A）/1 端子，分别连接 BMS BK51/26 和搭铁。

（5）比亚迪秦 EV 充配电总成电路如图 9－15 所示。充配电总成内部有电控控制器，F1/22 5A 熔断器为其提供了常电电源，通过 BK46/3 端子和 BK46/19 端子完成搭铁。

（6）直流充电正极接触器和直流充电负极接触器位于充配电总成内，BMS 给这两个接触器提供电源，并检测接触器是否烧结。

任务实施

一、检查直流充电系统前的准备

（1）直流充电口属于车辆上的高压部分，检查前需要做好安全教育。

（2）准备防触电安全防护用品，学生在教师的监督下完成安全防护用品使用前的检查。

（3）准备好实训车辆维修资料，电路和书上的可能有差异，根据实训车辆维修资料进行检查。

（4）充电时可能影响医疗或植入式电子设备，若有特殊疾病的学生，要远离充电设备。

（5）学生只能在教师的指导和监督下进行充电作业或触摸使用充电设备，充电枪为高压元器件，在充电时一定要注意安全。

（6）不能对充电设备及相关端口进行改装，避免导致充电故障，引起火灾。

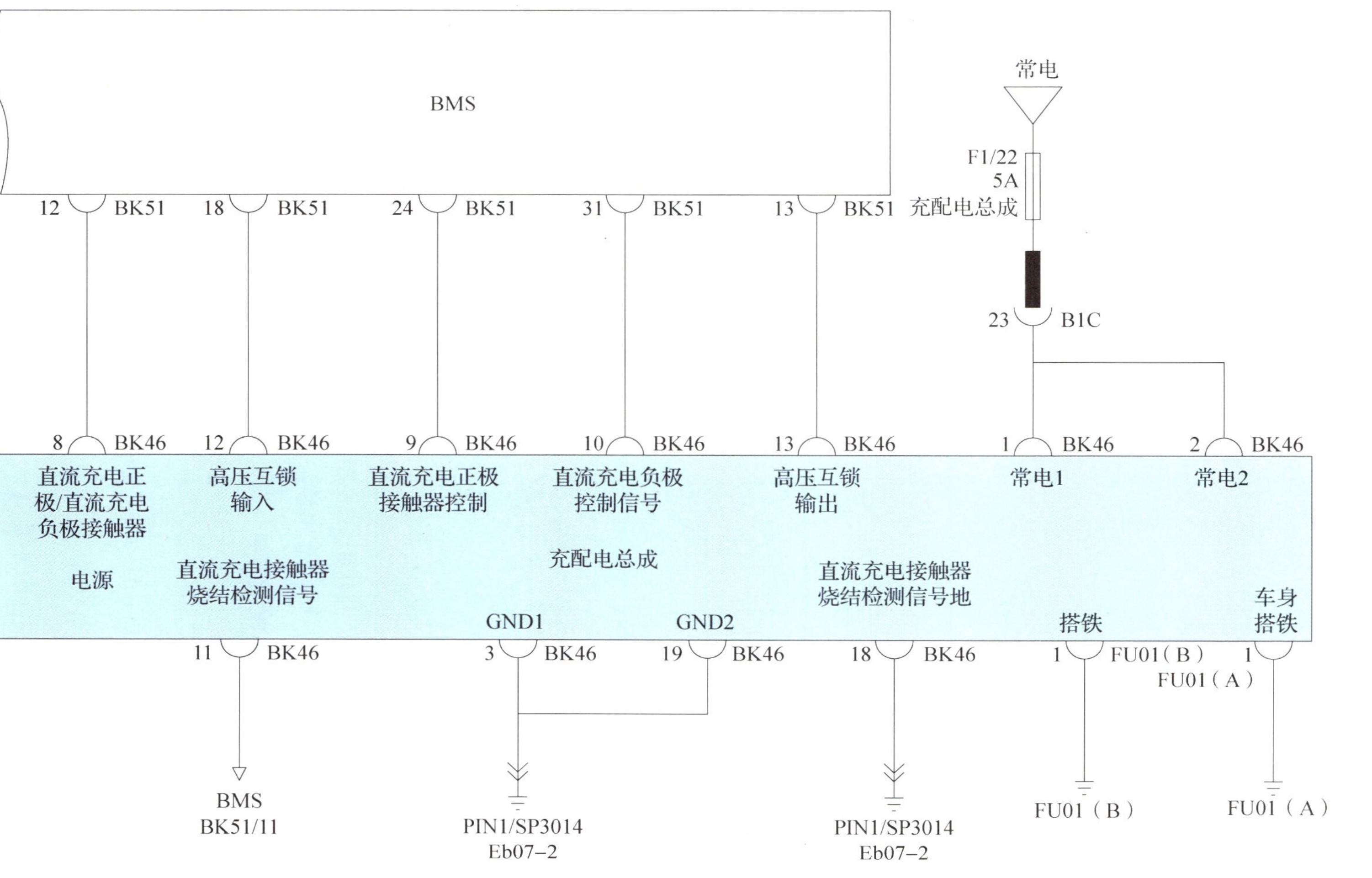

图 9－15　比亚迪秦 EV 充配电总成电路

二、直流充电系统故障的诊断

当直流充电系统出现无法充电的故障时，排除故障的一般流程如图 9－16 所示。直流充电系统无法充电故障的常见现象包括直流充电桩端显示未连接车辆；ON 挡和 READY 挡能充电，OFF 挡和 ACC 挡不能充电；车辆仪表盘不显示插枪信号；等等。

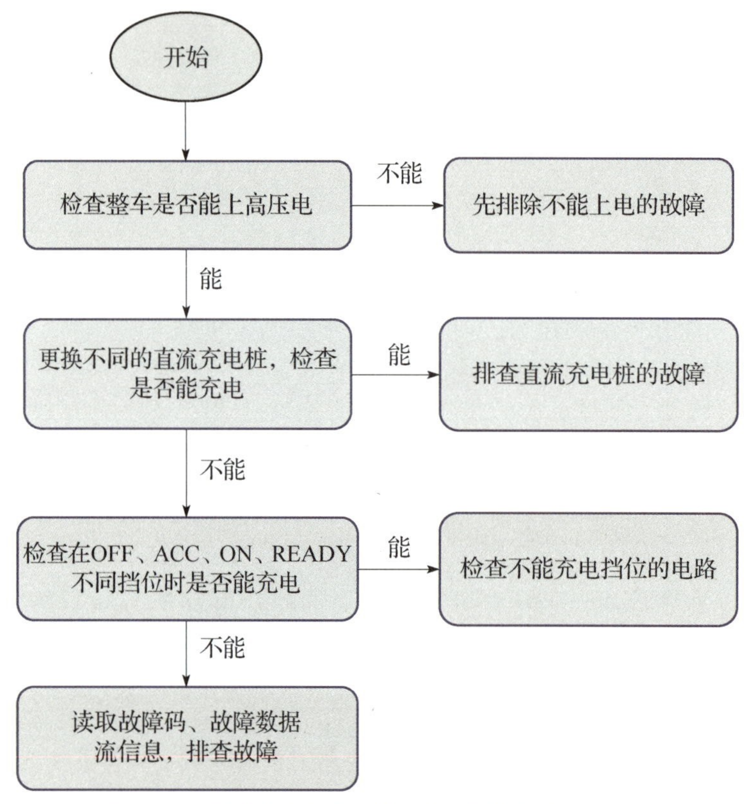

图 9－16　排除直流充电系统无法充电故障的一般流程

三、直流充电系统的检修

1. 检查 CC1

（1）当直流充电桩端显示未连接车辆时，需要检查 CC1 及其他插接器是否有磨损、烧损、导电层脱落等情况，若有，则需要更换充电枪线束。

（2）测量 CC1 和 PE 之间的阻值，正常电阻值约为 1 000Ω，如果阻值不正常，建议更换充电枪线束。

2. 检查 A+ 和 A-

车辆 ON 挡、READY 挡能充电，OFF 挡、ACC 挡不能充电。ON 挡、READY 挡时，BMS 已经被唤醒；OFF 挡、ACC 挡时，如果 BMS 不能被唤醒，则车辆不能充电，需要检查相关的电路。

检查 A+ 与 BK51/26 之间的阻值应不大于 1Ω，与车身之间的阻值应该在 1kΩ 以上，A- 与搭铁之间的阻值应不大于 1Ω，若测量结果异常则排查线束。

3. 检查 CC2

若车辆仪表盘界面未显示插枪信号，按上述方法检查 A+ 和 A-。测量 CC2 与 BMS BK51/32 之间的阻值，应小于 1Ω。车辆上 ON 挡电后，测量 CC2 与 PE 端子之间的电压，应为 6V 左右，若测量结果异常，应排查线束。

4. 检查 CAN 线

当车辆直流充电口插入充电枪后，仪表盘显示插枪信号，一会儿即显示充电完成，但车辆无法正常充电。此时，需要检查 CAN-H 线端子 S+、CAN-L 线端子 S- 之间的终端电阻，阻值应在 120Ω 左右。车辆上 ON 挡电，分别测量 S+、S- 与接地之间的电压，应为 2.5 ～ 3.5V、1.5 ～ 2.5V，若测量结果异常，应排查线束。

5. 读取数据流

查看充电桩是否报出相关的故障码，维修充电桩或由充电桩供应商进行维修。用故障诊断仪读取 BMS 是否有故障码，根据故障码排查相关故障。用故障诊断仪查看 BMS 数据流，读取单体电池最高、最低电压及单体电池最高温度，查看单体电池电压是否有跳变现象，单体电池最高电压为 4.25V 左右，如果单体电池电压突然跳变为 4.25V 左右，需要对单体电池做均衡修复。记录跳枪阶段的 SOC 值、单体电池电压数据，因电池改变电流阶段，充电桩本身充电过慢会导致 BMS 判定为过流。如果读取到充电温度传感器 1 相关故障可以检查温度传感器 1 及线束。

（1）关闭一键起动开关，断开直流充电口 BK53（A）插接器。

（2）打开一键起动开关，用数字万用表电压挡检查 BMS 供给直流充电温度传感器 1 的电压，应是 5V 左右。

（3）检查直流充电温度传感器 1 的电阻，检查 BK53（A）/7 和 BK53（A）/8 之间的电阻，其阻值应符合维修手册的标准值。

（4）检查线束。关闭一键起动开关，断开 BMS 的插接器 BK51，分别检查

BK53（A）/7 和 BMS BK51/14 之间的电阻、BK53（A）/8 和 BMS BK51/21 之间的电阻，阻值均应小于 1Ω，否则检修或更换线束。BK51 插接器的端子序号如图 9－17 所示。

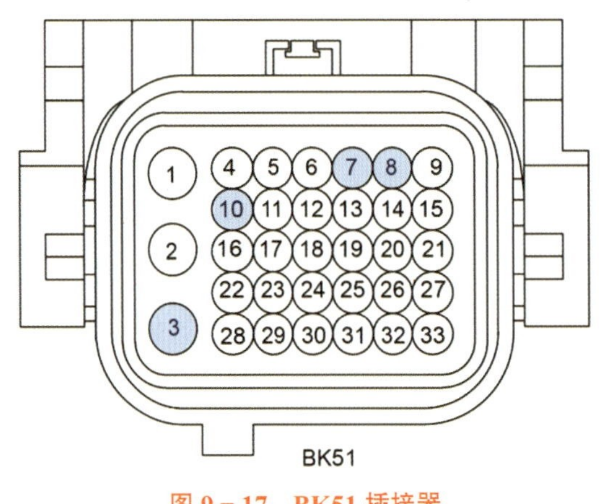

图 9－17　BK51 插接器

新能源汽车快充口基本检测教程

四、直流充电口的更换

（1）车辆熄火，OFF 挡，断开充配电总成接动力电池的插接器。

（2）拆卸直流充电口线鼻子。将充配电总成端的动力电池包输出高压线束插接器拆卸。拆卸充配电总成上盖。用 8 号套筒工具拆卸直流口线鼻子，如图 9－18 所示。

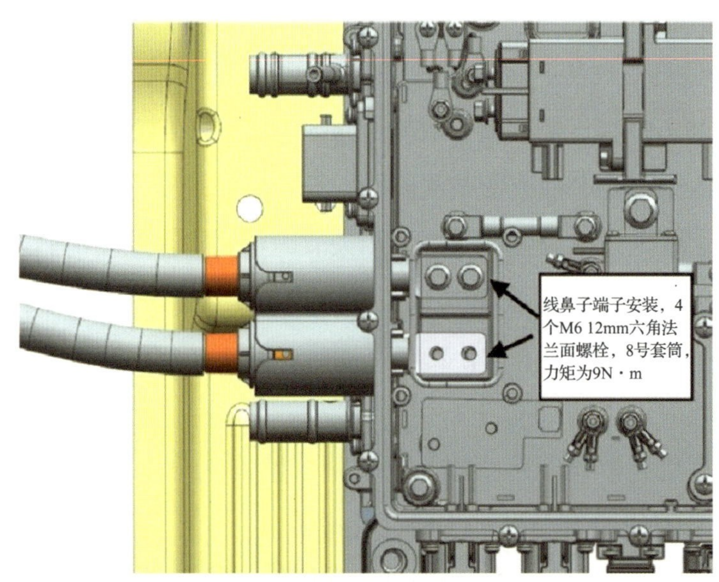

图 9－18　拆卸直流充电口线鼻子

（3）拆卸管夹、低压线束插接器、搭铁线，如图 9－19 所示。拆卸前格栅后，用 10 号套筒工具拆卸管夹，用工具将扎带与低压线束插接器卡花从钣金支架上撬下，拔出低压接插件。用 10 号套筒工具拆卸搭铁螺栓。

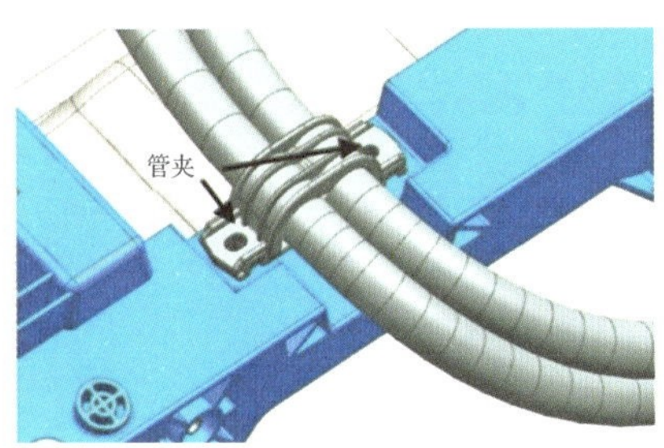

（a）拆卸管夹

（b）撬下低压线束插接器卡花

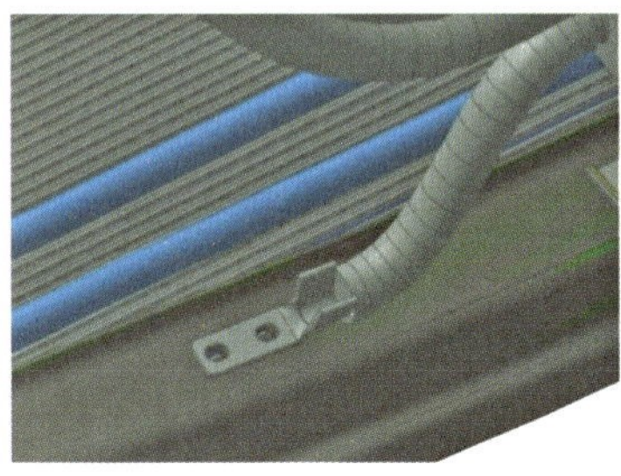

（c）拆卸搭铁线

图 9－19　拆卸管夹、低压线束插接器、搭铁线

（4）拆卸直流车辆插座，如图 9－20 所示。用 10 号套筒工具拆卸直流充电口钣金支架与前端模块以及防撞梁的螺栓，用 8 号套筒工具拆卸充电口与钣金支架的安装螺栓。

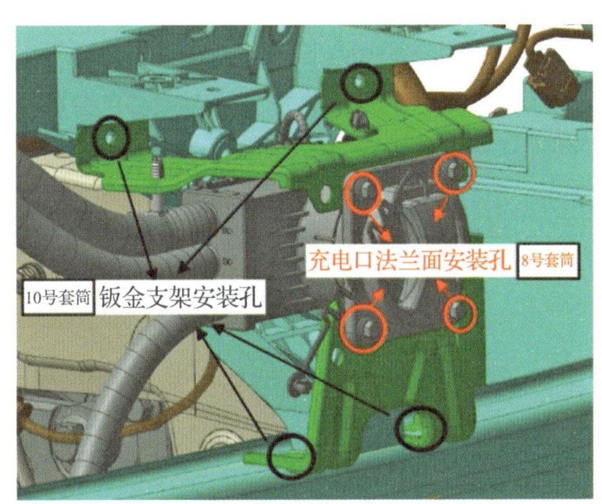

图 9－20　拆卸直流车辆插座

（5）按相反顺序安装正常的直流充电口。

任务小结

本任务主要介绍了直流充电系统的组成、工作原理和工作过程，通过学习，学生应掌握检修直流充电系统故障的正确操作方法与技巧，能正确进行直流充电口的更换。

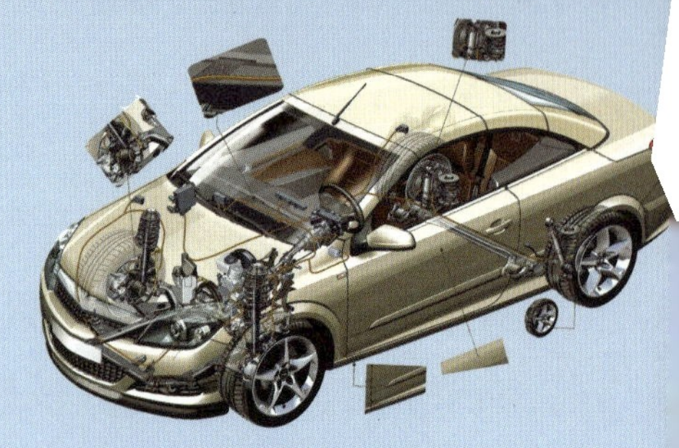

新能源汽车动力电池交流充电系统的检修

学习目标

知识目标：1. 掌握交流充电系统的组成；
2. 掌握交流充电系统的工作原理和工作过程；
3. 掌握交流充电系统的检修方法。

能力目标：1. 能就车认识交流充电系统的组成；
2. 能小组合作检修交流充电系统故障。

素养目标：1. 培养工作中的安全意识；
2. 培养工作中的责任意识；
3. 培养工作中的服务意识。

建议学时

6 个学时。

任务情境

新能源汽车高级维修工小张接到任务工作单：车主驾驶一辆比亚迪秦纯电动汽车时发现仪表盘显示剩余电量为 30%，使用家用充电桩或随车充电都无法充电。如果你是小张，应该如何检修该故障呢？

知识介绍

一、交流充电系统的组成

新能源汽车交流充电也称为慢充，其交流充电枪和交流充电口已经标准化，交流充电通常有交流 220V 和交流 380V 两种，交流 380V 比 220V 充得快些。高压电经过变压器、电量表、非车载充电机后到达充电枪接口，交流电经过车上的交流充电口后再经过车载充电机（OBC）转换成直流电，输入汽车高压蓄电池。交流充电系统的特点为充电功率小、充电时间长，但充电设备成本低。新能源汽车交流充电系统主要由供电设备（交流充电桩或随车充电枪）、充电枪、交流充电口、车载充电机、高压线束、高压控制盒、动力电池、整车控制器（VCU）、低压控制线束和交流充电线束等组成。交流充电系统如图 10－1 所示。

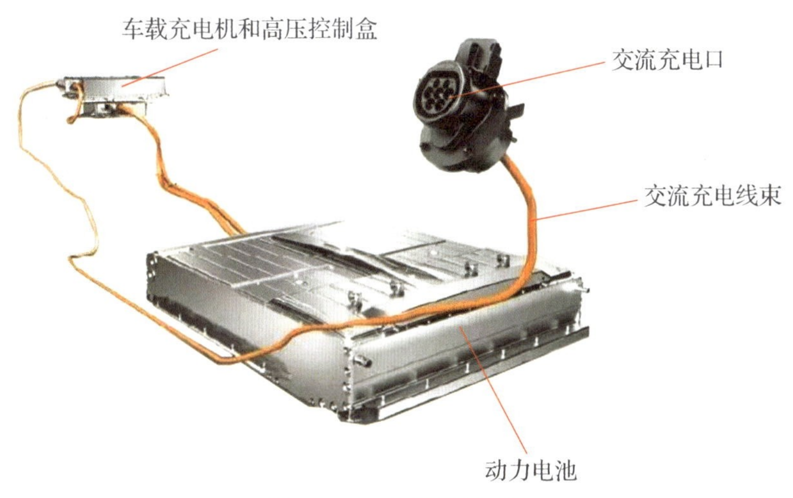

图 10－1　交流充电系统

1. 供电设备

交流充电系统的供电设备主要是交流充电桩和随车充电枪两种，如图 10－2 所示。交流充电桩是采用有线传输方式为具有车载充电机的新能源汽车提供交流电能，提供人机操作界面和交流充电口，并具备相应保护功能的专用装置。交流充电桩应用在各种大、中、小型新能源汽车充电站，有便携式和壁挂式等类型，其特点是充电功率较小，充电时间较长。

新能源汽车的随车充电枪将车辆与家用标准 220V/50Hz/10A 单相两极带地插座相连，为车辆充电。随车充电枪由符合国家标准的供电插头、充电枪、充电枪保护盖、充电线缆组成。供电插头连接家用标准供电插座，充电枪连接车辆交流充电口。

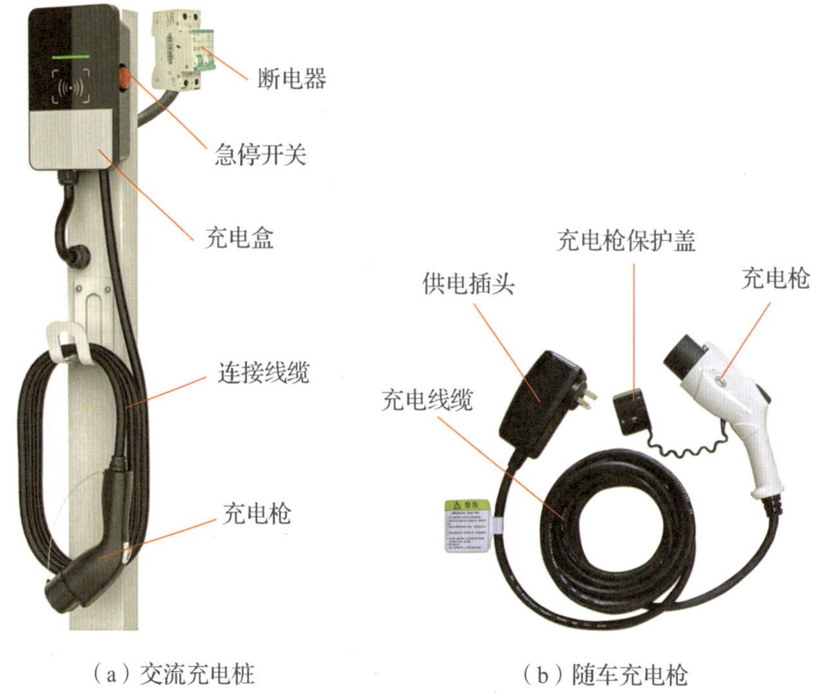

（a）交流充电桩　　（b）随车充电枪

图 10－2　交流充电系统的供电设备

交流充电桩的一般结构如图 10－3 所示。主回路由输入保护断路器（QF）、交流智能电能表（SM）、交流控制接触器（KM）和插接器组成；二次回路由控制继电器（K）、急停按钮、运行状态指示灯、充电桩智能控制模块和人机交互设备（显示、输入、刷卡模块）组成。

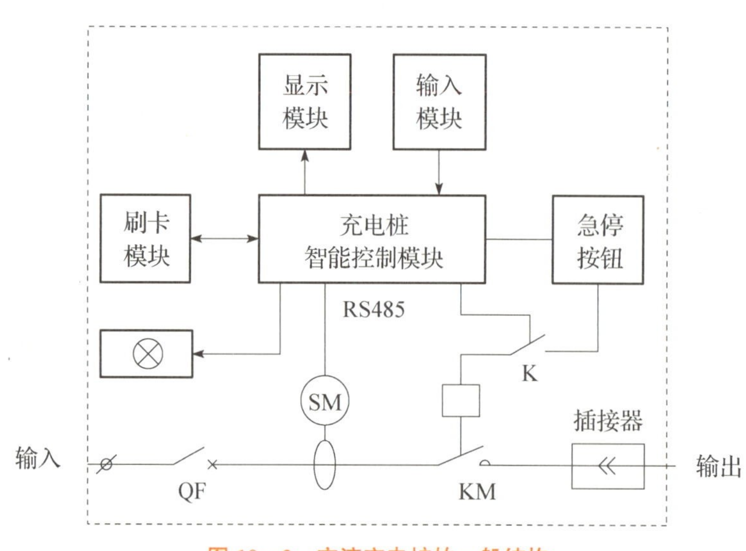

图 10－3　交流充电桩的一般结构

主回路输入保护断路器 QF 具备过载、短路和漏电保护功能；交流智能电能表 SM 进行交流充电计量；交流控制接触器 KM 控制电源的通断；插接器与新能源汽车的充电口连接，具备锁紧装置和防误操作功能。二次回路控制继电器 K 具备“起停”控制与“急停”控制功能；运行状态指示灯提供“待机”“充电”“充满”状态指示；人机交互设备则提供刷卡、充电方式设置及起停控制等功能。

2. 交流充电口

交流充电口适用于新能源汽车传导充电，大多数位于传统汽车的油箱口位置。打开充电口盖后可以看到交流充电口为 7 孔式，如图 10－4 所示。其中，CC 是车辆控制装置充电连接确认端子；CP 是控制引导端子；PE 是保护接地（搭铁）端子，连接供电设备地线和车辆充电平台；L1（或 L）是三相交流电“U”端子；L2（或 NC1）是三相交流电“V”端子；L3（或 NC2）是三相交流电“W”端子；N 是三相交流电“中性”端子。L1、N 是接家用 220V 电的两个端子。交流充电枪如图 10－5 所示，其接线端子和车上的交流充电口是一一对应的。

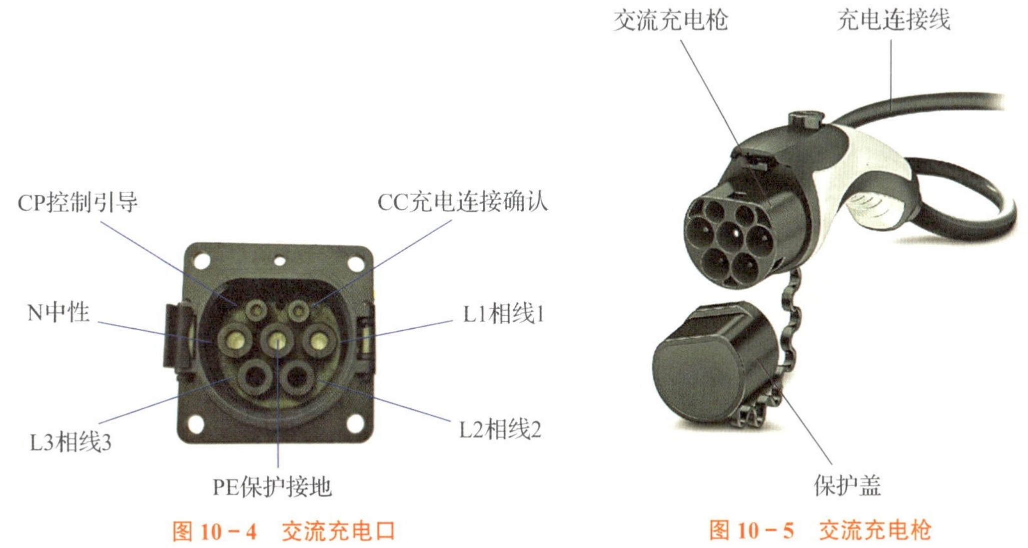

图 10－4　交流充电口　　图 10－5　交流充电枪

3. 交流充电线束

交流充电线束是连接交流充电口与车载充电机之间的线束，其作用是将交流充电桩输入的 220V 或 380V 的交流电输送到车载充电机。交流充电线束的一端连接车载充电机交流输入端，另一端连接交流充电口。

4. 车载充电机

车载充电机（见图 10－6）又称为交流充电机，固定安装在汽车上。车载充电机的作用是将输入的 220V 或 380V 交流电转换为新能源汽车动力电池所需的高压直流电，以实现动力电池电量的补给。车载充电机内有分线盒，它的作用相当于熔断器盒，主要是对高压回路进行过载和短路保护，将动力电池总成输送的电能分配给驱动电机控制器、空调压缩机和 PTC 加热器。交流充电时，充电电流经过分线盒再进入动力电池为其充电。

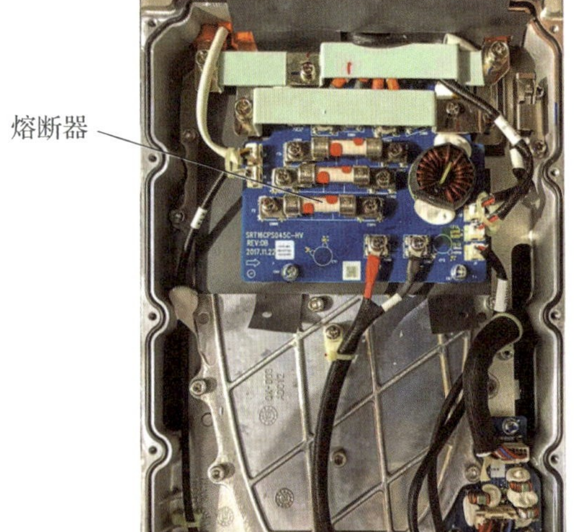

图 10－6　车载充电机

> **素养微课堂：学习党的二十大报告**
>
> 加快建设国家战略人才力量，努力培养造就更多大师、战略科学家、一流科技领军人才和创新团队、青年科技人才、卓越工程师、大国工匠、高技能人才。

5. 充电连接指示灯和充电口指示灯

充电连接指示灯在组合仪表或多媒体显示屏上，插好充电枪，充电连接指示灯点亮，如图 10－7 所示。充电连接指示灯还可以提醒驾驶人断开充电枪后再上电行驶。

充电口指示灯位于车辆充电口上方，用于指示不同的充电状态，如图 10－8 所示。在任意电源挡位，当 BCM 收到 BMS 的充电状态信息时，驱动充电口指示灯工作，显示充电状态。不同厂家指示灯的含义是有区别的，可参考表 10－1。

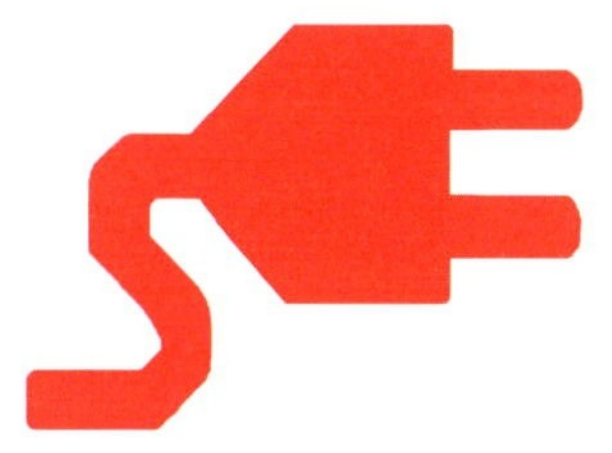

图 10－7　充电连接指示灯

图 10－8　充电口指示灯

表 10－1　充电口指示灯的含义（参考）

颜色	状态	说明
白色	常亮 2min	充电照明
黄色	常亮 2min	初始化
绿色	闪烁 2min	充电过程
	常亮 2min	充电完成
蓝色	常亮 2min	预约充电
蓝色或紫色	闪烁 2min	放电过程
红色	常亮 2min	充电故障

二、交流充电系统的工作

1. 交流充电系统的工作要求

（1）220V/380V 的供电电源和车载充电机工作正常。

（2）交流充电桩、VCU、BMS 间通信正常。

（3）动力电池单体电池温度在规定的范围（5～45℃）内；单体电池最高电压与最低电压之差在规定范围（小于 0.3V）内；单体电池最高电压不能超出额定电压规定范围；单体电池最高温度与最低温度之差在规定范围（小于 15℃）内。

（4）充电连接确认信号和充电唤醒信号正常。

（5）高压元器件的绝缘性能要符合要求，如绝缘阻值大于 20MΩ。

（6）其他要求，如与充电有关的高低压电路正常等。

2. 交流充电系统的工作原理

交流充电系统工作原理如图 10－9 所示。供电控制装置安装在充电桩内，车辆控制装置集成在车载充电机或充配电总成或 VCU 中，电阻 Rc、$R4$ 和开关 S3 安装在车辆的交流充电口内。开关 S3 与交流充电枪的下压按钮联动，按钮下压，则开关 S3 断开；松开按钮，按钮弹起回位，则开关 S3 闭合。开关 S1 为交流充电桩内部开关，开关 S2 为车辆内部开关。*R*1 参考值为 1 000Ω，*R*2 参考值为 1 300Ω，*R*3、*R*4 电阻参考值为 2 740Ω。

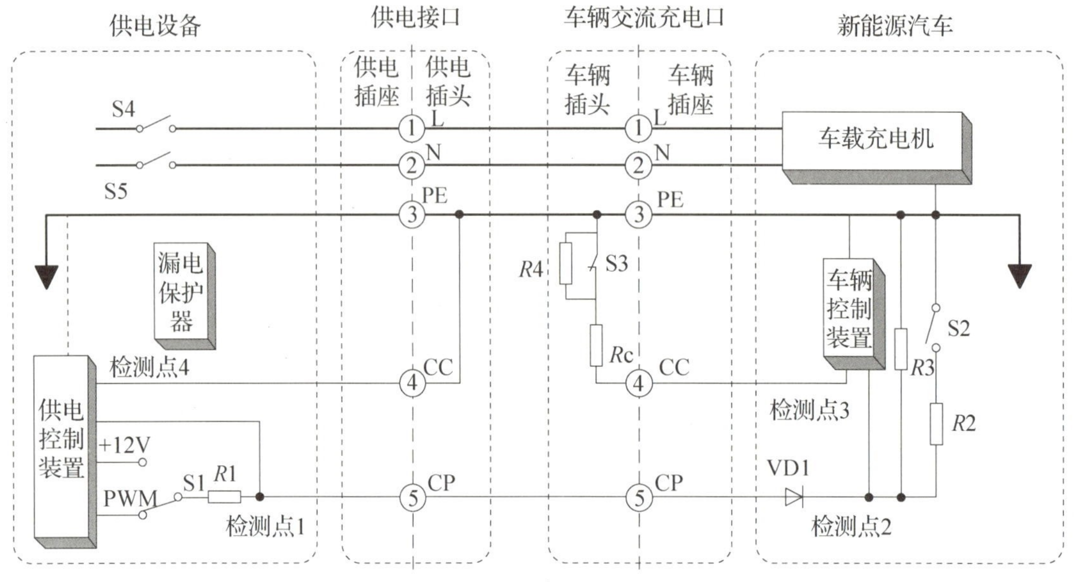

图 10－9　交流充电系统工作原理

3. 交流充电系统的工作过程

交流充电系统的工作过程比较复杂，各种交流充电系统的工作过程也有区别，大致分为以下几个步骤。

（1）交流充电桩与充电枪连接确认。交流充电桩与充电枪连接确认是通过供电控制装置接收并处理检测点 4 的信号来进行的。当检测点 4 检测到电压变为接地电压时，交流充电桩确认与充电枪连接完成。

（2）交流充电口与充电枪连接确认。交流充电口与充电枪连接确认是通过车辆控制装置接收并处理检测点 3 与 PE 之间的信号来进行的。未插枪充电时，开关 S3 处于闭合状态；下压充电枪按钮后，检测点 3 可以检测到 CC 与 PE 端处于断开状态，检测到 12V 或 5V 电压；当充电枪插入车辆交流充电口后，开关 S3 仍然处于断开状态，检测点 3 检测到 *R*c 和 *R*4 两电阻之和；当开关 S3 弹回闭合后，*R*4 电阻被短路，检测点 3 只能检测到 *R*c 的电阻值，此时，车辆控制装置确认交流充电口和充电枪连接完成。

（3）确认充电连接装置完全连接。在交流充电桩和充电枪、车辆交流充电口和充电枪都已经完成连接后，交流充电桩供电控制装置闭合开关 S1，供电控制装置提供 12V 电源，依次经过开关 S1、$R1$、充电枪 CP、车辆交流充电口 CP、二极管 VD1、$R3$、车身接地。当检测点 1 的电压为 9V 时，交流充电桩确认充电连接装置完全连接。交流充电桩确认完全连接后，交流充电桩供电控制装置 PWM 端子通过开关 S1 提供脉冲宽度调制信号。当车辆控制装置在检测点 2 检测到 PWM 信号时，车辆控制装置确认充电连接完成。

（4）车辆充电准备就绪。通过 CC 充电连接确认后，车载充电机完成自检并向 VCU、BMS 发出连接确认信号和充电唤醒信号，VCU 唤醒仪表盘显示连接状态。BMS 检测动力电池是否需要充电，是否符合充电工作要求的温度、电压等，并计算所需充电电流。车辆控制装置闭合开关 S2，车辆充电准备就绪。

（5）交流充电桩准备就绪。交流充电桩准备就绪后，交流充电桩的供电控制装置发出的 PWM 信号峰值电压由 9V 降到 6V，当检测点 1 检测到该信号后，交流充电桩闭合控制开关 S4 和 S5，交流电到达车载充电机。

（6）开始充电。车辆控制装置根据交流充电桩的供电能力、交流充电线束限流值、车载充电机额定电流值三者之间的最小电流值确定最大允许充电电流，当设置完成后正式开始充电。车辆控制装置通过检测点 2 的占空比信号获取交流充电桩的供电能力，通过 Rc 电阻值获取充电电缆限流值。

（7）充电过程检测。在充电过程中需要阶段性检查交流充电桩和车辆交流充电口的连接情况，检测周期不大于 50ms。在充电过程中还需要检查供电能力的变化情况，检查周期不大于 5s。

（8）充电结束。如果车辆达到充电结束条件，如动力电池已经充满，BMS 检测到充电完成后，给车载充电机发送指令，车载充电机停止工作，交流电池正、负继电器（类似开关 S2）断开，充电结束。如果达到充电结束条件，则充电桩控制开关 S1 从 PWM 端子切换到 +12V 端子，并且断开开关 S4 和 S5，停止向车辆充电。

三、交流充电系统的电路分析

1. 充电枪锁止电路

为了防止车辆充电过程中充电枪丢失或掉落，很多新能源汽车具有充电枪锁止功能，相关工作部件如图 10－10 所示，充电枪锁止电机工作时，它通过推杆伸入充电枪锁孔，可以防止充电枪被拔出。充电枪插好后，只要驾驶人按下智能钥匙闭锁按钮，充电枪的防盗功能将开启。如图 10－11 所示，BCM 收到智能钥匙的闭锁信号后通过 CAN 总线将该信号传递到车载充电机，车载充电机控制充电枪锁止电机锁止充电枪，此时充电枪无法拔出。如果需要拔出充电枪，需要按下智能钥匙解锁按钮，解锁充电枪。如果电动解锁失效，还可以通过前舱左前照灯附近的机械解锁拉索解锁。

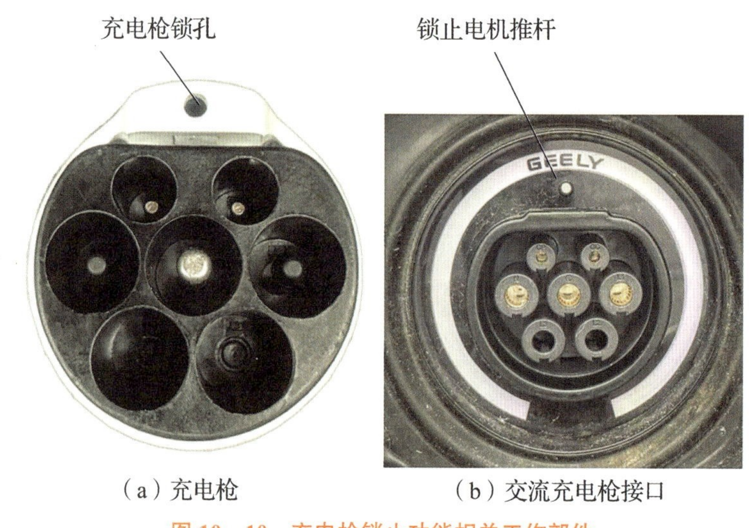

（a）充电枪　　（b）交流充电枪接口

图 10－10　充电枪锁止功能相关工作部件

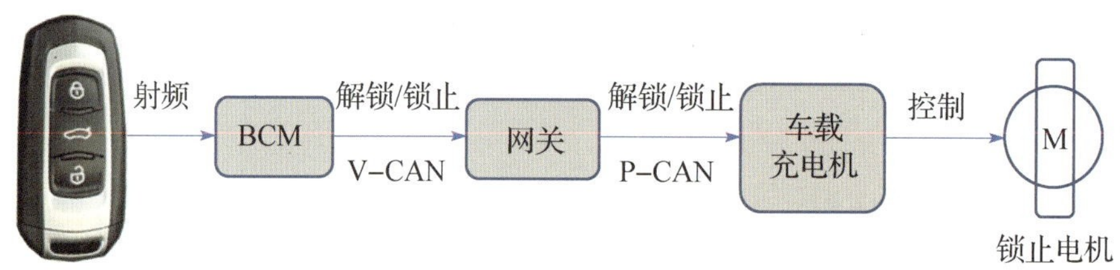

图 10－11　锁止电机控制流程图

比亚迪秦 EV 充放电过程中充电口也具备防盗功能，在多媒体显示屏上打开“充电口电锁防盗”设置界面，进入“充电口电锁工作模式”，选择“开启”或“关闭”防盗功能。充电过程中，可以通过以下几种方式进行解锁并拔下充电枪：OFF 挡状态下，按智能钥匙解锁按钮进行解锁；按主驾门外门把手旁边的微动开关进行解锁；按主驾门内车窗下的中控锁进行解锁。解锁充电枪后，30s 内可拔枪，30s 后电锁会重新闭合，拔枪需重新解锁。

比亚迪秦 EV 交流充电电路如图 10－12 所示。“十合一”内控制器和交流充电口有三条连线，分别起到“闭锁电源”“开锁电源”“闭锁状态检测”的作用。

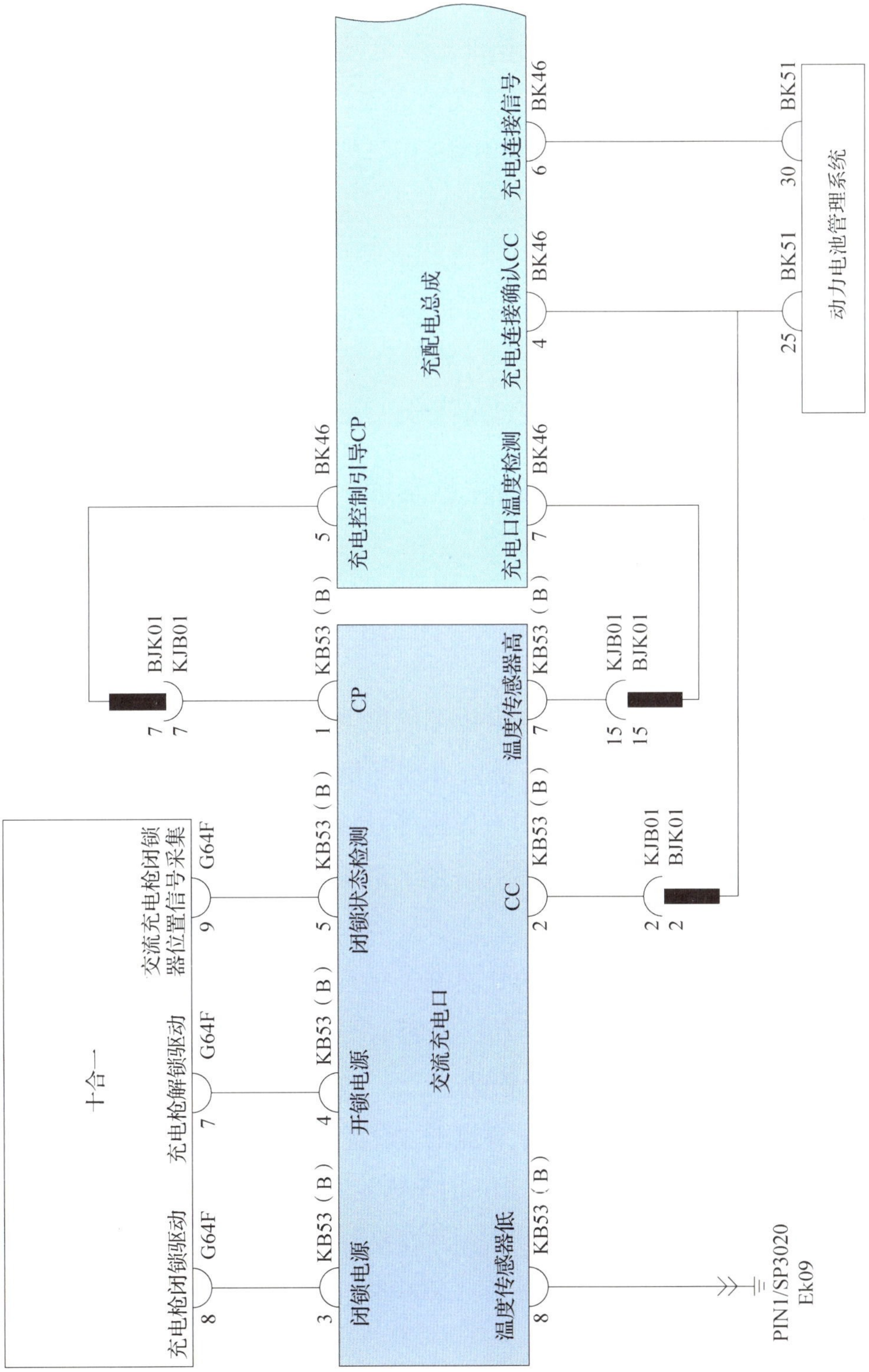

图 10－12　比亚迪秦 EV 交流充电电路

2. 充电连接信号

比亚迪秦 EV 交流充电口 CP 端子 KB53（B）/1 与充配电总成的充电控制引导 CP 端子 BK46/5 连接，充配电总成通过 CP 端子确认充电桩连接。交流充电口 CC 端子 KB53（B）/2 和充配电总成的充电连接确认 CC 端子 BK46/6 与 BMS BK51/25 连接，用于交流充电口与充电枪连接确认。充配电总成充电连接信号端子 BK46/6 与 BMS BK51/30 连接，用于传输充电连接信号。

3. 温度检测信号

比亚迪秦 EV 交流充电口内有温度传感器，可以传感交流充电口的温度，该温度传感器通过 KB53（B）/8 搭铁，将信号通过 KB53（B）/7 传输给充配电总成，如果该温度传感器输出温度过高信号，则充配电总成会减小充电电流。

四、新能源汽车交流充电的注意事项

1. 充电前的准备

当车辆出现交流充电故障时，维修人员需要确认故障现象，确认故障现象前，需要做以下检查。

（1）检查交流充电桩或随车充电枪端的供电设备、充电枪、充电连接装置等是否有线缆磨损、接口生锈、壳体破裂或接口内有异物等异常情况。检查充电枪的防触帽（见图 10－13）是否松动或变形。

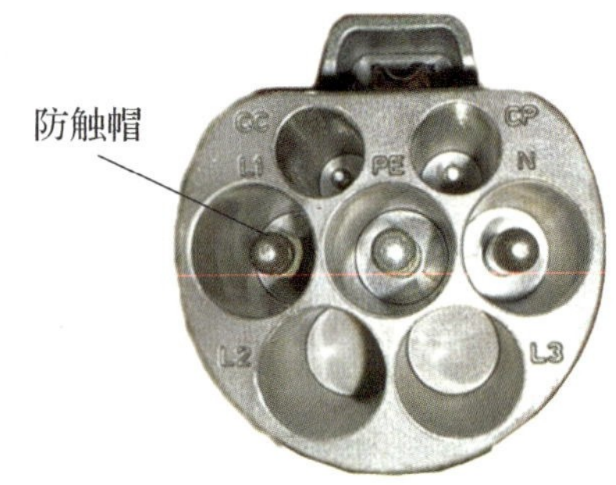

图 10－13　交流充电枪防触帽

（2）检查车辆端交流充电口的金属端子是否因生锈或腐蚀而有损坏或连接松动，是否有异物，检查充电连接线束插接器是否松动。

（3）可通过多媒体设置充电模式，点击“设置”→“新能源”→“预约充电”进入预约充电界面（见图 10－14）。出厂时车辆默认设置为立即充电，即预约充电开关关闭。动力电池电量过低时，当次预约设置无效，车辆会直接进入充电流程，直至充满。连接充电枪，预约设置无效，车辆将立即充电。

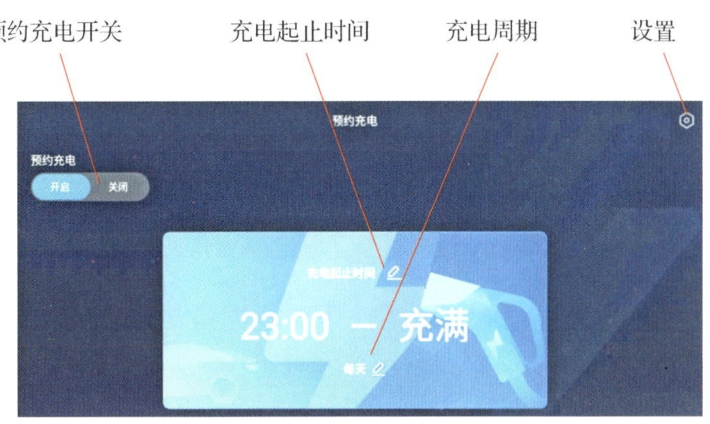

图 10－14　预约充电界面

2. 充电中

（1）充电时，起动车辆可使用空调。为保证充电功率，建议关闭空调。手握充电枪，将充电枪对准交流充电口并推入，确保充电枪插入到位。轻拿轻放，不要撞击充电枪，防止跌落、外力冲撞等给充电枪造成机械损伤。

（2）充电时，如果发现车辆或充电枪异常，请立即停止充电；充电时，请勿晃动充电枪，否则可能会损坏车辆交流充电口；充电时，请勿开启前舱进行维修。

3. 充电后

（1）充电结束后，请勿以湿手或站在地面有积水或很潮湿的地方断开充电枪，否则可能引起电击，造成人身伤害。

（2）先停止充电，并确保交流充电口已经解锁；手握充电枪，并按住充电枪上的按钮，拔出充电枪。

（3）请勿在交流充电口锁止状态下强行拔出充电枪，否则会损坏交流充电口。

任务实施

一、检查交流充电系统的准备情况

1. 交流充电前的检查

（1）当充电枪、充电口和供电插头、供电插座有明显污渍或潮湿时，请用干燥清洁的布擦拭，确保连接处干燥、洁净。

（2）检查充电场所，应避免有液体、火源、热源等，不能把充电枪放在靠近加热器或其他热源的地方。下雨充电时，注意对充电枪进行保护，避免进水。当有雷雨天气时，建议不要给车辆充电，闪电击中可能导致车辆损坏。

（3）检查手和手套，均应保持干净，严禁湿手操作，否则可能引起电击，造成人身伤害。

（4）家用便携式交流充电，是指使用车辆配备的交流充电连接装置进行充电。推荐使用 220V/50Hz/10A 的专用交流线路和电源插座，避免因大功率充电导致线路损坏和保护跳闸，影响其他设备的正常使用。

（5）检查车辆是否停放在通风处，建议人员不要停留在车辆内。

2. 做好安全防护

（1）准备防触电安全防护用品，学生在教师的监督下完成安全防护用品的使用前检查。

（2）准备好实训车辆维修资料，电路和教材上可能有差异，根据实训车辆维修资料进行检查。

（3）充电时可能影响医疗或植入式电子设备，若有特殊疾病的学生，要远离充电设备。

3. 其他注意事项

（1）当充电口盖未解锁时，请勿强行开启充电口盖。

（2）不能在电锁锁止状态下强行插入充电枪。

（3）充电口盖处于完全开启状态时，不能关闭充电口盖。

（4）车辆外接充电后，冷却风扇和空调压缩机可能因为动力电池加热或冷却需求而自动开启工作，不能将手或其他身体部位触及冷却风扇和空调压缩机运转区域。

二、交流充电口的基本检查和更换

交流充电口作为传导充电装置一定存在磨损老化等问题，保养和维护时需要检查其状态。检查前将车辆熄火，退电至 OFF 挡，整车解锁，打开充电口舱盖及充电口盖。

（1）目视检查充电口塑料绝缘壳体外观有无热熔变形，严重热熔变形影响

正常使用的需要更换处理。

（2）目视检查充电口内部以及端子内部有无异物或附着物（见图 10－15），有异物的需要使用高压气枪排出异物，如果无法排出且影响正常使用的需更换处理。

（3）目视检查充电口端子簧片及底部有无变黑，如图 10－16 所示，变黑的需要更换处理。

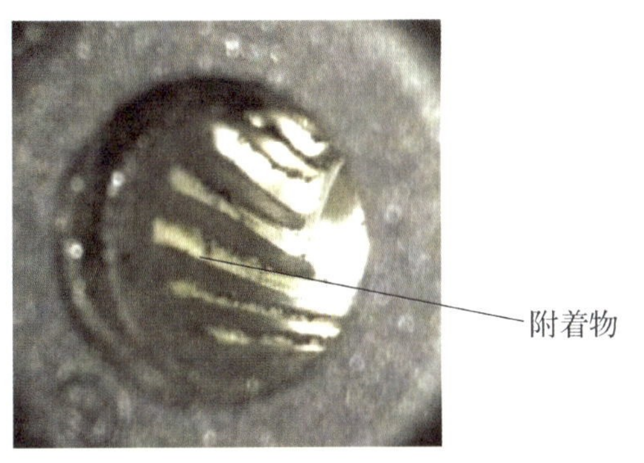

图 10－15　端子内部有附着物

图 10－16　端子簧片变黑

（4）目视检查充电口端子簧片及底部有无变黄，如变黄请打开后背门，打开左后侧围检修口排查充电口尾部电缆是否烧黑及变形，如图 10－17 所示。需使用辅助照明仔细观察，若变黄且伴随尾部电缆外层变黑则需更换处理。

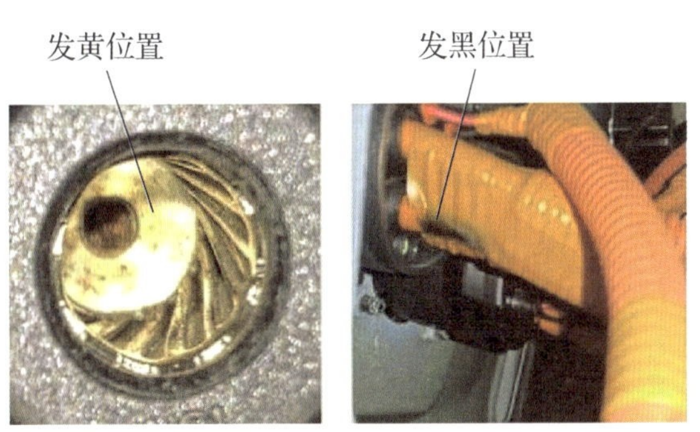

图 10－17　充电口端子底部发黄及电缆烧黑

（5）目视检查端子簧片有无断裂，断裂的需要更换处理。

三、交流充电系统故障的诊断

当出现交流充电故障时，要检查充配电总成外接口是否对接良好，交流充电插座与低压线束插接器是否对接良好。检查车辆处于 OK 挡时是否能行驶，如果不能行驶，检查 BMS 及驱动电机。如果处于 OK 挡时不能充电，需要检查低压配电及网关或更换充配电总成。

连接充电枪，观察汽车的仪表盘。此时仪表盘通常会出现两种情况：一种是无任何显示；另一种是充电连接指示灯点亮，充电口指示灯不亮。

1. 仪表盘无任何显示的故障诊断

当仪表盘无任何显示时，可以按图 10－18 所示的流程进行检查。检查充电枪包括以下内容：检查充电枪 CC 和 PE 间的电阻是否随充电枪开关的状态发生改变，如果没有发生改变则更换充电枪再次充电。如果充电枪正常，再检查 CC 信号线，如果 CC 信号线不正常，则进行相应的检修；如果 CC 信号线正常，更换车载充电机模块。

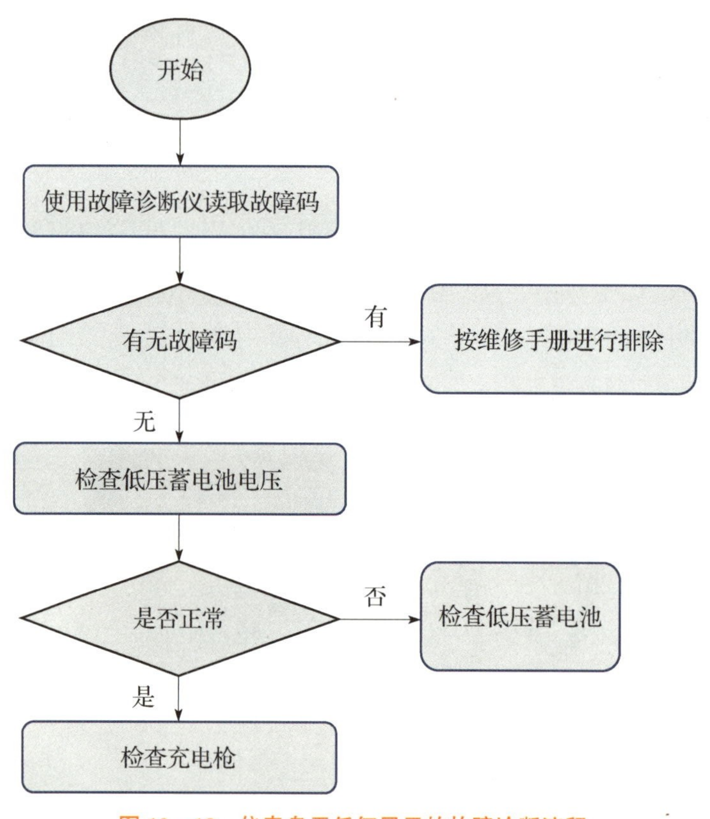

图 10－18　仪表盘无任何显示的故障诊断流程

2. 充电连接指示灯点亮，充电口指示灯不亮的故障诊断

当仪表盘充电连接指示灯点亮，充电口指示灯不亮时，可以按图 10－19 所示的流程进行检查。电源插接器或充电枪输出插接器松动、接触面氧化等现象都

会导致插接器发热，发热时间过长会使插接器短路或接触不良，损害充电枪和电源，带来不必要的损失。当发现上述情况时，应及时清除氧化物或更换插接器。

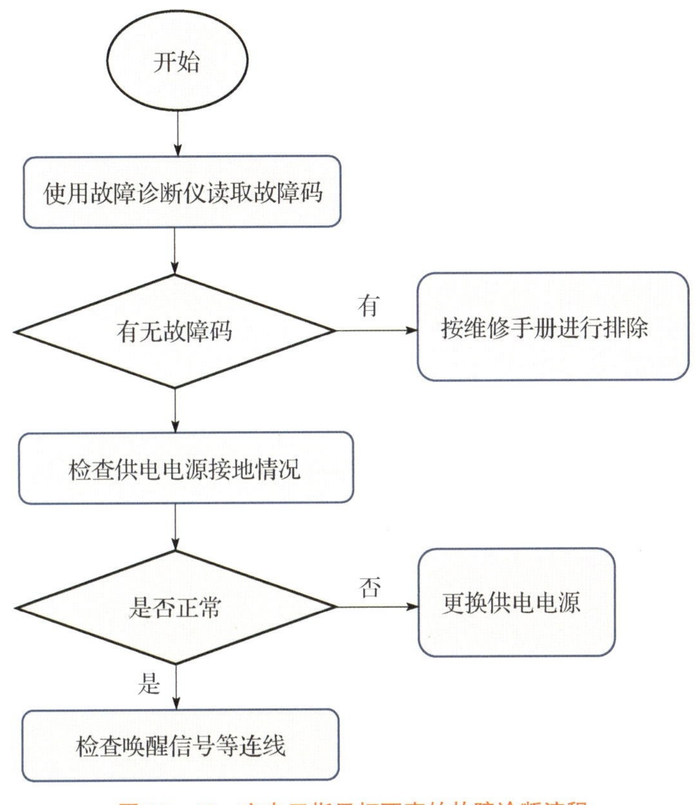

图 10－19　充电口指示灯不亮的故障诊断流程

四、交流充电系统的检修

1. 检查 BMS 和充配电总成的电源电路

（1）检查 BMS 的电源电路。

（2）检查 BMS 的通信线。

（3）检查充配电总成的电源电路，如图 10－20 所示。其电源由前舱继电器盒 F1/22 5A 熔断器提供。按下一键起动开关并断电后，断开 BK46 插接器，分别检查 BK46/3、BK46/19 和搭铁之间的阻值，应小于 1Ω。分别检查 BK46/1 和 BK46/12 与车身之间的电压，应为 12V 左右。如果电压为 0V 左右，检查前舱继电器盒 F1/22 5A 熔断器两个检测点电压，都应是 12V 左右，否则检修前舱继电器盒等线路。

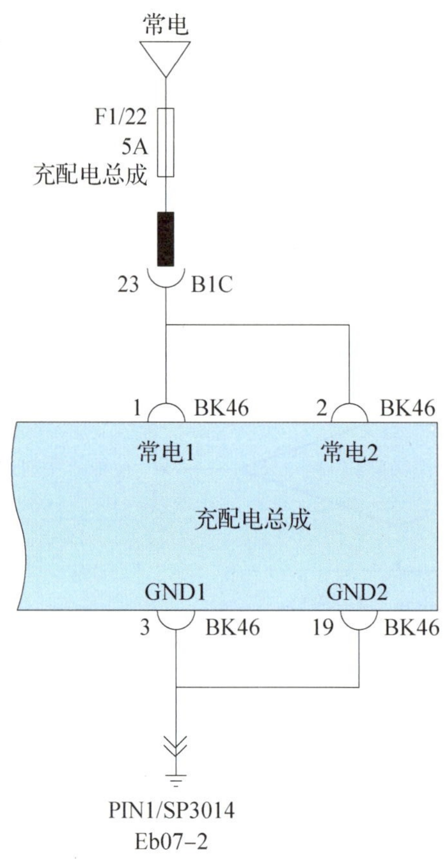

图 10－20　充配电总成的电源电路

2. 检查充电枪锁电磁阀电路

充电枪锁电磁阀位于交流充电口上端，从交流充电口背面可以观察到其具体位置，如图 10－21 所示。充电枪锁上还有应急手动开关，可以手动解锁充电枪。充电枪锁电磁阀上有三条接线，“十合一”插接器 G64F/7 端子连接插接器 KB53（B）/4 端子，为充电枪锁电磁阀提供开锁电源；“十合一”插接器 G64F/8 端子连接插接器 KB53（B）/3 端子，为充电枪锁电磁阀提供闭锁电源；“十合一”插接器 G64F/9 端子连接插接器 KB53（B）/5 端子，对充电枪锁电磁阀闭锁状态进行检测。

当出现充电枪锁电磁阀方面的故障时，需要检查交流充电口到“十合一”的三条线束是否有断路和短路，若有故障，则需要更换或维修线束。

（1）断电后，断开“十合一”插接器 G64F，断开交流充电枪插接器 KB53（B）。

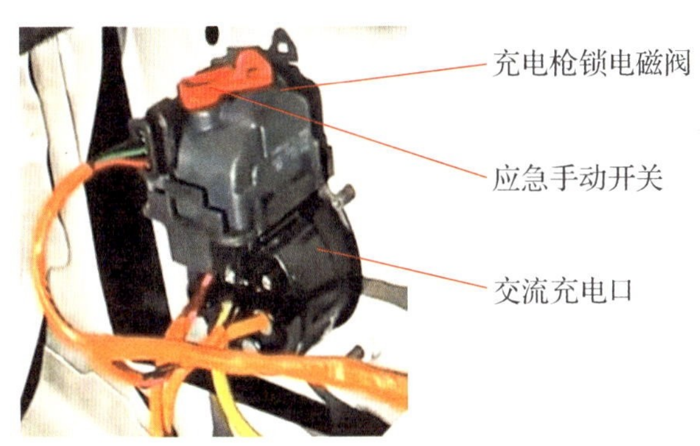

图 10－21　充电枪锁电磁阀位置

（2）分别检查交流充电口插接器 KB53（B）/3、KB53（B）/4、KB53（B）/5 端子和“十合一”插接器 G64F/8、G64F/7、G64F/9 端子之间的阻值，均应小于 1Ω，否则说明线路存在断路故障，需要检修或更换线束。

（3）分别检查交流充电口插接器 KB53（B）/3、KB53（B）/4、KB53（B）/5 端子和搭铁之间的阻值，均应大于 10MΩ，否则说明线路存在对地短路故障，应检修或更换线束。

（4）检查交流充电口插接器 KB53（B）/3、KB53（B）/4 端子之间的阻值，检查交流充电口插接器 KB53（B）/3、KB53（B）/5 端子之间的阻值，检查交流充电口插接器 KB53（B）/5、KB53（B）/4 端子之间的阻值，正常值应大于 10MΩ，否则说明线路存在相互短路故障，应检修或更换线束。

（5）开锁电源和闭锁电源的电流约为 1.5A，控制时间为 140ms，可以采用示波器进行检测。

3. 检查充电连接等信号

按下一键起动开关并断电，断开交流充电口插接器 KB53（B）、充配电总成插接器 BK46 和 BMS 插接器 BK51。

（1）检查交流充电口插接器 KB53（B）/1 充电控制引导 CP 端子和充配电总成 BK46/5 端子之间的阻值应小于 1Ω，检查交流充电口 CP 端子和 KB53（B）/1 端子的阻值应小于 1Ω。

（2）检查交流充电口插接器 KB53（B）/2 充电连接确认 CC 端子是否与充配电总成插接器 BK46/4 端子和 BMS 插接器 BK51/25 端子导通，检查交流充电口 CC 端子和 KB53（B）/2 端子之间的阻值应小于 1Ω。

（3）检查交流充电口 PE 端子和搭铁之间的阻值应小于 1Ω。

（4）检查充配电总成插接器 BK46/6 充电连接信号端子和 BMS 插接器 BK51/30 端子之间的阻值应小于 1Ω。

4. 检查交流充电枪温度传感器

（1）使用故障诊断仪读取交流充电口温度数据，如果数值异常则需要检查。

（2）检查线束，在断电情况下断开交流充电口插接器 KB53（B）、充配电总成插接器 BK46。检查 KB53（B）/8 端子和搭铁之间的阻值应小于 1Ω。检查交流充电口插接器 KB53（B）/7 端子和充配电总成插接器 BK46/7 端子之间的阻值应小于 1Ω。

（3）使用数字万用表电阻挡 20kΩ 量程检查交流充电口插接器 KB53（B）/7 端子和 KB53（B）/8 端子之间的阻值，该阻值应符合维修手册规定值。

（4）在 KB53（B）断开的情况下，打开电源，检查 KB53（B）/7 端子的供电电压应为 5V 左右，否则检查充配电总成。

5. 检查碰撞保护信号

新能源汽车有碰撞断高压保护功能。如图 10－22 所示，SRS ECU 将碰撞信号输送给 BMS，在充电、放电状态下，BMS 接收安全气囊系统的碰撞信号后，立即断开主接触器、分压接触器。当车辆发生碰撞时，BMS 检测到碰撞信号大于一定阈值时，会切断高压系统主回路的电气连接，同时通知驱动电机控制器激活主动泄放，从而使发生碰撞时的短路危险、人员电击危险降到最低。

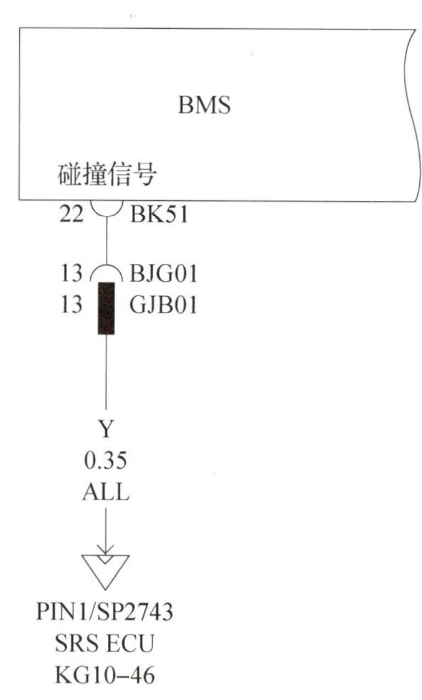

图 10－22　BMS 碰撞信号电路

五、交流充电口的拆卸

1. 拆卸插接器和高压线束

将车辆熄火，退电至 OFF 挡，断开充配电总成接动力电池的插接器。由于高压线束插接器锁扣为防拆结构，为了避免出现锁扣在操作过程中损坏，应该按照图 10－23 所示的步骤退出锁扣。锁扣退出后，逆时针转动助力扳手，同时拔出插接器。

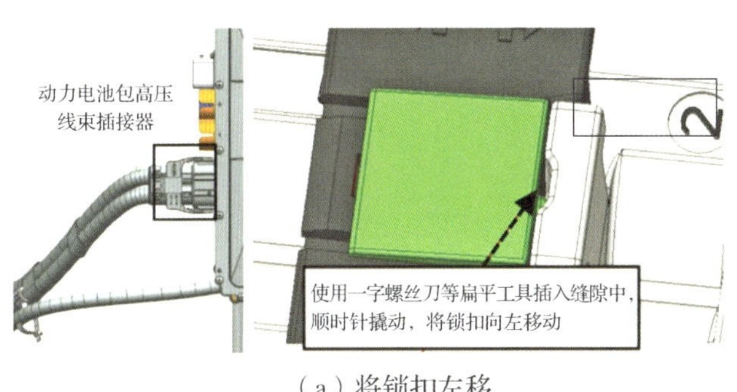

（a）将锁扣左移

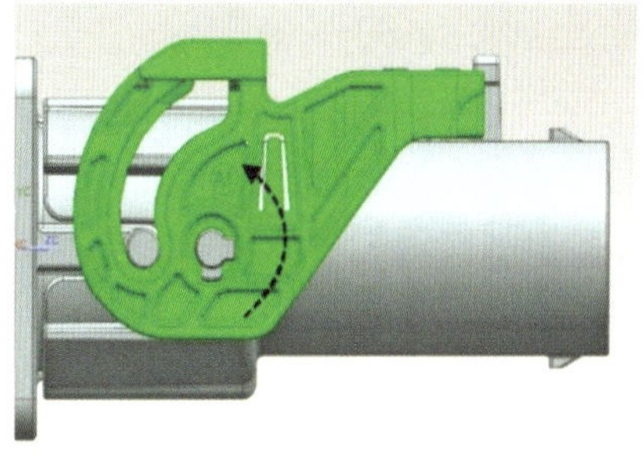

（b）转动助力扳手

图 10－23　拆卸插接器

拆卸充配电总成的交流充电线束插接器。该插接器锁扣为防拆结构，需要使用一字螺丝刀等扁平工具将锁扣撬出，才能拔出插接器，如图 10－24 所示。将地板下的高压线束扎带、护板、单孔管夹依次拆卸。

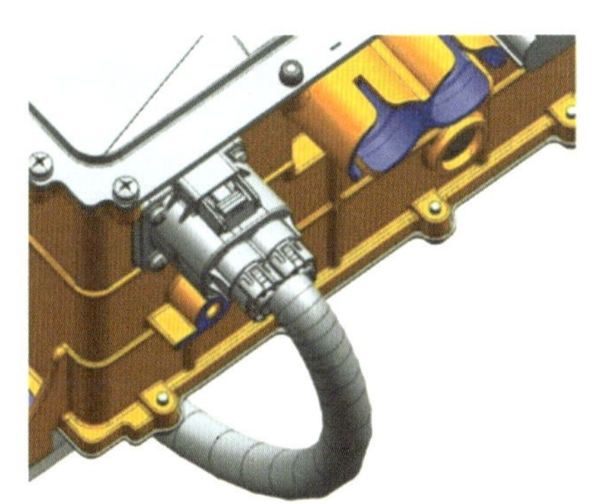

（a）交流充电线束插接器

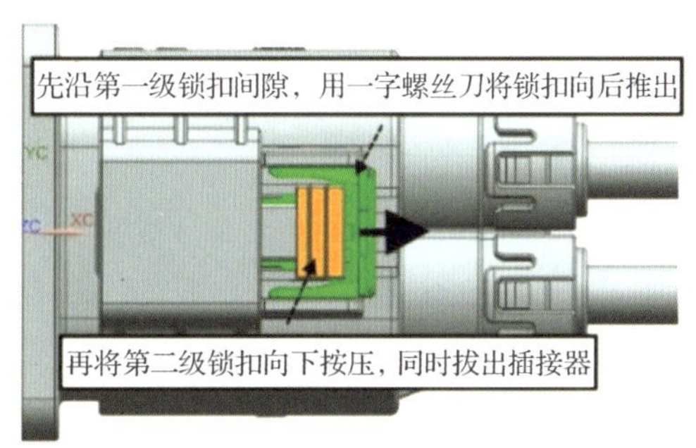

（b）拆下锁扣的方法

图 10－24　拆卸充配电总成的交流充电线束

2. 拆卸搭铁线、低压线束插接器及电子锁

用 10 号套筒工具拆卸搭铁螺栓，用一字螺丝刀等扁平工具撬出扎带以及低压线束插接器的锁扣，拔出低压线束插接器。使用十字螺丝刀将电子锁尾部螺栓拆下，将电子锁朝交流充电插座后部滑出，如图 10－25 所示。

图 10－25　拆卸电子锁

3. 拆卸交流充电插座

使用 8 号套筒工具拆卸充电

插座前端面的四个螺栓，将充电口以及携带的电子锁、高压线束、高压线束插接器、低压线束插接器从车身开孔一起拉出。

任务小结

本任务主要介绍了交流充电系统的组成、工作原理和工作过程，以及交流充电系统的检修方法。通过本任务的学习，学生能够就车认识交流充电系统的组成部件，掌握交流充电系统故障的检修方法。

参考文献

[1] 来君，雷杰宁. 新能源汽车 [M]. 2版. 北京：北京理工大学出版社，2021.

[2] 孔超. 新能源汽车动力电池拆装与检测 [M]. 北京：北京理工大学出版社，2020.

[3] 孔超. 纯电动汽车电池及管理系统拆装与检测 [M]. 北京：机械工业出版社，2018.

[4] 周旭，石未华. 新能源汽车动力蓄电池与驱动电机系统结构原理及检修 [M]. 北京：机械工业出版社，2021.

[5] 许云，赵良红. 新能源汽车动力电池及充电系统检修 [M]. 北京：机械工业出版社，2018.

[6] 谢伟钢，张伟，孔观若，等. 电动汽车电路识图与维修案例解析 [M]. 北京：中国铁道出版社，2023.

[7] 刘玉梅. 电动汽车构造与原理 [M]. 北京：人民交通出版社，2020.

[8] 瑞佩尔. 图解新型电动汽车结构 · 原理与维修 [M]. 北京：化学工业出版社，2017.

[9] 袁兆鹏，徐夕玲，杨荣华. 新能源汽车维护与保养 [M]. 北京：中国人民大学出版社，2022.

[10] 王玉彪，石功名. 新能源汽车动力电池系统与充电系统 [M]. 北京：机械工业出版社，2021.

[11] 祝良荣，葛东东. 纯电动汽车构造与检修 [M]. 北京：机械工业出版社，2019.

新编21世纪职业教育精品教材
适用于职业院校、技工院校汽车类专业

《新能源汽车动力电池和充电系统检修（微课版）》任务工单与同步练习

主　编◎谢伟钢　石也言
副主编◎唐金友　冯显钦　苏　彪　孙志国
参　编◎王建滨　郑炫材　蔡奋盛　陈东锋
李晓栋　唐青山　桂小林　蔡晓康
邹贺伟　孙　俊　江旭东

中国人民大学出版社
·北京·

目 录

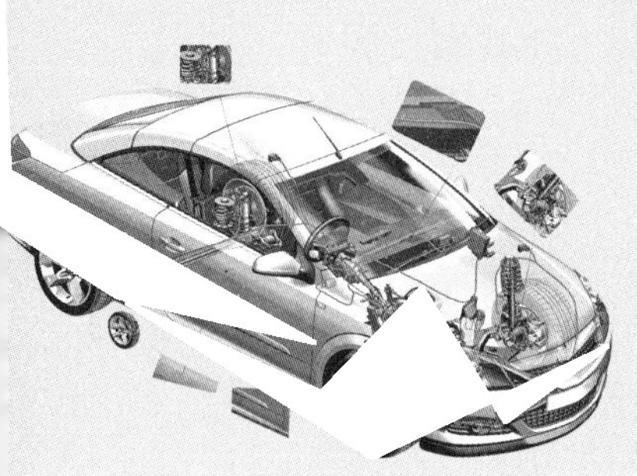

布置新能源汽车维修工位

任务工单

×××××× 维修厂维修工单

接车日期：20________年____月____日

用户及车辆信息		
用户姓名：	联系电话：	车牌号：
品牌及车型：	车辆识别代码：	
维修信息		
预计维修时长：	车身附件情况：齐全□　不齐全□（缺：　　　　）	
车身外观：	其他信息：	
一、布置新能源汽车维修工位		
（1）设置________________，起到隔离和警示的作用。		
（2）悬挂或布置________________，将其置于显眼位置。		
（3）铺设________________，在维修人员检测高压部件时，应站立其上。		
（4）准备并检查________________，其压力值（正常□ / 不正常□）。		
二、检查新能源汽车维修人员个人安全防护用品		
（1）检查绝缘手套。 外观（正常□ / 不正常□）；耐压等级（____）；气密性（漏气□ / 不漏气□）		
（2）检查安全鞋。 绝缘标志（正常□ / 不正常□）；鞋面（正常□ / 不正常□）；鞋底（正常□ / 不正常□）		
（3）检查绝缘帽。 耐压等级（____）；外观（正常□ / 不正常□）；调整带（正常□ / 不正常□）		
三、其他任务实训记录		

根据下表对本学习任务进行评价。

评分表

考核项目	评分标准	分数	学生自评	小组互评	教师评价	小计
团队合作	是否和谐	5				
活动参与	是否积极主动	5				
安全生产	有无安全隐患	10				
现场 5S	是否做到	10				
任务方案	是否正确、合理	15				
操作过程	绝缘手套的检查； 安全鞋的检查； 工位安全标识的摆放； 设置安全隔离带； 悬挂或布置安全警示牌； 铺设绝缘地垫； 准备并检查消防设施	30				
任务完成情况	是否圆满完成	5				
工具和设备使用	是否规范、标准	10				
劳动纪律	是否严格遵守	5				
工单填写	是否完整、规范	5				
总分		100				
教师签名：			年　月　日		得分	

同步练习

一、填空题

1. 人在日常生活中常见的触电方式有____________、____________及____________。
2. 电流对人体的伤害有两种形式，分别是____________和____________。
3. 人体触电以后，抢救触电者的首要步骤是____________。
4. 水基灭火器也称为____________，干粉灭火器也称为____________。
5. 常见的个人安全防护用品包括______、______、绝缘工服、绝缘帽、护目镜等。

二、判断题

1. 电击是在低压触电时出现的，是内伤，对人体器官、神经系统产生伤害。(　　)

2. 对于心脏骤停的触电者，应当立即进行人工呼吸，以保持触电者人体器官的功能。（ ）

3. 水基灭火器在喷射过程中，可颠倒或横卧使用。（ ）

4. 绝缘工服的面料应当使用化纤类。（ ）

5. 车辆在充电过程中允许对高压部件进行拆装、维修等工作。（ ）

三、简答题

1. 简述绝缘帽的使用注意事项。

2. 简述使触电者脱离电源的方法。

3. 简述新能源汽车高压维修车间场地要求。

四、实训题

1. 写出水基灭火器的使用步骤。

2. 写出检测绝缘手套的方法。

新能源汽车的上电和下电

任务工单

××××××维修厂维修工单

接车日期：20_______年___月___日

用户及车辆信息		
用户姓名：	联系电话：	车牌号：
品牌及车型：	车辆识别代码：	
维修信息		
预计维修时长：	车身附件情况：齐全□　不齐全□（缺：　　　）	
车身外观：	其他信息：	
一、检查制动灯开关及电路		
（1）检查 G28/4 的电压__________。		
（2）检查 G28/2 与搭铁之间的阻值__________。		
（3）检查 G28/3 到 G64E/7 之间的阻值__________。		
（4）检查 G28/1 到 G64E/20 之间的阻值__________。		
（5）按下制动灯开关，检查 G28/3 端子和 G28/4 端子之间的阻值__________；检查 G28/1 端子和 G28/2 端子之间的阻值__________。松开制动灯开关，检查 G28/3 端子和 G28/4 端子之间的阻值__________；检查 G28/1 端子和 G28/2 端子之间的阻值__________。		
二、检查并记录 IG3 继电器的检查数值		
（1）检查 F1/34 熔断器电源输入电压__________。		
（2）检查 IG3 继电器线圈部分电源电压__________。		
（3）检查 IG3 继电器线圈搭铁端子和搭铁之间的阻值__________。		
（4）检查 IG3 继电器开关输入部分电压__________。		
（5）施加 12V 电压，检查 IG3 继电器开关的阻值__________。		
三、其他任务实训记录		

按下表对本学习任务进行评价。

评分表

考核项目	评分标准	分数	学生自评	小组互评	教师评价	小计
团队合作	是否和谐	5				
活动参与	是否积极主动	5				
安全生产	有无安全隐患	10				
现场 5S	是否做到	10				
任务方案	是否正确、合理	15				
操作过程	维修开关的拆卸和安装； 高压中止后的验电操作； 制动灯开关及电路的检查； IG3 继电器及电路的检查	30				
任务完成情况	是否圆满完成	5				
工具和设备使用	是否规范、标准	10				
劳动纪律	是否严格遵守	5				
工单填写	是否完整、规范	5				
总分		100				
教师签名：			年　　月　　日		得分	

同步练习

一、填空题

1. 新能源汽车的高压部件主要集中在________、________、________以及空调系统。

2. 新能源汽车高压线束使用________警示颜色标记。

3. 绝缘电阻测试仪有________和________两种。

4. 仪表盘上的指示灯颜色通常有________、________和________三种，提示级别递增。

5. 穿戴好绝缘防护用品，先断开动力电池________插接器，再断开动力电池________插接器。

二、判断题

1. 钳形电流表要接触被测线路，所以钳形电流表能测量裸导体的电流。(　　)

2. 高压互锁回路采用的是低压 12V 的信号电压进行监控。(　　)

3. 维修开关设计在动力电池包主回路中。(　　)

4. 新能源汽车的所有高压部件壳体上都带有一个标识。(　　)
5. 新能源汽车不仅有低压系统，而且还有高压系统。(　　)

三、简答题

1. 简述新能源汽车常见的高压部件有哪些。

2. 简述新能源汽车仪表盘与传统汽车仪表盘的区别。

3. 简述新能源汽车高压下电的控制过程。

四、实训题

1. 写出高压下电的步骤。

2. 写出高压上电的步骤。

新能源汽车动力电池的认知与更换

任务工单

×××××× 维修厂维修工单

接车日期：20_______年____月____日

用户及车辆信息		
用户姓名：	联系电话：	车牌号：
品牌及车型：	车辆识别代码：	
维修信息		
预计维修时长：	车身附件情况：齐全□　不齐全□（缺：　　　　）	
车身外观：	其他信息：	
一、拆下动力电池母线后，记录验电值		
（1）动力电池端正极对地电压为__________，判断为（正常□ / 不正常□）。		
（2）动力电池端负极对地电压为__________，判断为（正常□ / 不正常□）。		
（3）动力电池端正极和负极之间的电压为__________，判断为（正常□ / 不正常□）。		
（4）插接器端正极对地电压为__________，判断为（正常□ / 不正常□）。		
（5）插接器端负极对地电压为__________，判断为（正常□ / 不正常□）。		
（6）插接器端正极、负极之间的电压为__________，判断为（正常□ / 不正常□）。		
二、动力电池的绝缘测试		
（1）连接好测试表笔。		
（2）设置绝缘电阻测试仪的量程__________。		
（3）正极接线柱与外壳的绝缘电阻为__________，判断为（正常□ / 不正常□）。		
（4）负极接线柱与外壳的绝缘电阻为__________，判断为（正常□ / 不正常□）。		
三、其他任务实训记录		

按下表对本学习任务进行评价。

评分表

考核项目	评分标准	分数	学生自评	小组互评	教师评价	小计
团队合作	是否和谐	5				
活动参与	是否积极主动	5				
安全生产	有无安全隐患	10				
现场 5S	是否做到	10				
任务方案	是否正确、合理	15				
操作过程	动力电池的拆卸； 动力电池的绝缘测试； 动力电池的安装	30				
任务完成情况	是否圆满完成	5				
工具和设备使用	是否规范、标准	10				
劳动纪律	是否严格遵守	5				
工单填写	是否完整、规范	5				
总分		100				
教师签名：			年　月　日		得分	

同步练习

一、填空题

1. 根据新能源汽车动力电池使用的材料类型不同，动力电池可分为______________、______________和______________三大类。

2. 铅酸电池主要由正负极板、______________、电解液等部分组成。

3. 根据封装形式不同，锂离子电池可分为______________、______________和软包电池。

4. ______________和______________目前被广泛运用在新能源汽车动力电池上。

5. 新能源汽车的______________相当于传统燃油汽车的油箱。

二、判断题

1. 镍氢电池由氢氧化镍正极、储氢合金负极、隔膜、电解液、壳体、盖板等组成。（　　）

2. 正、负极板是动力电池的核心部分。（　　）

3. 铅酸电池是性能良好的电池，具有高能量、长寿命的特点，因此被称为“绿色电池”。（　　）

4. 锂离子电池具有容量高、比能量高、循环寿命长、无记忆效应等优点。(　　)

5. 液态锂离子电池和聚合物锂离子电池所用的正负极材料都是相同的。(　　)

三、简答题

1. 简述新能源汽车动力电池的作用。

2. 简述新能源汽车动力电池的安装位置。

3. 简述新能源汽车锂离子电池的工作过程。

四、实训题

1. 写出动力电池绝缘测试步骤。

2. 写出安装动力电池的步骤。

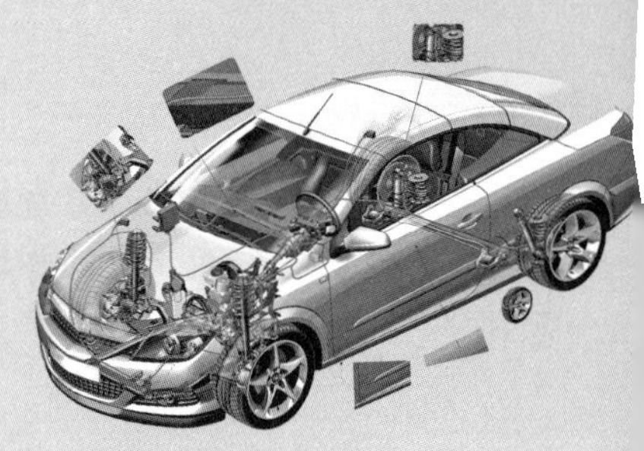

新能源汽车动力电池的性能检测与组装

任务工单

××××××维修厂维修工单

接车日期：20________年____月____日

用户及车辆信息		
用户姓名：	联系电话：	车牌号：
品牌及车型：	车辆识别代码：	
维修信息		
预计维修时长：	车身附件情况：齐全□　不齐全□（缺：　　　）	
车身外观：	其他信息：	
一、检查单体电池		
（1）目测单体电池的外观，（有□ / 无□）裂纹、（有□ / 无□）漏液、（有□ / 无□）变形。		
（2）检查单体电池的极柱，（有□ / 无□）松动。		
（3）通过单体电池的观察孔，观察单体电池状态（正常□ / 不正常□）。		
（4）写出判断单体电池极性的方法：		
（5）测量单体电池的电压为__________。		
二、检测元器件		
（1）检测并记录预充电阻的阻值为__________。		
（2）检测并记录单个或多个温度传感器的阻值为__________。		
（3）检测并记录接触器线圈的阻值为__________。		
（4）检测并记录所有单体电池的电压，最大值为__________，最小值为__________。		
（5）检测并记录动力电池模块的绝缘阻值，最大值为__________，最小值为__________。		
三、其他任务实训记录		

按下表对本学习任务进行评价。

评分表

考核项目	评分标准	分数	学生自评	小组互评	教师评价	小计
团队合作	是否和谐	5				
活动参与	是否积极主动	5				
安全生产	有无安全隐患	10				
现场 5S	是否做到	10				
任务方案	是否正确、合理	15				
操作过程	单体电池极性检测； 预充电阻检测； 温度传感器检测； 接触器检测	30				
任务完成情况	是否圆满完成	5				
工具和设备使用	是否规范、标准	10				
劳动纪律	是否严格遵守	5				
工单填写	是否完整、规范	5				
总分		100				
教师签名：			年　　月　　日		得分	

同步练习

一、填空题

1. 动力电池主要由__________、__________、动力电池箱及辅助元器件四部分组成。

2. 若干单体电池通过__________、__________后形成动力电池模块，多个动力电池模块串联形成动力电池模组。

3. 电池信息采集器主要对各单体电池进行__________和__________的采集。

4. 动力电池温度控制包含两个方面：__________和__________。

5.__________指的是动力电池可以循环充放电的次数。

二、判断题

1. 动力电池的性能与动力电池温度密切相关。(　　)

2. 目前对动力电池的冷却方式主要有风冷和水冷两种模式。(　　)

3. 电池在一定的放电条件下所能放出的电量称为电池容量，以 C 表示。(　　)

4. 集中式 BMS 将主控模块、从控模块组成一个一体机。(　　)

5. 动力电池最佳工作温度为 0 ～ 40℃。(　　　)

三、简答题

1. 简述新能源汽车动力电池箱的作用。

2. 简述新能源汽车动力电池管理系统的功能。

3. 简述新能源汽车动力电池的内部结构。

四、实训题

1. 写出判断单体电池极性的方法。

2. 写出检测接触器线圈的步骤。

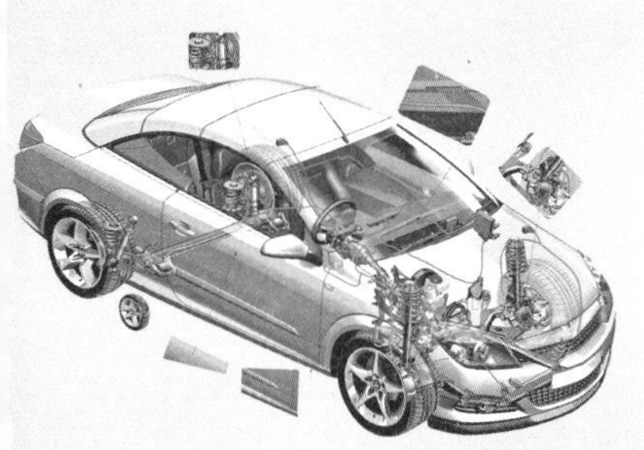

新能源汽车动力电池管理系统的认知

任务工单

××××××维修厂维修工单

接车日期：20_______年____月____日

<table>
<tr><td colspan="3">用户及车辆信息</td></tr>
<tr><td>用户姓名：</td><td>联系电话：</td><td>车牌号：</td></tr>
<tr><td>品牌及车型：</td><td colspan="2">车辆识别代码：</td></tr>
<tr><td colspan="3">维修信息</td></tr>
<tr><td>预计维修时长：</td><td colspan="2">车身附件情况：齐全□　不齐全□（缺：　　　　）</td></tr>
<tr><td>车身外观：</td><td colspan="2">其他信息：</td></tr>
<tr><td colspan="3">一、动力电池管理系统电源电路的检查（根据实训车辆完成）</td></tr>
<tr><td colspan="3">（1）检查常电。动力电池管理系统常电的端子号是________，检查电压为________。为该常电提供电源的熔断器编号是________，检查两检测点的电压分别是________和________。</td></tr>
<tr><td colspan="3">（2）检查 IG3 电。动力电池管理系统 IG3 电的端子号是________，检查电压为________。为该 IG3 电提供电源的熔断器编号是________，检查两检测点的电压分别是________和________。</td></tr>
<tr><td colspan="3">（3）检查搭铁线。动力电池管理系统搭铁线的端子号是________，检查阻值为________。</td></tr>
<tr><td colspan="3">二、动力电池管理系统通信电路的检查</td></tr>
<tr><td colspan="3">（1）查找实训车辆的维修电路图，找到动力网电路图。</td></tr>
<tr><td colspan="3">（2）上低压电。</td></tr>
<tr><td colspan="3">（3）测量诊断口________端子，该端子是动力网 CAN–H，测量电压值为________。</td></tr>
<tr><td colspan="3">（4）测量诊断口 13 号端子，该端子是________，测量电压值为________。</td></tr>
<tr><td colspan="3">（5）测量 CAN–L 线的阻值，测量________端子和________端子之间的阻值为________。</td></tr>
<tr><td colspan="3">（6）测量 CAN–H 线的阻值，测量________端子和________端子之间的阻值为________。</td></tr>
</table>

按下表对本学习任务进行评价。

评分表

考核项目	评分标准	分数	学生自评	小组互评	教师评价	小计
团队合作	是否和谐	5				
活动参与	是否积极主动	5				
安全生产	有无安全隐患	10				
现场 5S	是否做到	10				
任务方案	是否正确、合理	15				
操作过程	检查动力电池管理系统的电源电路和通信电路； 根据维修手册和电路图，查找动力电池管理系统的部件位置； 对动力电池管理系统进行拆装、调试等操作	30				
任务完成情况	是否圆满完成	5				
工具和设备使用	是否规范、标准	10				
劳动纪律	是否严格遵守	5				
工单填写	是否完整、规范	5				
总分		100				
教师签名：			年　　月	日	得分	

同步练习

一、填空题

1. 动力电池管理系统英文简称为______。

2. 动力电池管理系统的功能有______、______、______、______、______、______、______。

3. 动力电池管理系统的主要组成部分有______、______、______。

4. 比亚迪秦 EV 动力电池管理系统安装在____________________位置。

5. 检测模块能够对动力电池模组中各单体电池的______、______、______等关键状态参数进行准确、实时的检测。

二、判断题

1. 动力电池管理系统是新能源汽车的重要安全保障技术。(　　)

2. 动力电池管理系统出现故障不会影响动力电池的使用。(　　)

3. 动力电池管理系统不可控制充电速度。(　　)

4. 动力电池管理系统能够回收制动能量，将其储存到动力电池中，从而提高车辆的能效。(　　)

5. 如果新能源汽车发生漏电故障，动力电池管理系统可切断高压系统供电。(　　)

三、简答题

1. 简述动力电池管理系统的工作原理。

2. 简述比亚迪 e5 动力电池管理系统主要连接的部件有哪些。

3. 简述比亚迪秦 EV 维修手册中关于更换动力电池管理系统的查找路径。

四、实训题

写出动力电池管理系统的更换步骤。

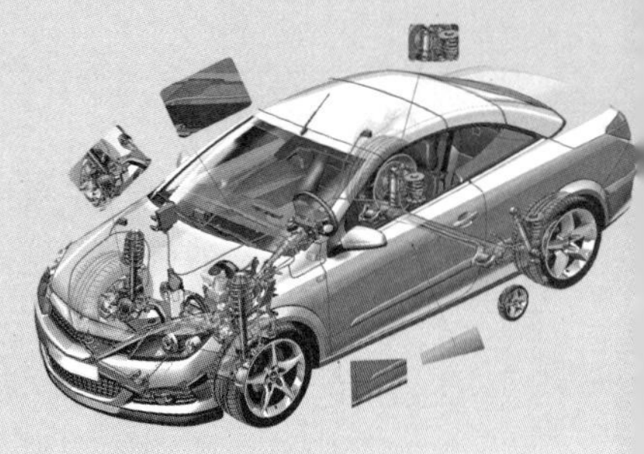

新能源汽车动力电池管理系统的检修

任务工单

××××××维修厂维修工单

接车日期：20_______年____月____日

<table>
<tr><td colspan="3">用户及车辆信息</td></tr>
<tr><td>用户姓名：</td><td>联系电话：</td><td>车牌号：</td></tr>
<tr><td>品牌及车型：</td><td colspan="2">车辆识别代码：</td></tr>
<tr><td colspan="3">维修信息</td></tr>
<tr><td>预计维修时长：</td><td colspan="2">车身附件情况：齐全□　不齐全□（缺：　　　　）</td></tr>
<tr><td>车身外观：</td><td colspan="2">其他信息：</td></tr>
<tr><td colspan="3">一、碰撞信号的检查（根据实训车辆完成）</td></tr>
<tr><td colspan="3">（1）查找维修手册，找到实训车辆________碰撞传感器，位于________。该实训汽车有________个碰撞传感器。</td></tr>
<tr><td colspan="3">（2）查找维修手册，找到实训车辆 SRS ECU，位于________，它传递给 BMS 碰撞信号的端子是________。</td></tr>
<tr><td colspan="3">（3）查找维修手册，BMS 接收碰撞信号的端子是________。</td></tr>
<tr><td colspan="3">（4）断电后，检查 SRS ECU 和 BMS 之间传递碰撞信号的导线阻值为________，检查该导线和搭铁之间的阻值是________。</td></tr>
<tr><td colspan="3">二、接触器的检查</td></tr>
<tr><td colspan="3">（1）拆下动力电池负极，并且包裹好动力电池负极，拆卸维修开关或维修隔离开关。</td></tr>
<tr><td colspan="3">（2）查找维修手册，找到 BMS 对接触器的控制端子________，在此端子连接________（填 12V 或搭铁），在端子连接________（填 12V 或搭铁）。</td></tr>
<tr><td colspan="3">（3）检查________到________的阻值为________。</td></tr>
</table>

按下表对本学习任务进行评价。

评分表

考核项目	评分标准	分数	学生自评	小组互评	教师评价	小计
团队合作	是否和谐	5				
活动参与	是否积极主动	5				
安全生产	有无安全隐患	10				
现场 5S	是否做到	10				
任务方案	是否正确、合理	15				
操作过程	掌握动力电池管理系统采集的信号种类； 通过故障诊断仪对动力电池管理系统进行检测； 对动力电池管理系统相关功能和线路进行检修诊断	30				
任务完成情况	是否圆满完成	5				
工具和设备使用	是否规范、标准	10				
劳动纪律	是否严格遵守	5				
工单填写	是否完整、规范	5				
总分		100				
教师签名：			年　　月　　日		得分	

同步练习

一、填空题

1. 动力电池模组之间的温度差异造成动力电池模组单体电池之间的________，从而造成动力电池寿命的降低。

2. 动力电池管理系统通过________与________通信接收动力电池模组基本信息，包括动力电池电压等信息。

3. 动力电池管理系统可以通过________传感器，实时采集动力电池模组中每块单体电池的充放电电流，防止电池发生________或________现象。

4. 当车辆发生碰撞时，动力电池管理系统检测到碰撞信号大于一定阈值时，会切断________主回路的电气连接。

5. 动力电池管理系统根据工作模式要求控制动力电池包的通断，工作模式主要包含________、________、________、________、________。

二、判断题

1. 如果动力电池的温度超过一定值，不会造成动力电池不可恢复性的破坏。(　　)

2. 动力电池的电压越高越好。(　　)

3. 动力电池管理系统能检测动力电池用电状况，有效杜绝出现动力电池漏液、绝缘受损以及局部短路的情况。(　　)

4. 在充电模式下，系统依然会响应点火开关发出的指令。(　　)

5. 高压互锁装置可以确保高压插接器在被拔掉后不再带电。(　　)

三、简答题

1. 简述霍尔电流传感器的工作原理。

2. 简述漏电传感器的作用。

3. 简述漏电传感器的工作原理。

四、实训题

写出新能源汽车动力电池管理系统预充接触器的检测步骤。

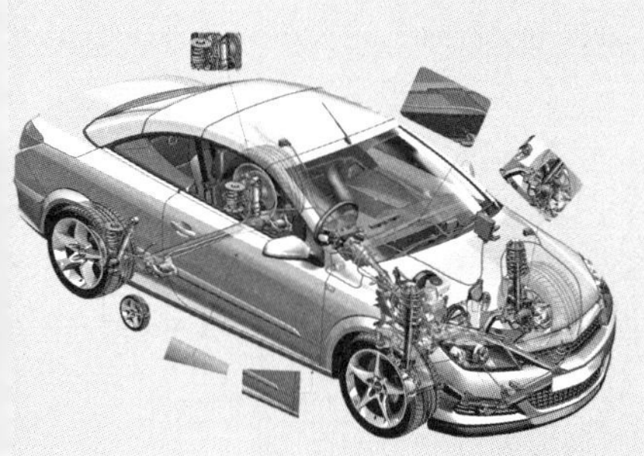

新能源汽车动力电池热管理系统的认知

任务工单

××××××维修厂维修工单

接车日期：20________年____月____日

用户及车辆信息		
用户姓名：	联系电话：	车牌号：
品牌及车型：	车辆识别代码：	
维修信息		
预计维修时长：	车身附件情况：齐全□　不齐全□（缺：　　　）	
车身外观：	其他信息：	
一、检查冷却液液位和冰点		
（1）查找实训车辆的用户手册，该实训车辆动力电池冷却液型号为________。		
（2）检查实训车辆冷却液液位，判断（正常□ / 不正常□）。		
（3）检查实训车辆冷却液冰点为________，判断（正常□ / 不正常□）。		
二、加压检查冷却液泄漏位置		
（1）检查储液罐盖，加压 15kPa，10s 后，压力表显示（下降□ / 不下降□）。		
（2）加压储液罐，压力为________，保压 2min 后，压力表显示（下降□ / 不下降□）。		
三、写出实训车辆动力电池热管理系统的排气方法		

按下表对本学习任务进行评价。

评分表

考核项目	评分标准	分数	学生自评	小组互评	教师评价	小计
团队合作	是否和谐	5				
活动参与	是否积极主动	5				
安全生产	有无安全隐患	10				
现场 5S	是否做到	10				
任务方案	是否正确、合理	15				
操作过程	冷却液冰点的检查； 冷却液液位的检查； 冷却液的更换； 冷却液的排空	30				
任务完成情况	是否圆满完成	5				
工具和设备使用	是否规范、标准	10				
劳动纪律	是否严格遵守	5				
工单填写	是否完整、规范	5				
总分		100				
教师签名：			年　月　日		得分	

同步练习

一、填空题

1. 动力电池的冷却方式有____________、____________、____________、____________。
2. 动力电池发热的原因包括____________和____________。
3. 比亚迪秦 EV PTC 加热器安装在____。
4. 动力电池热管理系统有监测动力电池冷却液温度的____________传感器。
5. 比亚迪秦 EV 与空调回路相连的动力电池冷却液板式换热器安装在汽车的________________________位置。

二、判断题

1. 动力电池主要在放电过程中会产生较多的热量，充电过程几乎不会产生热量。（　　）
2. 液冷是采用防冻液作为换热介质的冷却方式。（　　）
3. 直冷采用防冻液作为换热介质，防冻液能在气液相变过程中吸收大量的热，相比风

冷而言换热效率大幅提高，更快速地将动力电池系统内部的热量带走。(　　)

4. 动力电池热管理系统的主要功能是维持动力电池一定的工作温度。一般动力电池的最佳工作温度是 −25℃。(　　)

5. 动力电池热管理系统在冬季的主要作用是加热。(　　)

三、简答题

1. 动力电池发热的原因有哪些?

2. 别克微蓝 6EV 动力电池热管理系统由哪几部分组成?

3. 为何要测量动力电池冷却液的冰点?

四、实训题

写出别克微蓝 6EV 动力电池冷却液的更换步骤。

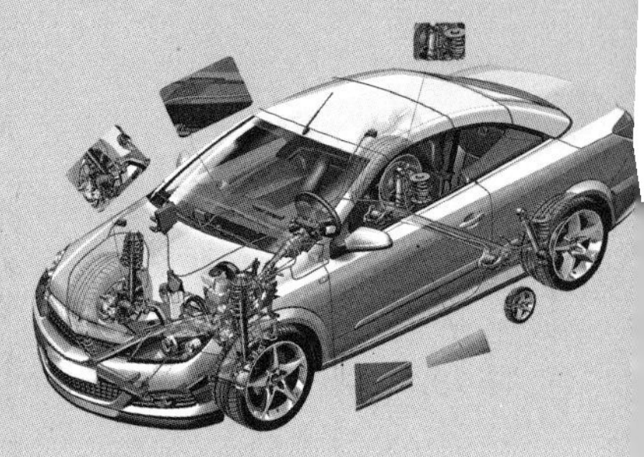

新能源汽车动力电池热管理系统的检修

任务工单

××××××维修厂维修工单

接车日期：20______年____月____日

<table>
<tr><td colspan="3">用户及车辆信息</td></tr>
<tr><td>用户姓名：</td><td>联系电话：</td><td>车牌号：</td></tr>
<tr><td>品牌及车型：</td><td colspan="2">车辆识别代码：</td></tr>
<tr><td colspan="3">维修信息</td></tr>
<tr><td>预计维修时长：</td><td colspan="2">车身附件情况：齐全□　不齐全□（缺：　　　　）</td></tr>
<tr><td>车身外观：</td><td colspan="2">其他信息：</td></tr>
<tr><td colspan="3">冷却风扇电路的检查</td></tr>
<tr><td colspan="3">（1）断开冷却风扇插接器，检查低速挡电阻为________，高速挡电阻为________。</td></tr>
<tr><td colspan="3">（2）施加12V电压，让风扇运转，低速挡在________端子连接12V电源，________端子连接负极，高速挡在________端子连接12V电源。</td></tr>
<tr><td colspan="3">（3）查看实训车辆的维修电路图或维修手册，给冷却风扇提供电源的熔断器是________熔断器。检查该熔断器两个检测点的电压分别为________和________，（正常 / 异常）。</td></tr>
<tr><td colspan="3">（4）检查并记录冷却风扇相关线束的阻值：</td></tr>
<tr><td colspan="3">（5）检查实训车辆控制冷却风扇运行的继电器或控制模块，检查方法为：</td></tr>
</table>

按下表对本学习任务进行评价。

评分表

考核项目	评分标准	分数	学生自评	小组互评	教师评价	小计
团队合作	是否和谐	5				
活动参与	是否积极主动	5				
安全生产	有无安全隐患	10				
现场 5S	是否做到	10				
任务方案	是否正确、合理	15				
操作过程	动力电池热管理系统 PTC 加热器的检查和更换； 冷却液泵的检查； 冷却液温度传感器的检查； 电子膨胀阀的检查； 冷却风扇电路的检查	30				
任务完成情况	是否圆满完成	5				
工具和设备使用	是否规范、标准	10				
劳动纪律	是否严格遵守	5				
工单填写	是否完整、规范	5				
总分		100				
教师签名：			年　　月	日	得分	

同步练习

一、填空题

1. 冷却液泵是______循环的动力部件，一般由____V 蓄电池驱动。

2. 冷却液温度传感器内部装有负温度系数的________。当冷却液温度逐渐升高时，热敏电阻的阻值将逐渐________。

3. 动力电池冷却控制器是动力电池热管理系统的____________。

4. 电子膨胀阀由________、________、________、________等组成。

5. 新能源汽车的冷却风扇为__________和__________系统的重要组成部分。

二、判断题

1. 冷却液泵是冷却液循环的驱动装置。(　　)

2. 新能源汽车的冷却液泵可接 220V 电。(　　)

3. 电子膨胀阀主要用于控制冷却液的流量。(　　)

4. 冷却风扇通常安装在驾驶室内。(　　)

5. 新能源汽车的冷却风扇只能以固定的转速工作。(　　)

三、简答题

1. 简述电子膨胀阀的工作原理。

2. 比亚迪 e5 汽车动力电池冷却控制器主要与哪些部件连接?

3. 简述冷却风扇的控制原理。

四、实训题

写出比亚迪秦 EV 动力电池 PTC 加热器的更换步骤。

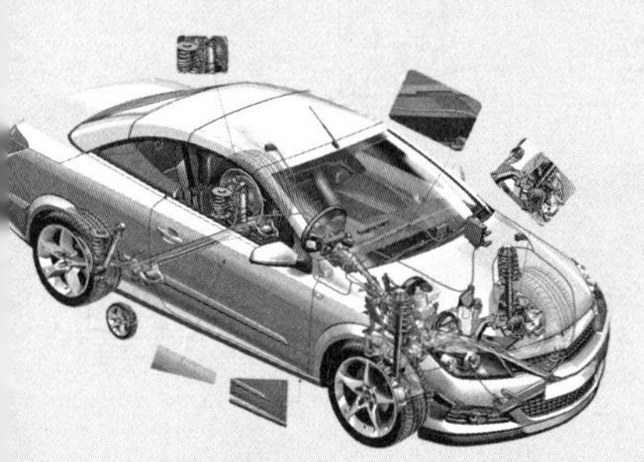

新能源汽车动力电池直流充电系统的检修

任务工单

××××××维修厂维修工单

接车日期：20______年____月____日

用户及车辆信息		
用户姓名：	联系电话：	车牌号：
品牌及车型：	车辆识别代码：	
维修信息		
预计维修时长：	车身附件情况：齐全□　不齐全□（缺：　　　）	
车身外观：	其他信息：	
一、熟悉直流充电口		
填写下列序号端子名称：1—（CC2）；2—________；3—________；4—________；5—________；6—________；7—________；8—________；9—________。		
二、直流充电系统的检修		
（1）检查 CC1 及其他插接器是否有磨损、烧损、导电层脱落等情况（是□/否□）。测量 CC1 和 PE 之间的阻值________。		
（2）检查 A+ 和 A-。检查 A+ 与 BK51/26 之间的阻值________，与车身之间的阻值________，A- 与搭铁之间的阻值________。		

续表

（3）检查 CC2。测量 CC2 与 BMS BK51/32 之间的阻值________，车辆上 ON 挡电后，测量 CC2 与 PE 端子之间的电压________。
（4）检查 CAN 线。检查 CAN–H 线端子 S+、CAN–L 线端子 S– 之间的终端电阻的阻值________，车辆上 ON 挡电，分别测量 S+、S– 与接地之间的电压，应为________、________，测量结果异常，则排查线束。
三、其他任务实训记录

按下表对本学习任务进行评价。

评分表

考核项目	评分标准	分数	学生自评	小组互评	教师评价	小计
团队合作	是否和谐	5				
活动参与	是否积极主动	5				
安全生产	有无安全隐患	10				
现场 5S	是否做到	10				
任务方案	是否正确、合理	15				
操作过程	安全防护； 检查 CC1； 检查 A+ 和 A–； 检查 CAN 线	30				
任务完成情况	是否圆满完成	5				
工具和设备使用	是否规范、标准	10				
劳动纪律	是否严格遵守	5				
工单填写	是否完整、规范	5				
总分		100				
教师签名：			年　　月　　日		得分	

同步练习

一、填空题

1. 直流充电系统通过直流充电桩将电网交流电（380V）逆变为________流电，对动力电池进行快速充电，以实现对动力电池快速、高效、安全和合理的电量补给。

2. 直流充电桩主要由人机交互界面、________、急停开关等组成。

3. 高压控制盒又称高压配电盒，它的主要功能是完成动力电池中储存电源的输出及分配工作，实现对支路用电元器件的切断及________。

4. 当动力电池处于未充电的状态时，打开充电口盖，BCM 立即驱动充电口指示灯工作 3min，工作期间检测到充电枪插入 3s 后或充电口盖关闭则立即停止驱动充电口指示灯。

5. 直流充电口________和________是 CAN–H 和 CAN–L 通信端子，________为充电桩连接确认端子，________为车辆连接确认端子，________和________是辅助低压电源端子。

二、判断题

1. 充电连接指示灯在仪表盘或多媒体显示屏上，插好充电枪，充电系统正式进入充电状态，充电连接指示灯点亮。(　　)

2. 充电口指示灯显示白色，常亮 2min，其作用是充电照明。(　　)

3. 充电电流越大越好。(　　)

4. 为保证车辆及充电线路的安全，提高车辆的使用寿命，直流充电系统完成正常充电需要满足以下条件之一：充电连接确认端子 CC1、CC2 正常。(　　)

5. 直流充电正极接触器和直流充电负极接触器位于充配电总成，BCM 给这两个接触器提供电源，并检测接触器是否烧结。(　　)

三、简答题

1. 简述直流充电系统的组成。

2. 当读取到充电温度传感器故障码时，应如何进行检查？

3. 简述任意三个直流充电系统的充电条件。

四、实训题

写出直流充电口的更换步骤。

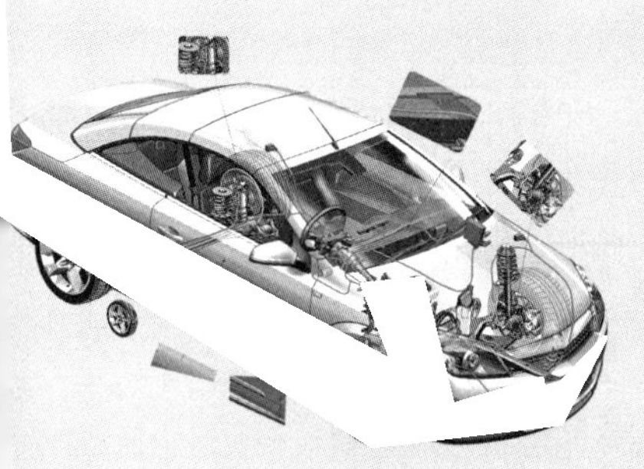

新能源汽车动力电池交流充电系统的检修

任务工单

××××××维修厂维修工单

接车日期：20_______年____月____日

<table>
<tr><td colspan="3">用户及车辆信息</td></tr>
<tr><td>用户姓名：</td><td>联系电话：</td><td>车牌号：</td></tr>
<tr><td>品牌及车型：</td><td colspan="2">车辆识别代码：</td></tr>
<tr><td colspan="3">维修信息</td></tr>
<tr><td>预计维修时长：</td><td colspan="2">车身附件情况：齐全□　不齐全□（缺：　　　）</td></tr>
<tr><td>车身外观：</td><td colspan="2">其他信息：</td></tr>
<tr><td colspan="3">一、检测充配电总成电源电路（实训车辆可能和教材车型不同，参考教材和实训车辆维修手册，画出充配电总成电路图）</td></tr>
<tr><td>（1）检查供电的熔断器，该熔断器编号为________，检查该熔断器两检测点电压分别为________和________。</td><td colspan="2" rowspan="3">实训车辆充配电总成电路图</td></tr>
<tr><td>（2）测量线束插接器相关阻值，记录测量值。________(填插接器编号及端子号）和________之间的阻值为________；________和________之间的阻值为________。</td></tr>
<tr><td>（3）检查充配电总成供电电压为________。</td></tr>
<tr><td colspan="3">二、检查充电枪锁电磁阀电路</td></tr>
<tr><td colspan="3">（1）检查三条接线的电阻。________(填插接器编号及端子号）和________之间的阻值为________；________(填插接器编号及端子号）和________之间的阻值为________；________(填插接器编号及端子号）和________之间的阻值为________。</td></tr>
</table>

续表

（2）检查线路对地短路情况。分别检查三个端子与搭铁之间的阻值，测量值为________、________和________。
（3）检查线路相互短路情况。分别检查三个端子相互之间的阻值，测量值为________、________和________。
三、其他任务实训记录

按下表对本学习任务进行评价。

评分表

考核项目	评分标准	分数	学生自评	小组互评	教师评价	小计
团队合作	是否和谐	5				
活动参与	是否积极主动	5				
安全生产	有无安全隐患	10				
现场 5S	是否做到	10				
任务方案	是否正确、合理	15				
操作过程	对交流充电口做基本检查； 交流充电系统的检修	30				
任务完成情况	是否圆满完成	5				
工具和设备使用	是否规范、标准	10				
劳动纪律	是否严格遵守	5				
工单填写	是否完整、规范	5				
总分		100				
教师签名：			年　月　日		得分	

同步练习

一、填空题

1. 写出交流充电口端子的含义：CP—__________；CC—__________；N—__________；L1—__________。

2. 交流充电线束是指连接交流充电口到________之间的线束。

3. 新能源汽车在充电过程中，________(可以 / 不可以）使用空调。

4. 比亚迪秦 EV 交流充电口内有________（1 个 /2 个）温度传感器，可以传感交流充电口的温度。

5. 交流系统使用交流 220V 单相民用电，通过整流变换，将交流电变换为________电给动力电池进行供电。

二、判断题

1.BMS 收到碰撞信号，不允许动力电池充电。(　　)

2. 新能源汽车的充电过程并不仅仅是从电网到动力电池，中间需要经过充电桩、充电连接线束、充电枪、车辆充电口才能进入车辆，对于交流充电，中间还要经过车载充电机和 BMS 两道关卡。(　　)

3. 交流充电是使用交流电源为新能源汽车提供电能的充电方式，功率一般较小，也被称为慢充。(　　)

4. 交流充电口一般为 9 孔式。(　　)

5. 若交流充电枪被锁止，可以手动应急解锁。(　　)

三、简答题

1. 简述交流充电系统的组成。

2. 写出交流充电口的端子的含义。

3. 写出交流充电系统的工作要求。

四、实训题

写出交流充电口的拆卸步骤。